中央党校专家深层次解读

迈入数字经济发展新时代

张占斌　蒲　实　杜庆昊　王海燕　等◎著

中共中央党校出版社

图书在版编目（CIP）数据

中央党校专家深层次解读迈入数字经济发展新时代 / 张占斌等著 . -- 北京 : 中共中央党校出版社 , 2024.11
ISBN 978-7-5035-7696-6

Ⅰ . ①中… Ⅱ . ①张… Ⅲ . ①信息经济 Ⅳ . ① F49

中国国家版本馆 CIP 数据核字（2024）第 049732 号

中央党校专家深层次解读迈入数字经济发展新时代

策划统筹	任丽娜
责任编辑	马琳婷　桑月月
责任印制	陈梦楠
责任校对	王　微
出版发行	中共中央党校出版社
地　　址	北京市海淀区长春桥路 6 号
电　　话	（010）68922815（总编室）　（010）68922233（发行部）
传　　真	（010）68922814
经　　销	全国新华书店
印　　刷	中煤（北京）印务有限公司
开　　本	710 毫米 ×1000 毫米 1/16
字　　数	233 千字
印　　张	23
版　　次	2024 年 11 月第 1 版　2024 年 11 月第 1 次印刷
定　　价	65.00 元

微 信 ID：中共中央党校出版社　　　邮　箱：zydxcbs2018@163.com

版权所有·侵权必究

如有印装质量问题，请与本社发行部联系调换

党的二十大报告明确提出要"加快发展数字经济"。以习近平同志为核心的党中央高度重视数字经济发展，从统筹中华民族伟大复兴战略全局和世界百年未有之大变局的高度，准确把握我国数字经济发展的阶段特征，深刻洞察数字经济发展趋势和规律，将其上升到加快发展新质生产力的战略高度，出台一系列重大政策、作出一系列战略部署，不断做强做优做大我国数字经济，推动我国数字经济发展取得显著成就，为经济社会高质量发展注入强劲动能。这一战略安排与新一轮技术革命、科技革命形成历史性交汇，对人类经济社会产生巨大影响。

一、发展数字经济的战略意义

习近平总书记认为："当今世界，一场新的全方位综合国力竞争正在全球展开。能不能适应和引领互联网发展，成为决定大国兴衰的一个关键。"[1]数字经济作为"科技创新的重要前沿"[2],"是世界经济发展的重要方向"[3]。特别是随着新一轮科技革命和产业变革的加速推进,数字经济正以不可阻挡之势破茧而出、强势崛起,其发展速度之快、辐射范围之广、影响程度之深前所未有,正推动生产方式、生活方式和治理方式深刻变革,成为重组全球要素资源、重塑全球经济结构、改变全球竞争格局的关键力量。

一是促进我国经济高质量发展,推动构建新发展格局。数字经济在促进我国经济高质量发展,推动构建新发展格局方面具有重要意义。习近平总书记指出:"数字经济健康发展,有利于推动构建新发展格局。"[4]从新时代我国发展数字经济实践看,数字技术、数字经济在推动社会各类资源要素流动、加快各类市场主体融合、帮助市场主体重构组织模式等方面成效显著,是新质生产力的重要构成要素。数字经济促进我国经济高质量发展,打破社会生产的时空限制,实现产业之间的跨界发展,进而延伸我国产业链条,畅通国内国际经济双循环。一方面,数字经济为构建新发展格局提供重要支撑。数据加速社会生产要素便捷流动,提升社会各领域资源配置效率。数字经济快速发展,引领社会生产关系的变革调整,如生产主体、对象、工具

---

[1]《习近平关于网络强国论述摘编》,中央文献出版社2021年版,第41页。
[2]《习近平外交演讲集》第2卷,中央文献出版社2022年版,第403页。
[3] 习近平:《论把握新发展阶段、贯彻新发展理念、构建新发展格局》,中央文献出版社2021年版,第363页。
[4] 习近平:《不断做强做优做大我国数字经济》,《求是》2022年第2期。

和方式变革，推动实体经济体系重构、范式迁移。因此，提高数字经济供给质量和效率，有利于提升经济社会发展的整体效能。另一方面，数字经济是强化国内国际经济双循环的纽带。从国内发展而言，数字经济与实体经济融合助力增强我国经济结构韧性，推动我国经济组织方式、生产形式向数字化、平台化、生态化转型。从国内国际经济双循环看，数字经济不仅可以打通国内经济循环的堵点、难点，提升国内产业的供给能力，而且我国经济可以凭借数字平台实现国内国际双循环。通过数字经济国际合作，引进技术、资本、管理等生产要素，提升我国经济规模和质量，实现消费和产业结构升级，畅通国内国际经济双循环。因而，习近平总书记指出，要"推动数字经济更好服务和融入新发展格局"[1]。

二是维护产业链、供应链安全稳定，助力现代化经济体系建设。数字经济是提升产业链、供应链安全的稳定器。习近平总书记指出："产业链、供应链在关键时刻不能掉链子，这是大国经济必须具备的重要特征。"[2]数字经济用技术赋能等办法，增强产业链、供应链发展韧性，打造我国产业链、供应链核心竞争力。数字经济还是推动供给侧结构性改革、提升我国产业链、供应链现代化水平的有力抓手。当前，我国经济面临"低端产

---

[1] 习近平：《不断做强做优做大我国数字经济》，《求是》2022年第2期。
[2] 习近平：《论把握新发展阶段、贯彻新发展理念、构建新发展格局》，中央文献出版社2021年版，第344页。

能过剩与高端产品有效供给不足并存的局面"①。因而,发展数字经济,利用数字技术、大数据技术赋能传统产业,能有效提升产业和服务体系的智能升级,促进产业链和供应链相互融合,提高产业的科技含量,助推我国产业向全球产业链中高端迈进,确保我国产业链、供应链的升级换代,维护产业安全。因此,习近平总书记提出:"要发挥数据、信息、知识作为新生产要素的作用,依靠信息技术创新驱动,不断催生新产业新业态新模式,用新动能推动新发展。"②

三是打造国家竞争新优势,应对科技革命和产业变革挑战。习近平总书记曾强调:"当今世界,谁掌握了互联网,谁就把握住了时代主动权;谁轻视互联网,谁就会被时代所抛弃。"③因此,发展好以互联网为基础的数字经济,对于我国把握世界经济发展的主动权,构建我国竞争新优势有着重要意义。当前世界正在经历一场前所未有的科技革命和产业变革。数字技术如互联网、大数据、云计算、人工智能、区块链等逐渐与实体经济加速融合,并向高端制造、先进材料、能源资源、生物工程、芯片传感、卫生健康等方面交叉渗透,引发多领域系统性、革命性、群体性技术突破,孕育一系列新技术新应用新产品,带来新产业、新模式的无限可能。尤其是近年来,数字技术在新

---

① 许先春:《习近平关于发展我国数字经济的战略思考》,《中共党史研究》2022年第3期。
② 《习近平关于网络强国论述摘编》,中央文献出版社2021年版,第136页。
③ 《习近平关于网络强国论述摘编》,中央文献出版社2021年版,第41页。

冠疫情防控中表现突出，如在信息聚合、数据共享、物资流转、资源调配、金融支持、精准定位、搜索追踪、行程查询、在线咨询等方面发挥了重要作用，促进了电商、物流、在线教育、互联网医疗、网络直播、云办公等领域消费爆发式增长，成为全球经济复苏的新动能和新引擎。我们只有抓住数字经济发展的先机，依靠数字技术的强大力量，加快发展新质生产力，不断升级新的优势增长极，才能抢占未来发展的制高点，构筑国家竞争新优势，把握未来发展的主动权。

四是满足人民生活新需要，夯实以人民为中心的发展理念。新时代我国社会的主要矛盾已经转变成人民日益增长的美好生活需要和不平衡不充分的发展之间的矛盾。随着科技革命和产业变革，社会生产力显著提高，人民对美好生活的愿望比较强烈，人民的需求也呈现出个性化、差异化、品质化和多样化发展。发展数字经济能有效打破时空限制，延伸活动场域，提高社会资源的优化配置，使数字经济发展的成果为广大人民群众共享，满足多样化个性化需要。同时，数字技术以新理念、新业态、新模式全面融入经济社会发展各领域全过程，人民群众在数字化发展中享受到看得见、摸得着的实惠，体验到数字生活的优质、高效、便捷。"分享经济、网络零售、移动支付等新技术新业态新模式不断涌现，深刻改变了中国老百姓生活。"[1]

---

[1] 《习近平关于网络强国论述摘编》，中央文献出版社2021年版，第27页。

五是助力数字中国新建设，推动构建网络命运共同体。推进数字经济健康发展，有助于加快实现党中央提出的网络强国建设，助力数字中国建设，拓宽网络命运共同体的发展空间。建设数字中国，要求我们在开放中共享全球数字经济发展红利，携手共建网络命运共同体，做强做优做大数字经济。新时代，随着数字中国越做越大，全球数字经济在开放与合作中曲折前进，加上新冠疫情的影响，产业链、供应链中断等因素让许多国家开始内顾，人为阻隔全球数字经济发展，深化全球经济合作变得困难。我国一贯坚持建设数字中国，践行数字经济多边主义合作，积极构建良好的国际合作环境，加快发展数字贸易，全面推动"数字丝绸之路"走深走实。同时也要保持战略定力，深刻认识到我国在关键核心数字技术上存在短板，以及不同区域、产业和企业间发展不平衡的"数字鸿沟"问题。要积极参与数字经济国际合作，主动学习借鉴国际先进经验，最大限度用好全球要素资源。

二、发展数字经济的战略安排

新时代，以习近平同志为核心的党中央高度重视发展数字经济，通过实施网络强国战略、大数据发展战略，着力推进数字中国建设。在推进新型工业化，促进我国产业数字化与数字产业化融合等方面取得显著成就，促进我国数字经济持续健康发展。党的二十大报告指出，要"加快发展数字经济"[①]，"十四五"规划提出"打造数字经济新优势"[②]。围绕继续做强做优做大我国数字经济，党对我国数字经济发展做了一系列战略安排。

一是实现数字科技自立自强。科技创新是我国数字经济发展的根本动力。数字经济持续健康发展离不开数字科技的自主创新与自立自强。我们在党的集中统一领导下，科技整体水平大幅提升，在一些重要的领域跻身世界先进行列，某些领域正由"跟跑"向"并跑"和"领跑"转变。同时，我国也进入了新型工业化、信息化、城镇化、农业现代化同步发展、并联发展、叠加发展的关键时期，自主创新迎来广阔发展空间。一方面，牵住自主创新这个"牛鼻子"，发挥我国社会主义制度优势、新型举国体制优势、超大规模市场优势，提高数字技术基础研发能力，打好关键核心技术攻坚战，在一些领域、一些方面实现"换道超车"。另一方面，提升基础产业规模化，强化重点数字产业自给保障能力。强化核心电子元器件、关键材料、生产装备的供给水平、生产能力和竞争力，培育新业态新模式，促进数字产业规范健康持续发展。推动数字技术对经济社会运行机制进行系统性重塑，实现人机协同、产业跨界协同、物理世界与数字世界融合，打造跨界运营、价值共创、产用融合的新

[①] 习近平：《高举中国特色社会主义伟大旗帜　为全面建设社会主义现代化国家而团结奋斗——在中国共产党第二十次全国代表大会上的报告》，人民出版社2022年版，第30页。

[②] 《中华人民共和国国民经济和社会发展第十四个五年规划和2035年远景目标纲要》，人民出版社2021年版，第7页。

型实体经济，逐步实现数字科技的自立自强。

二是优化升级数字基础设施。加快建设数字基础设施是我国数字经济发展的关键支撑。离开数字基础设施建设，数字经济的发展将成为无源之水、无本之木。一方面，适度超前部署新型基础设施建设。完善信息基础设施建设，推进光纤网络扩容提速、5G商用部署和规模应用，构建一体化大数据中心体系，抓紧在全国建设数据中心集群，加快打造全球覆盖、高效运行的通信、导航、遥感民用空间基础设施体系。另一方面，全面发展融合基础设施，加速传统基础设施数字化改造，重点在工业、交通、能源、民生、环境等方面开展建设，逐步形成网络化、智能化、服务化、协同化的融合基础设施，为我国数字经济健康发展奠定物质基础。

三是推动数字产业化与产业数字化深度融合。一方面，积极推动数字产业化进程。加快企业数字化转型升级。在管理方式上，引导企业强化数字化思维，提升企业员工数字技能与数字管理能力，推动企业在产品研发、生产经营、管理服务等方面实现数字化转型；在平台建设上，打造一体化数字网络平台，强化企业之间数据资源流通与配置，加强业务协同，提升全要素生产效率；在企业数字化转型上，推行普惠性"上云用数赋智"服务，降低技术和资金壁垒，创造数字转型环境助力企业数字化转型升级。另一方面，积极推动产业数字化进程。继续培育数字产业新业态、新模式，推动网络平台健康发展，实现数字资源的整合与配置，深化数字产业在生活服务领域的应用场景，发展智能经济，完善多元价值传递和贡献分配体系，构建数字产业新业态。

四是提升公共服务数字化水平。提升公共服务数字化水平是发展数字经济题中应有之义。其一，在政务服务领域，打造数字政府建设。加快政务服务标准化和智能化，推动高频服务"一网通办"；推动数据共享和业务协同，建立全国一体化的服务平台；完善网上政府服务体系，加快线上线下融合；以需求为导向，扩展数据场景应用。其二，在数字城乡领域，打造数字城乡建设。强化智慧城市统筹规划与顶层设计，创新数字城市多样化场景应用；继续推进数字乡村建设，促进城乡要素双向自由流动和公共资源合理配置，形成以城带乡、共建共享的数字城乡融合发展格局。其三，数字生活领域，打造智慧共享的数字生活。加快既有社区的数字化改造，打通信息惠民"最后一公里"；丰富数字家庭生活应用，让民众享受到数字化带来的便利生活。

五是强化数字经济安全体系。数据安全是数字经济发展的支撑和前提条件，没有数据安全，数字经济的健康发展将受影响，难以实现高质量发展。进一步增强数字安全防护能力。完善数字安全应急预警通报机制建设，提高数字安全应急处理能力，开展常态化数字风险评估，继续完善数字安全体系建设。进一步提升数字安全保障水平。通过建立数据分级分类保护制度，规范数字采集、传输、存储、处理、共享、销毁全生命周期管理。在规范数据跨境流动与配置方面，强化个人数据与企业数据安全保护，增强重点行业数据安全的保障能力。进一步提升防范化解数字安全风险能力。积极引导资本在数字安全领域有序发展，防止资本无序扩张。鼓励和引导资本流向数字技术创新领域，推动数字产业化。将数字金融活动纳入金融监管，采取动态监测，降低数字金融风险；增加关键产品的多样化供给，着力提升数字产业链、供应链韧性。

六是拓宽数字经济国际合作。面对全球数字经济发展新问题，依靠传统的市场逻辑和监管逻辑无法回应和完全解决数字变革产生的发展问题。在经济全球化背景下，没有哪一个国家能独立于世界之外发展自身，需要团结起来共同寻求新发展之道。一方面，在全球数字经济治理中发出中国声音。推动制定完善数字和网络空间国际规则，积极加强国家之间数字经济战略对接、数字治理对话与协商，推动数字经济领域内的技术标准制定与合作规则制定。通过"构建数字合作格局"[①]，打造各领域数字经济交流平台，扩宽数字经济合作的可能性。加快建立多边数字经济合作伙伴关系，促进区域性数字经济合作。推动我国数字贸易走深、走实，通过"数字丝绸之路"让我国数字企业"走出去"，扩大数字贸易影响力，加深数字经济国际合作。

---

① 《习近平书信选集》第1卷，中央文献出版社2022年版，第362页。

另一方面，让人类社会共享数字经济发展红利。利益是全球数字经济合作的物质条件，也是全球数字经济合作的前提。不断做大全球数字经济合作的发展"蛋糕"，更加公平地惠及全球数字经济的合作方，才能深化我国数字经济的国际合作。为此，要营造一个相对公平、开放、非歧视性的数字经济发展环境，特别要消除在数字经济国际合作中的"数字鸿沟"，才能让数字经济发展成果惠及所有参与国际合作的人民。

三、发展数字经济的实践进展

新时代十年，在以习近平同志为核心的党中央坚强领导下，数字经济持续健康发展。互联网、大数据、人工智能等技术加速创新，数字产业化和产业数字化"双轮驱动"，数字经济和实体经济深度融合，我国数字经济正从消费互联网向产业互联网演进，为中国经济插上了腾飞的翅膀。尤其是新冠疫情发生以来，数字经济在应对新冠疫情、助力产业复苏、保障民生福祉中发挥着重要作用，成为有效推动经济高质量发展的新动能和新引擎。概括来说，我国数字经济的发展成就主要有以下六个方面：

一是发展数字经济的顶层设计逐渐完善。党的十八大以来，党中央高度重视数字经济发展，相关政策措施陆续出台，发展数字经济的顶层设计、体制机制和制度环境持续优化。从制度设计看，我国依托数字经济发展部际联席会议制度，在重大事项、重点工作上发挥政策合力、部署统一行动、通力协作提升数字经济发展的整体性。在数字基础设施建设方面，大力开展信息基础设施建设，推进光纤网络扩容提速、5G商用部署和规模应用，构建一体化大数据中心体系，抓紧在全国建设数据中心集群，加快打造全球覆盖、高效运行的通信、导航、遥感民用空间基础设施体系。如我国正在建设的"东数西算"工程已取得显著进展，截至2022年6月，已建成153家绿色数据中心，现有超590万标准机架支撑"东数西算"工程。通过空间算力资源的调度，解决了数字资源融合问题，实现了数据要素的安全与共享，将绿色环保的生产方式贯穿全产业链，推动经济与环境保护协调发展。在促进数字要素流通方面，我国积极开展数据交易实践探索，已在全国20多个省市区建设大数据交易机构，"北上深贵"四大交易所发展格局初步形成，推动数据流通有序进行。

二是我国数字经济实现平稳较快发展。近年来，我国数字经济顶住了来自国际复杂局势、新冠疫情多点散发、经济恢复等多方面压力，其规模连续多年位居世界第二，实现平稳较快发展。从2013年至2021年，我国数字经济发展指数"由1000提升为5610.6，在8年间实现4.61倍的增长，年复合增长率为24.06%，远超同期GDP指数的增长速度"[1]。我国数字经济核心产业增加值

---

[1] 张厚军、徐照林：《有关数字经济的思考与建议》，《改革内参》2022年第37期。

占GDP比重为7.8%。截至2022年1月，我国IPv6活跃用户6.97亿户，千兆宽带用户数640万户，软件和信息技术服务业规模8.16万亿元，工业互联网平台应用普及率14.7%，全国网上零售额11.76万亿元，电子商务交易规模37.21万亿元，在线政务服务实名用户规模4亿。我国巨大的数字用户为发展数字经济奠定了市场规模基础，逐渐完善的数字基础设施为数字经济持续健康发展带来便利条件，促进数字经济平稳较快发展。

三是数字技术赋能实体经济提质增效。数字经济与实体经济深度融合，提升全要素生产率，推动农业、工业和服务业全方位、全角度、全链条转型升级。数字产业化与产业数字化水平显著提高。从数字经济与实体经济融合看，我国数字产业化基础实力持续巩固。2021年，"我国数字产业化规模达到8.35万亿元，同比名义增长11.9%，占GDP比重为7.3%"[1]，实现稳步增长。数字技术赋能实体经济取得成效。2020年，我国"一二三产业数字经济占其行业增加值比重为8.9%、21%、40.7%，同比分别增长0.7%、1.6%和2.9%"[2]。我国产业数字化正在加速推进。2021年，"我国产业数字化规模达到37.2万亿元，同比名义增长17.2%，占GDP比重为32.5%"[3]，产业数字化比重逐年增长，发展前景持续向好。

---

[1] 中国信息通信研究院：《中国数字经济发展报告（2022年）》，2022年7月。
[2] 张厚军、徐照林：《有关数字经济的思考与建议》，《改革内参》2022年第37期。
[3] 中国信息通信研究院：《中国数字经济发展报告（2022年）》，2022年7月。

四是数字经济拓宽我国经济增长空间。数字经济在推动农业数字化转型、建设工业互联网、实现服务业数字化方面发挥重要作用，为推动我国经济增长注入强大动力。在农业数字化转型方面，数字技术提升农业生产信息化水平。2020年，我国农业生产信息化水平增长到22.5%。数字经济助力农村电子商务发展，推动乡村振兴。2021年，"全国农村网络零售额达2.05万亿元，比上年增长11.3%，增速加快2.4个百分点"[1]，全国农产品网络零售额4221亿元，同比增长2.8%，乡村经济持续稳定增长。数字技术推进数字乡村建设。党中央在全国部署117个数字乡村试点，建设9个农业物联网示范省、100个数字农业试点项目和316个全国农业农村信息化示范基地。通过提升农村信息化水平，助力数字乡村建设。在建设工业互联网方面，数字技术不断拓展互联网广度，加深应用程度，提高应用水平。2021年，我国培育较大型工业互联网平台超150家，平台服务企业超160万家，覆盖31个工业重点门类和45个国民经济大类。在提升互联网应用方面，"5G+工业互联网"建设项目超3100个，"全国开展网络化协同和服务型制造的企业比例分别达到了39.2%和29.9%"[2]，正在逐步实现数字经济与实体经济的融合。在实现服务业数字化转型方面，传统服务市场因数字技术赋能实现线上线下融合，迎来新一轮发展繁荣期，如我国电子商务正迈向更高发展阶

---

[1] 中国信息通信研究院：《中国数字经济发展报告（2022年）》，2022年7月。
[2] 中国信息通信研究院：《中国数字经济发展报告（2022年）》，2022年7月。

段。2021年，全国网上零售额达到13.1万亿元，同比增长14.1%。在网络支付领域，我国网络支付体系日臻完善，促进消费提质扩容。2021年，"我国完成移动支付业务1512.28亿笔，金额为526.98万亿元，同比分别增长22.73%和21.94%"[1]，发展潜力巨大。

五是数字化公共服务水平不断提升。随着大数据、云计算、人工智能等新一代数字技术融入数字政府建设、数字惠民服务、数字乡村建设等，我国数字化公共服务更加普惠均等，数字化公共服务水平显著提升，数字经济发展成果更多惠及全体人民，人民群众的获得感、幸福感、安全感极大提高。在数字政务建设上，"掌上办""指尖办""异地办""跨省办"成为政府服务的"标配"，"最多跑一次""不见面审批"等数字创新实践不断涌现。随着全国一体化在线政务服务平台基本建成，截至2021年底，"我国电子政务在线服务指数全球排名第9位"[2]，"超过90%的省级行政许可事项实现网上受理"[3]，超过1/4国家部委实现政府服务100%全程网办，省级行政许可事项实现网上受理和"最多跑一次"的比例达到82.13%，全国一半以上行政许可事项平均承诺时限压缩超过40%，[4]群众办事更加便捷高效。在数字乡村建

---

[1] 中国信息通信研究院：《中国数字经济发展报告（2022年）》，2022年7月。
[2] 夏学平：《以数字中国建设赋能经济社会高质量发展》，《中国党政干部论坛》2022年第9期。
[3] 夏学平：《以数字中国建设赋能经济社会高质量发展》，《中国党政干部论坛》2022年第9期。
[4] 国家发展和改革委员会：《大力推动我国数字经济健康发展》，《求是》2022年第2期。

设上,"我国现有行政村已全面实现'村村通宽带',超过99%实现光纤和4G双覆盖"①。"互联网+"等数字技术与乡村实体经济融合增加农民收入,带动乡村旅游业发展,乡村数字治理逐步完善;在人民生活水平提升上,数字技术正在创新多种生活场景应用,在智慧教育、智慧医疗、智慧养老、智慧社区及数字抗疫等方面积极探索数字社区、数字乡村治理,解决人民群众急难愁盼问题,人民生活质量显著提高。

六是数字经济国际合作持续深化。尽管国际局势复杂多变,我国仍会继续加深与共建"一带一路"国家和地区的数字经济合作,分享数字经济发展红利,积极参与数字经济国际治理。我国数字经济国际合作已经取得的显著成效主要包括:在实现数字经济国际合作治理上,提出"中国倡议"。我国始终坚持以平等协商、互利共赢原则开展数字经济国际合作,推动更加公平合理的数字经济治理体系建设。新时代十年,我国联合有关国家发起《全球数据安全倡议》《"一带一路"数字经济国际合作倡议》,"主动申请加入《全面与进步跨太平洋伙伴关系协定》(CPTPP)和《数字经济伙伴关系协定》(DEPA)"②,加强与其他国家的数字经济合作与治理。在实现数字经济国际合作发展上,贡献"中国智慧"。在数字经济合作中,我国坚持从全人类的发

---

① 国家发展和改革委员会:《大力推动我国数字经济健康发展》,《求是》2022年第2期。

② 国家发展和改革委员会:《大力推动我国数字经济健康发展》,《求是》2022年第2期。

展福祉出发，秉承求同存异、聚同化异，凝聚全球数字经济合作国家"最大公约数"，形成共同价值，提出"构建网络命运共同体"。在实现数字经济国际合作共赢上，分享"中国红利"。我国继续推进"数字丝绸之路"建设，针对沿线国家发展数字经济实际情况，建设对点合作机制，举办各种形式的交流，为世界数字经济的合作搭建平台，共享中国数字经济发展红利。

四、发展数字经济的基本经验

以习近平同志为核心的党中央团结带领中国人民，锐意进取，攻坚克难，针对数字经济"大而不强，快而不优"的发展现状，出台一系列规范数字经济发展重大方针政策，推出一系列提升数字经济竞争力重大举措，开展一系列发展数字经济重大工作，推动我国数字经济高质量发展。我国在发展数字经济过程中也积累了一些宝贵经验，研究这些经验，给深化发展数字经济带来科学指导。概括而言，把握新时代数字经济发展的问题意识，坚持从系统观念出发，正确处理好发展我国数字经济的六对关系，不断做强做优做大我国数字经济。

一是正确处理好生产力与生产关系的关系，营造数字经济发展环境。数字经济是生产力与生产关系的辩证统一，在两者的矛盾运动中不断发展。过去，数字经济生产力发展突飞猛进，但生产关系调整相对缓慢，两者之间的关系正日益紧张，带来了不少冲突问题，如近来备受关注的平台垄断与平台治理、数据安全、隐私侵犯、算法歧视、灵活就业者保障不足、数字税征管争议等，制约了数字经济健康可持续发展。新时代，我们迫切需要推动生产力与生产关系协调发展，推动数字经济规范健康可持续发展，更好地服务国家安全、经济发展和民众利益。这就要求我们直面数字经济治理难题，以加快数字经济治理创新，加快法规制定、调整和实施，加快平台反垄断，完善多元共治体系，强化网络安全和数据安全保护，防范系统性风险，健全灵活就业人员保障制度等多种举措，努力实现技术创新与制度创新的双轮驱动，生产力与生产关系的协调互动，推动数字经济发展跃上新台阶。

二是正确处理好实体经济与数字经济的关系，实现数字经济融合发展。实体经济与数字经济是一对辩证关系，两者相辅相成，相互促进，互为补充。在数字经济时代，实现数字经济融合发展，首先要强调实体经济的基础性作用。党的二十大报告指出，"坚持把发展经济的着力点放在实体经济上"[1]"加快发展数字经济，促进数字经济和实体经济深度融合，打造具有国际竞争力的数字产业集群"[2]。就是说，实体经济是国民经济发展的着力点，数字经济能更好推动实体经济的发展，二者之间不存在非此即彼的排斥关系，而是相互促进，共同发展。其次，数

---

[1] 习近平：《高举中国特色社会主义伟大旗帜　为全面建设社会主义现代化国家而团结奋斗——在中国共产党第二十次全国代表大会上的报告》，人民出版社2022年版，第30页。

[2] 习近平：《高举中国特色社会主义伟大旗帜　为全面建设社会主义现代化国家而团结奋斗——在中国共产党第二十次全国代表大会上的报告》，人民出版社2022年版，第30页。

字经济促进实体经济健康发展。新时代，数字经济更能适应科技革命和产业变革带来的挑战，对我国经济发展有着极其重要的战略意义。数字经济对实现我国经济高质量发展、构建现代化经济体系、打造国家竞争新优势、落实以人民为中心的发展理念发挥显著作用。实体经济在新时代面临着数字化转型问题。借助于数字技术的赋能，推进产业数字化发展，实体经济才能与数字经济融合发展。最后，实体经济与数字经济是协同发展的关系。离开实体经济的支撑，数字经济将会"脱实向虚"；离开数字经济的发展，实体经济也很难在新时代获得向纵深发展的推进力。习近平总书记曾提出"数字产业化""产业数字化"[①]融合发展，为我们认识实体经济与数字经济关系提供了科学指导。

三是正确处理好守正与创新的关系，激发数字经济发展活力。守正与创新是一种接续关系。守正的前提是继承，发展数字经济需要继承、消化、吸收我国在数字经济建设中取得的最新成果、发展经验，并实现创新与创造，完成对数字技术的创新应用，从而赋能实体经济，实现融合发展。当前，我国数字经济在调整产业结构、经济结构转型及构建现代化产业体系方面取得一些成果。要在继承这些发展成果基础上，如充分利用新一代信息技术对传统制造业进行技术改造，聚焦关键核心技

---

① 《习近平关于网络强国论述摘编》，中央文献出版社2021年版，第129页。

术领域短板，加快数字科技发展应用，培育壮大大数据、人工智能、云计算、区块链等新兴数字产业，超前布局量子计算、量子通信等未来产业，加强信息科学与生命科学等领域的交叉创新，推动数字产业能级跃升。创新需要守正，数字技术的创新成果需要在继承基础上转化为现实生产力。目前，我国数字经济发展已从高度重视信息通信技术进步与产业发展阶段，迈向推进新兴信息技术与经济社会各领域深度融合阶段。这就要求我们在继承信息通信技术的基础上，持续加强科技创新，推进基础科学原始创新与学科交叉融合。强化原始创新、引领式创新能力建设，如围绕通用处理器、操作系统、高端芯片等关键领域，加快推动基础理论、关键算法、装备材料等领域的研发突破与迭代升级，加强信息科学与生命科学、材料科学等基础学科的交叉融合创新。

四是正确处理好发展与安全的关系，实现数字经济的协调发展。"发展是解决我国一切问题的基础和关键"[1]，国家安全是民族复兴的根基，社会稳定是国家强盛的前提，要正确把握发展和安全的关系。其一是把发展作为安全的基础，发展是安全的根基，经济社会存在的一切问题都需要通过发展来改善、解决，没有发展就没有安全的基础。新时代，随着国际局势的复杂变化，数字经济对构建新发展格局、建设现代经济体

---

[1] 张占斌：《以加快构建新发展格局推动高质量发展》，《光明日报》2022年10月28日。

系、打造国家竞争新优势发挥着重要作用。因此，发展我国数字经济是把握战略机遇期的先决条件。然而，发展的过程更强调安全。其二是要把安全作为发展的保障，安全是发展的条件。对于拥有超过14亿人口的大国而言，稳定压倒一切，没有安全就没有发展的保障。对于我国数字经济而言，数字技术的发展推动了数字经济和实体经济深度融合，不断催生新场景、新业态、新模式。与此同时，网络信息安全风险也日渐突出。面对数字经济快速发展带来的安全问题，我们要强调安全在发展中的重要作用。没有数字经济安全体系支撑，数字经济的高质量发展便无从谈起。其三是把发展和安全统一于高质量发展，高质量发展不仅直接表达了发展，还间接表达了安全，既要高质量发展，又要高水平安全。这就要求我国在发展数字经济时，要坚持安全与发展并重的原则，完善数据开放、定价、交易、跨境方面的标准规则和法律依据，加强数字技术、网络安全基础设施和创新体系建设，形成推进数字经济高质量发展的安全保障网，以发展促安全、以安全保发展。

五是正确处理好全面提升与重点突破的关系，提升数字经济发展水平。数字经济为我国经济社会高质量发展及现代化经济体系构建提供了新的战略抓手。发展数字经济，既要树立一盘棋的系统发展理念，也要注重重点领域率先突破。从细分领域看，既要强调推动数字产业化、产业数字化深入发展，通过数字经济促进产业体系升级，激发经济发展新动能，也要重视提升数字化治理能力，打破部门间信息壁垒，加大数据资源整合，推动电子政务从事务处理和纯技术运用向智能服务转变，加快"数字政府"和"数字社会"建设，提升政府公共服务和社会治理水平。从地域分布看，既要继续强化北京、上海、广东、江苏等东部经济发达地区的数字经济发展引领优势，也要注重发挥四川、安徽、贵州、云南、陕西、甘肃等中西部地区的比较优势，因地制宜发展数字经济。从产业分布看，要持续推进全产业数字化转型，重点推进制造业、服务业和农业数字化转型。从企业分布看，在打造数字经济企业梯队过程中，既要注重发展壮大龙头企业，发挥其引领带动作用，也要切实为科技型中小企业纾困解难，孵化培育更多"专精特新"的数字企业。

六是正确处理好国内与国际的关系，畅通数字经济发展渠道。发展数字经济要处理好国内市场与国际市场的关系。数字经济是整体的发展、协同的发展，既要重视国内市场的开拓，又要加强数字经济的国际合作。坚持"两条腿走路"，两方面相互促进。党的二十大报告指出，"加快构建以国内大循环为主体，国内国际双循环相互促进的新发展格局"[①]。因而，在做强做优做大我国数字经济时，要依托我国超大规模的市场优势，

---

① 习近平：《高举中国特色社会主义伟大旗帜　为全面建设社会主义现代化国家而团结奋斗——在中国共产党第二十次全国代表大会上的报告》，人民出版社2022年版，第28页。

以国内大循环为主体吸引全球数据资源要素，增强国内国际两个市场、两种资源联动效应，提升数字经济发展质量。具体而言，一方面，要建立并巩固数字经济大国优势，加快"数字政府"和"数字社会"建设，加强数据资源开发利用和保护，为数字经济发展提供支撑和保障。另一方面，作为数字经济大国，应积极参与乃至主导数字经济国际规则的制定，推动形成市场准入、数据流动等国际贸易和投资新规则，鼓励拥有国际领先技术和市场话语权的企业在数字化国际标准规则制定方面积极发挥作用，为全球数字经济发展及数字治理贡献更多中国方案、中国智慧，提升我国在全球数字经济发展和国际竞争中的主导权。同时，要加快推进全球数字贸易发展，在大数据、云计算、人工智能、物联网等新基建领域和电子商务领域积极开展国际合作。

习近平总书记立足我国数字经济发展新实践，从加快发展新质生产力时代任务的高度，科学回答了如何推动我国数字经济健康发展的一系列重大理论和实践问题，深刻揭示了新时代数字经济发展趋势和规律，指引我国数字经济发展取得历史性成就。在新的征程上，我们要牢牢把握数字经济发展机遇，着力增强发展数字经济本领，奋力开拓数字经济发展新局面，为构建数字中国提供有力支撑，为全面建成社会主义现代化强国、实现中华民族伟大复兴的中国梦夯实根基。

目录
▶ CONTENTS

第一章　人类社会的演变历程 / 001
　一、人类经济社会形态的演变 / 002
　二、人类社会进入信息经济时代 / 010
　三、数字经济是人类经济新形态 / 013

第二章　数字经济的内涵特征 / 023
　一、数字经济的理论基础 / 023
　二、数字经济的基本特征 / 051
　三、发展数字经济的重要意义 / 061

第三章　数字经济的运行机制 / 073
　一、数字经济的财富积累机制 / 073
　二、数字经济的协同发展机制 / 082
　三、数字经济的普惠共享机制 / 097
　四、数字经济的精神文明引领机制 / 106

第四章　数字经济赋能传统经济 / 113
　一、农业数字化发展 / 113
　二、制造业数字化转型 / 119

三、加快服务业数字化 / 125

第五章　数字经济创造新经济 / 132
　　一、数字经济带动新基建 / 132
　　二、数字经济创造新产业 / 138
　　三、数字经济带动新模式 / 144
　　四、数字经济创造新业态 / 147

第六章　数字经济变革就业形态 / 153
　　一、工业革命以来技术进步对就业的影响 / 153
　　二、数字经济时代我国就业面临新形势 / 161
　　三、数字经济影响就业市场的理论机理 / 166
　　四、数字经济背景下就业市场健康发展 / 172

第七章　数字经济变革生活方式 / 182
　　一、智慧便捷的公共服务 / 182
　　二、智慧城市和数字乡村 / 189
　　三、美好数字生活新图景 / 199

第八章　数字经济变革治理方式 / 207
　　一、提升政务服务效能 / 207
　　二、构建数字治理新范式 / 210
　　三、构建网络空间命运共同体 / 214

第九章　数字经济的发展基础 / 222
一、关键数字技术创新 / 222
二、数据要素价值释放 / 229
三、构建数字产业集群 / 238

第十章　数字经济的发展现状 / 250
一、美国数字经济发展状况 / 250
二、欧盟数字经济发展现状 / 254
三、我国数字经济发展现状和建议 / 259

第十一章　引领数字经济健康发展 / 270
一、坚持党对数字经济的领导 / 270
二、营造数字经济发展环境 / 273
三、统筹数字经济发展与安全 / 282
四、正确应对数字经济现实挑战 / 289

附录　打造数字经济新质生产力地方经验 / 298
一、全球溯源中心的背景与意义 / 299
二、全球溯源中心的理论基础 / 306
三、全球溯源中心的建设内容 / 311
四、全球溯源中心的应用实践 / 317
五、建设国家数字经济公共基础设施 / 328

后　记 / 332

第一章
人类社会的演变历程

依据唯物史观，社会经济形态的发展是一种自然历史过程，人类社会亿万年的发展史，本质上就是生活在其中的人创造历史的过程。换句话说，自人类诞生以来，为了维持生存、繁衍和发展，人类不断地向自然索取食物、水源和能源，渐渐地学会了借用人力、畜力、自然力、机械力等改造自然、利用自然、征服自然。在这个过程中，伴随着生产力发展水平的提高以及由此引发的生产方式的深刻变革，人类物质资料生产方式在历史上发生了两次革命，即农业革命和工业革命。[①]前者推动人类社会从原始渔猎时代向农业时代演进，后者使人类社会从农业时代向工业时代演进。简言之，人类社会经济形态的演变是生产力和生产关系矛盾运动的结果，每一次以科学技术为代表的生产力获得突破性的进展，都会引起社会经济形态和经济模式的发展变化。当前，以大数据、人工智能、云计算、区块链等为代表的新一轮数字革命正在经济社会领域产生颠覆性的影响，推动人类社会发生着有史

---

① 周绍东：《数字革命、生产方式变迁与资本主义生产关系调整》，《马克思主义理论学科研究》2023年第4期。

以来最为深刻的变革。

一、人类经济社会形态的演变

自从"人猿相揖别"以来，人类社会经历了几次革命性的转变。但关于人类经济社会形态的演变，学术界并没有形成完全统一的认识。20世纪80年代，诺贝尔经济学奖得主诺思提出农业经济兴起是第一次经济革命，工业经济兴起是第二次经济革命。美国未来学家阿尔温·托夫勒在同期出版的《第三次浪潮》中认为，"人类到现在已经经历了两次巨大的变革浪潮。第一次浪潮是历时数千年的农业革命。第二次浪潮的变革是工业文明的兴起，当前我们正受到第三次浪潮的全面冲击"[①]。21世纪初期，我国学者何传启指出，在人类文明的长河里曾经发生过四次革命，第一次是从动物世界向人类社会的转变，第二次是从原始社会向农业社会的转变，第三次是从农业社会向工业社会的转变，第四次是从工业社会向知识社会的转变。人类经济活动的重心也相应地发生了从原始经济、农业经济、工业经济到知识经济的转变。[②]由此观之，尽管学者们对于人类社会经济形态的具体划分有所不同，但是大家都比较认同，人类社会经济发展形态的演变是不同

[①] 〔美〕阿尔温·托夫勒著，朱志焱等译：《第三次浪潮》，新华出版社1996年版，第4页。

[②] 何传启：《东方复兴：现代化的三条道路》，商务印书馆2003年版，第1—2页。

历史时期先进生产力水平的经济活动以及它的结构和特点的一种抽象表述。换言之，生产力的发展促进了人类社会的进步，由于生产要素在生产力配置的不同，各要素发挥的作用不同，使人类社会经济不断发生质的飞跃。

在本书中，我们主要遵循马克思生产力和生产关系的矛盾运动规律，吸收借鉴已有的研究成果，在划分人类社会的演进历程时，以生产力和技术发展水平以及与之相适应的产业结构为标准来划分社会阶段和社会类型。正如马克思所指出的，"各种经济时代的区别，不在于生产什么，而在于怎样生产，用什么劳动资料生产"[1]。具言之，劳动者采用什么样的劳动资料生产个人需要的产品，是区别不同经济时代和经济社会形态的标准。人类历史已超越万年，以科学技术为标志的社会生产力经历了三次大的革命：第一次是农业技术，第二次是工业技术，第三次是数字技术。每一次都推动人类发展、改变社会。[2] 基于此，本书将人类从古到今经历的社会经济发展阶段大致分为以采集和狩猎为主的原始经济时代、以农业和畜牧业的出现为标志的农业经济时代、以机器和机械动力的发明和使用为标志的工业经济时代、以知识和信息为重要资源的信息经济时代以及现如今以数字技术和数据为重要生产要素和生产工具的数字经济时代。

---

[1] 《马克思恩格斯文集》第5卷，人民出版社2009年版，第210页。
[2] 邱泽奇、乔天宇：《电商技术变革与农户共同发展》，《中国社会科学》2021年第10期。

（一）以采集和狩猎为主的原始经济时代

从人类形成初期来看，人本身是自然界的产物，也是制造工具的生物，由制造工具而开始的劳动使人从动物中分离出来。与此同时，从利用天然的石头、木头、骨头等工具，到可以将石头、木头制作成自己需要的形状，人类在漫长的历史时期中积累着劳动的经验。[①]"摩擦生火第一次使人支配了一种自然力，从而最终把人同动物界分开"[②]。为了实现使自然界不断服务于自己的目的，人首先利用石器同自然抗争，然后过渡到使用磨制石器，使用经过改变或加工过的劳动工具，来生产满足吃喝住穿等基本生存所需要的资料。这一时期社会生产力十分低下，制造的工具极为简陋，可供支配的劳动产品极其有限，主要依靠粗制的或天然的石器进行生产劳动，人类赖以生存的物质资料主要是土地和附着在其上的自然产物。维持人类繁衍生息的食物来源主要是以获取自然界的现成产品为主，社会生产从最初的采集果实、坚果、根等到后期的采集鱼类和进行狩猎，社会生产组织主要是氏族和部落。这个状态持续了很长一段时间，从旧石器时代到新石器时代，从钻木取火到青铜冶炼的开始，生产力在缓慢中向前发展，被恩格斯称为"人类的童年"。

---

① 沙健孙：《马克思恩格斯关于原始社会历史的理论及其启示》，《思想理论教育导刊》2016年第7期。

② 《马克思恩格斯文集》第9卷，人民出版社2009年版，第121页。

伴随着劳动生产率的提高，社会生产领域不断扩大，社会财富不断增加，人类制作工具、改造自然的能力获得一定程度的进步，特别是火的使用，使人类掌握了熟食的方法，不仅扩大了人类的活动范围，而且也提升了人类制作工具的水平，例如，陶器的出现，使人类获得了储存食物和饮用水的容器。大约在一万多年前，人类开始有意识地栽种谷物并以此为食物，人类经济也从以采集、狩猎为基础的攫取性经济转变为以农业、畜牧业为基础的生产性经济，完成了从采集者到生产者的转变，由此可以比较稳定地获得较丰富的食物，并且有条件生产出超过维持劳动力所需的食物并储存它。生活方式也发生了根本性变化，从游牧逐步过渡到半定居等待收获的农耕生活方式。可以说，这种获取食物的方式转变，大大地改变了人与自然的关系，标志着人类对自然界的认识由最初的依靠和适应转变为利用和改造，把人类对自然的认识推到一个新的高度。特别是动物的驯养、繁殖和谷物的种植，使人类社会迎来了第一次具有跨时代意义的生产方式革命，人类从狩猎者和捕鱼者转变为农耕者，从游荡的生活转变为定居生活，人类社会也开始了向农业经济生产的过渡。

（二）以种植和畜牧为主的农业经济时代

从时间节点来看，从新石器时代开始到近代产业革命之前，将近6000年的漫长历史是人类生产力发展的初级阶段，是从原始经济发展而来的与人类早期生产力水平相适应的农业经济形态，也是以农业生产劳动为社会总体劳动形态内容的发展阶段。恩格斯在《家庭、私有制和国家的起源》一文中曾指出，这一时期是人类"学会靠人的活动来增加天然产物生产的方法的时期"[1]。从生产工具和生产技术的发展进步来看，在农业经济时代，铁器的发明和使用及其带来的生产进步，比过去一切阶段的总和还要丰富，不仅极大地推动了农牧业的发展，也使得农业在很长一段时间内都居于社会经济的统治地位。然而，这个阶段的生产劳动主要是依靠人的体力，劳动工具的发明、应用、改进是极其缓慢的，到了中后期才逐渐出现了可以代替部分人力的畜力、风力、水力等创新劳动形式，整个农业经济时代总体上看都属于简单的体力劳动。从劳动生产的主要要素来看，这一时期，在社会经济中占据决定性地位的是劳动和土地，经济社会发展的动力主要来自劳动力的增加和土地占有量的扩张。作为当时最重要的资源，渴望获得并不断增加土地，是农业经济时代人们的主要梦想。正如威廉·配第所揭示的"劳动是财富之父，土地是财富之母"，进一步表明了土地和劳动在农业经济时代的决定性意义。

在这个缓慢发展的时代，种植、放牧和手工生产是社会劳动的主要方式，生产力发展水平低下，社会分工很不发达，人们生活在自给自足的自然经济状态之中。与此同时，这一时期人口流动规模很小，人们的活动和社会交往范围也都很窄小，商品交换

---

[1] 《马克思恩格斯文集》第4卷，人民出版社2009年版，第38页。

也不发达,正如马克思所指出的"人的生产能力只是在狭小的范围内和孤立的地点上发展着"①。人们主要依靠经验组织生产,在与自然的抗争中仍然处于弱势地位,劳动效率很低,自然力在很大程度上决定着人类经济发展的水平。"日出而作、日落而息"是形容这种经济时代最富有特征的语言,人类所能利用的自然资源还是比较匮乏,社会经济水平总体不高,所能创造的社会财富也相对贫乏。但相比原始采集经济时代,这一时期社会生产力获得了发展,技术发展取得了重大进步,人口数量以前所未有的速度增长,人类定居的区域也在不断扩大,各种类型的小城市开始慢慢出现,为人类社会的不断向前发展准备了条件。

(三)以机器大工业生产和资本为主的工业经济时代

历史大潮浩浩荡荡、势不可当。18世纪发生的工业革命再一次引发了人类历史上的重大变革,人类社会开始步入以工业生产为主体、以机器大工业为基础的生产力发展的阶段,这是一个完全不同于过去农业经济时代的工业经济时代。马克思指出:"劳动资料取得机器这种物质存在方式,要求以自然力来代替人力,以自觉应用自然科学来代替从经验中得出的成规。"②在这一时期,生产要素主要是土地、劳动力和资本,其中作为物化劳动的凝结,资本是为了填补农业经济时代以土地为主的劳动资料的

---

① 《马克思恩格斯文集》第8卷,人民出版社2009年版,第52页。
② 《马克思恩格斯文集》第5卷,人民出版社2009年版,第443页。

空白而被引入的。① 这种生产要素和生产工具的变革，把"巨大的自然力和自然科学并入生产过程，必然大大提高劳动生产率"②。由此出现的结果是，"资产阶级在它的不到一百年的阶级统治中所创造的生产力，比过去一切世代创造的全部生产力还要多，还要大"③，不仅极大地提高了社会生产效率，增加了社会财富，还提升了人类对自然规律的认识，促使人类在很大程度上摆脱自然的控制，真正进入征服自然和改造自然的阶段，"第一个证明了，人的活动能够取得什么样的成就"④。与此同时，由于开拓了世界市场，大工业"使一切国家的生产和消费都成为世界性的了"⑤，打破了过去那种地方的、民族的自给自足和闭关自守状态，各地区各民族之间的相互交往越来越频繁，深刻改变了世界的经济结构和社会面貌。

从马克思主义唯物史观视域看，工业经济发展的历史是生产工具发展的历史，也是生产力和生产关系发展不断演进的历史，还是人的本质力量的公开展示。这场率先发生在英国的工业革命打破了长期以来生产力发展的停滞局面，是人类生产力发生的又一次巨大质变。自第一次工业革命以后，机器生产逐渐替代手工

---

① 王宝珠、王朝科：《数据生产要素的政治经济学分析——兼论基于数据要素权利的共同富裕实现机制》，《南京大学学报（哲学·人文科学·社会科学）》2022年第5期。
② 《马克思恩格斯文集》第5卷，人民出版社2009年版，第444页。
③ 《马克思恩格斯文集》第2卷，人民出版社2009年版，第36页。
④ 《马克思恩格斯文集》第2卷，人民出版社2009年版，第34页。
⑤ 《马克思恩格斯文集》第2卷，人民出版社2009年版，第35页。

劳动，物化劳动逐渐替代活劳动，机器大工业逐渐占领物质资料生产领域，农业经济中形成的手工业和工场手工业的技术基础被瓦解，机器大工业代替了手工业和工场手工业。[①]总之，从生产力的各个组成要素到它们的组合形式，从产业结构到劳动方式，都发生了根本性的变化。以蒸汽机的发明和使用作为划时代的历史标志，不仅为人类提供了一种不同于自然力和人力的蒸汽动力，更重要的是宣告了一个新的时代的开始，触发了工业经济时代的第一次产业革命。原来的手工工具被拖拉机、车床所代替，马车、木船等传统的交通工具被汽车、轮船、火车所代替，创造出一个比过去更有效率和更大规划的生产体系。随着科学技术的进一步发展，人类对能源的获取发生了新的突破，人类不仅有能力获取煤炭、石油、矿产等埋藏于地下的资源，19世纪60年代中后期，以内燃机、电动机和发电机为代表的第二次产业革命进一步推动了工业文明的发展。这次革命不仅改进了工业结构，催生了许多新的工业部门，出现了电力工业、钢铁工业、汽车工业和化工业等重要产业，而且还为人类带来了电灯、电话、电报等各种电气产品，使人类的生产生活发生了翻天覆地的变化，进一步推动了工业文明的发展，为工业经济带来了更高阶段的繁荣。

可以说，工业经济时代的开启是人类社会真正进入现代化

---

① 龚晓莺、杨柔：《数字经济发展的理论逻辑与现实路径研究》，《当代经济研究》2021年第1期。

的开端。以机器体系为特征，以机械生产力为轴性，工业生产逐渐成为国民经济的主体。社会发展的能源基础已不再是简单的自然力，而是经过再开发的二次能源，劳动方式也不是个体农业和手工业，而是工厂制、公司制的集体劳动。一言以蔽之，工业革命不仅意味着新技术以及机器和工厂体系的引进，它还使整个社会的组织发生了变革，也改变了人们对于过去、现代与未来的观念。[①]作为人类历史上极为深刻的一次变革，工业革命及随之出现的工业经济对人类生产发展的影响至今仍在继续。

二、人类社会进入信息经济时代

历史车轮滚滚向前，人类社会经济发展的画卷页页翻新。20世纪中叶以降，伴随着世界混战、全球化和高度工业化的需求，电子计算机、通信技术等一跃成为这一时期工业化最为耀眼的明星。特别是1951年第一台商用电脑UNIVAC在美国统计局投入使用，开创了电子计算机在经济社会领域应用的先河，信息技术和知识发展对经济增长的贡献率逐渐上升，人类社会开始步入信息社会的门槛。自此之后，信息技术、信息资源在各个经济领域、各个经济环节被逐渐推广使用，伴随着信息产业化和产业信息化的进程，工业技术得到全面革新，一个有别于工业经济的新的经

---

① 杨述明：《人类社会演进的逻辑与趋势：智能社会与工业社会共进》，《理论月刊》2020年第9期。

济形态向我们走来。

社会经济活动实践的丰富也推动了理论界对此经济社会现象的关注。20世纪60年代，美国学者马克·鲁普在著作《美国的知识生产和分配》中首次提出了"知识产业"，它包括了教育、科学研究与开发、通信媒介、信息设施和信息活动等五个方面，并大胆预测了"知识产业"（即信息产业）在美国国民经济中的比例，奠定了研究"信息经济"概念的基础。在此研究成果的影响下，1977年，美国斯坦福大学博士马克·波拉特进一步研究了美国经济中的信息活动，认为在信息产品及信息服务的生产、处理和流通上所消费的一切资源中都含有信息活动，并重点测算了第一次信息部门和第二次信息部门对美国国民生产总值的影响，获得广泛认可。[1]1985年，美国经济学家保尔·霍肯发表《未来的经济》一文，其指出以扩张、大规模生产和环境质量下降为标志的物质经济时代正在衰退，以人们生产数量较少然而含信息较多的商品为特征的信息经济正在取代物质经济。[2]换言之，在霍肯看来，信息经济是依靠更多的知识和信息，生产出物质和能源消耗更少、质量更好、更耐用的产品的经济，是一种以新技术、新知识和新技能贯穿整个社会活动的新型经济形式。

几乎在同一时期，我国学者也展开了对信息经济的研究。

---

[1]〔美〕马克·波拉特著，李必祥等译：《信息经济论》，湖南人民出版社1987年版，第3页。

[2]〔美〕保尔·霍肯著，方韧译：《未来的经济》，科学技术文献出版社1985年版，第6页。

1988年，林德金在《信息经济学导论》一书中认为，"信息经济是关于信息的价值、信息在国民经济中的地位、经济信息的收集、处理、存贮、经济信息的控制及信息在生产、科学、技术以至整个社会过程中如何有效合理地组织的一种新兴经济"[①]。乌家培认为，信息经济以信息技术为物质基础，以信息产业为部门构成，以信息活动作用的强化为主要特征。从微观的角度看，信息经济是信息产品（包括信息服务）的经济；从宏观的角度看，信息经济是信息产业的经济。[②] 王少枋、李贤认为，信息经济是以现代信息技术等高科技为物质基础，信息产业起主导作用的，基于信息、知识、智力的一种新型经济。[③] 当然，理论只是反映当下的经济现实，信息技术和信息产业显然已经成为20世纪中叶以来社会经济发展的主要推动力，以方兴未艾之势极大地影响着世界经济，深刻改变着我们的社会经济生活。虽然国内外认识信息经济的角度不同，对信息经济的理解和解释也有一定的差异，但总的来说，学者们都意识到随着信息技术革命的发展，人类社会的生产力发展已经进入一个新的发展阶段，人类的劳动资料发生了根本变革，它不仅扩展了人的体力，而且还扩展着人的脑力，扩展着人类的活动空间和时间。知识和信息成为一种重要的资源，在社会经济活动中发挥着关键作用，逐渐成为推

---

① 林德金：《信息经济学导论》，湖南人民出版社1988年版，第94—95页。
② 乌家培等：《经济信息与信息经济》，中国经济出版社1991年版，第135—136页。
③ 王少枋、李贤：《循环经济理论与实务》，中国经济出版社2014年版，第13页。

动经济结构转型升级的驱动力量,进而把世界经济带入一个更加发达的信息经济时代。这个时代也是人类历史上变革极为迅速、发展最为典型的时代,技术密集型和知识密集型产业在经济结构中的比重不断攀升,劳动者得到空前的解放,人类智力得到进一步的开发和利用,世界经济全球化、一体化的趋势愈发凸显。

三、数字经济是人类经济新形态

科学技术的发展日新月异,根源于人类劳动在农业经济、工业经济、信息经济时代的积累和沉淀,社会生产力的发展在一次又一次的科学技术变革中发生新的飞跃。正如马克思和恩格斯在《德意志意识形态》中所指出的,"历史的每一阶段都遇到一定的物质结果,一定的生产力总和,人对自然以及个人之间历史地形成的关系,都遇到前一代传给后一代的大量生产力、资金和环境,尽管一方面这些生产力、资金和环境为新的一代所改变,但另一方面,它们也预先规定新的一代本身的生活条件,使它得到一定的发展和具有特殊的性质"[①]。新一轮信息技术革命的迅速发展掀起了新时代的数字革命,人类社会进入了以数字化的信息和知识为重要资源的全新的历史阶段。特别是以

---

① 《马克思恩格斯文集》第1卷,人民出版社2009年版,第544—545页。

大数据、云计算、人工智能、区块链和5G等为代表的新一代信息技术的发展，对社会生产力产生了放大倍增效应，人们深刻地感受到，一种新的社会形态正在走向我们。这一次转型完全不同于农业社会转型为工业社会，也不同于工业社会转型为信息社会。

美国学者尼古拉·尼葛洛庞蒂在其著作《数字化生存》一书中指出，数字经济时代与之前所有时代之间的根本区别在于信息由"原子"形态向"比特"的转变。[①]他指出，以"原子"形式传播的信息本质上还是具有制造业的属性，而"比特"是信息的最小单位，也是数字化计算中的基本粒子，它既可以将现实中庞大复杂的信息进行数据压缩，又可以在接收端将信息近乎无损的还原。[②]换句话说，从工业经济到数字经济的时代转换，从信息经济到数字经济的转换，本质上是在社会再生产过程中起主要作用的"要素"的转换。尽管目前工业经济时代的主导要素资本和科学技术在经济社会发展过程中依然发挥着重要作用，信息经济时代的信息和知识也依然是经济发展的重要资源，但最为关键的是，在前面两个时代里，信息和知识并没有上升到生产要素的地位。数字经济时代之所以取得这样的地位，根本原因在于数字信息成为独立的资源要素，我国已经在

---

① 〔美〕尼古拉·尼葛洛庞蒂著，胡泳、范海燕译：《数字化生存》，海南出版社1997年版，第13页。
② 佟家栋、张千：《数字经济内涵及其对未来经济发展的超常贡献》，《南开学报（哲学社会科学版）》2022年第3期。

党的权威文件中首次将数据列为生产要素，表明它在经济发展中发挥的作用会越来越多，并逐渐成为影响世界经济社会发展的主导要素。

（一）数字经济的概念和内涵

数字经济是基于数字技术的经济，而数字技术的发展与互联网技术的发展息息相关。1969年，阿帕网（ARPA）的诞生将分属于美国四所大学的几台计算机联结起来，形成了计算机网络。十几年后，覆盖全美国的计算机网络形成，紧接着，覆盖全球的因特网也逐渐形成，为数字经济的出现奠定了坚实的技术基础。20世纪90年代，由于信息交换简便快捷，互联网被用于商业用途，催生了互联网经济的发展。尽管在21世纪初期遭遇了几年的调整和震荡，但代表着先进生产力发展方向的信息技术的发展趋势不可阻挡。在2008年美国金融危机后，世界经济陷入低迷，而此时信息通信技术、大数据和云计算的快速发展催生了许多新产业、新业态、新模式、新产品，不仅撬动了世界经济新的增长点，带动社会生产效率和产品质量的提升，而且给人们的日常生活、出行、购物、消费等带来了便捷，促进了个人消费的智能化和定制化。作为信息通信技术与经济社会深度融合的产物，数字经济以数字化的知识和信息为核心生产要素，推动人类社会沟通方式、组织方式、生产方式、生活方式正发生着翻天覆地的变革，已经成为全球经济发展的新动能和新方向。

美国经济学者唐·泰普斯科特最早提出"数字经济"的概念，1996年，他在著作《数字经济：网络智能时代的前景与风险》一书中探讨了这种经济现象，并着重分析了信息技术和互联网对社会经济关系和经济模式的影响和风险。在此之后的20多年时间里，随着信息通信技术的不断发展和移动互联网的出现，以及许多新业态新模式的大量涌现，不断有学者及政府机构对数字经济的内涵和外延扩展和延伸。美国麻省理工学院教授埃里克·布莱恩约弗森认为，"数字经济就是第二次机器革命，第二次机器革命是由数字技术（其核心是硬件、软件和网络）等所产生的巨大技术进步带来的机器革命，其基本特征是，这场革命克服了人类大脑智慧的局限"[①]。在很长一段时间内，尽管各国都意识到数字经济的蓬勃发展及其重要性，但是关于数字经济的定义并没有一个统一公认的概念。2016年，在杭州召开的G20峰会上，由我国倡导发布的《二十国集团数字经济发展与合作倡议》，给"数字经济"下了明确定义，即"以使用数字化的知识和信息作为关键生产要素、以现代信息网络作为重要载体、以信息通信技术的有效使用作为效率提升和经济结构优化的重要推动力的一系列经济活动"[②]。在此基础上，中国信息通信研究院在2017年发布的《中

[①]〔美〕埃里克·布莱恩约弗森、安德鲁·麦卡菲著，蒋永军译：《第二次机器革命》，中信出版社2014年版，第7页。

[②]《二十国集团数字经济发展与合作倡议》，中国网信网，2016年9月29日。

国数字经济发展白皮书》中指出，数字经济是以数字化的知识和信息作为关键生产要素，以数字技术为核心驱动力量，以现代信息网络为重要载体，通过数字技术与实体经济深度融合，不断提高经济社会的数字化、网络化、智能化水平，加速重构经济发展与治理模式的新型经济形态。[1]这个概念新增了"数字技术是核心驱动力量"的表述，同时强调了数实融合。具体来说，就是将数字经济细分为数字产业化、产业数字化、数字化治理和数据价值化四个方面。

综上所述，数字经济是建立在一系列信息技术发展的基础之上，并产生了与信息技术相融合的经济活动体系，它不是推翻原有的传统经济体系，而是对传统经济体系的补充和转型升级，进而塑造了一个新型的经济生态系统。质言之，数字经济是在农业经济、工业经济、信息经济的基础上发展起来的，其并没有彻底取代传统经济形态，而是在此基础上以技术变革推动了产业的转型升级，并在数据要素的基础上推动生产力水平发生着继工业革命以来最伟大的变革，是人类本质力量在物质世界的全面展现。[2]换句话说，数字经济不仅是一种经济现象，也不完全是一种技术现象，而是一种由技术到经济的演进范式、虚拟经济到实体经济的生成连接、资本与技术的深度黏合、科技创新与制度创新相互作用的经济形态，是代表时代先进生产力的一种新的经济结构和

---

[1] 中国信息通信研究院：《中国数字经济发展白皮书（2017年）》，2021年7月。
[2] 鲁品越：《智能时代与马克思生产力理论》，《思想理论教育》2017年第11期。

经济形态。①从内涵及其对经济发展的效果来看，数字经济时代的生产力要素发生了重大变化。从生产要素的演变来看，区别于农业经济时代的土地、工业经济时代的资本和技术、信息经济时代的知识和信息，在数字经济时代，数字化的知识和信息是数字经济的细胞，数据成为关键性生产要素，与传统的资本、土地、劳动力等生产要素紧密结合，进行着物质资料生产。正如马克思所言"随着新生产力的获得，人们改变自己的生产方式，随着生产方式即谋生的方式的改变，人们也就会改变自己的一切社会关系"②。数字经济的发展是21世纪以来先进生产力发展的代表和趋势，经济社会的数字化转型意味着工业经济时代的生产关系已经无法适应数字生产力的发展需要，甚至在一定程度上会阻碍生产力的发展。因此，从马克思主义生产力和生产关系的矛盾运动看，大力发展数字经济、实现经济社会数字化转型，本质上是适应新型生产力的发展要求，进而逐步改变生产关系的结果。

（二）大力发展数字经济是世界经济的新趋势

以大数据、5G、云计算、区块链和人工智能等数字技术为代表的新一轮科技革命引发了经济结构的重大变革，数字经济已经渗透到经济社会发展的血脉之中，推动人类社会生产力实

---

① 任保平：《数字经济驱动经济高质量发展的逻辑》，人民出版社2023年版，第3页。
② 《马克思恩格斯文集》第1卷，人民出版社2009年版，第602页。

现整体跃升。发展数字经济是把握新一轮科技革命和产业变革新机遇的战略选择。数据是发展数字经济的关键要素，美国大数据专家安德雷斯·威斯安指出，"21世纪最重要的原材料是数据。数据就是石油，而且剩余的石油存量越来越少，新产生的数据却呈现指数型的增长。谁掌握了数据，谁就掌握了优势，不仅在企业层面，在国家层面也是如此"[1]。换句话说，大数据已经成为重要的生产要素和战略资产，无论对企业还是国家都是核心实力。以数据的开发和利用为核心的创新驱动已经从生产领域逐渐扩展到科技研发和经济社会等各个领域，成为国家创新发展的关键形式和重要方向。显而易见，以数据为主要生产要素的数字经济日益成为全球经济发展中最具活力的领域。发展数字经济成为数字时代国家综合实力的重要体现，世界各国纷纷把经济数字化转型作为未来发展的主要方向，纷纷出台战略规划，从国家的顶层设计上明确数字经济及其重点领域发展的总体思路、发展目标、重点任务和重大举措。例如，作为世界上最早布局数字经济战略的国家，美国从20世纪90年代初部署信息高速公路计划到21世纪初启动"人工智能计划"，无论是产业布局还是政府政策，都表明其想要保持数字经济竞争优势的目的，欧盟也发布了宏伟的《2030数字罗盘：欧洲数字十年之路》。除此之外，英国发布《英国数字战略》、澳大利亚更

---

[1] Weigend A. *Data for the People: How to Make Our Post-Privacy Economy Work for You*. New York, NY: Basic Books, 2017.

新《数字经济战略》、德国推出《高技术战略2025》、俄罗斯出台《俄联邦数字经济规划》、日本发布《智能日本ICT战略》等，各国的政策动向均表明其重视数字经济发展，想要在新一轮科技革命和产业变革的大潮中赢得先机。面对世界百年未有之大变局，习近平总书记明确指出："我们必须增强忧患意识，敏锐把握世界科技创新发展趋势，紧紧抓住和用好新一轮科技革命和产业变革的机遇，不能等待、不能观望、不能懈怠。"[1]我国经济规模大、网民数量多、市场前景广阔，数字化应用场景极其丰富，具备了发展数字经济的优质土壤，因此，我们必须要把握好时与势，抓住先机、打造竞争新优势，抢占未来发展制高点。

进入新时代以来，以习近平同志为核心的党中央高度重视数字经济发展，并取得了积极成效。从安排部署看，以2015年7月发布的《国务院关于积极推进"互联网+"行动的指导意见》为开端，围绕数字经济我国制定了一系列的政策规划，如《网络强国战略实施纲要》《数字经济发展战略纲要》《"十四五"数字经济发展规划》《"十四五"国家信息化规划》《"十四五"大数据产业发展规划》《"十四五"智能制造发展规划》等，数字经济发展已经上升到国家重大战略高度。党的二十大报告更是站在全面建设社会主义现代化国家的战略布局，以构建现代化产业体系为目

---

[1] 《习近平关于社会主义经济建设论述摘编》，中央文献出版社2017年版，第128页。

标，提出要加快发展数字经济，促进数字经济和实体经济深度融合。与此同时，习近平总书记在十八届中央政治局第三十六次集体学习、党的十九大报告、十九届中央政治局第二次集体学习、全国网络安全与信息化工作会议、党的十九届五中全会、中央经济工作会议、十九届中央政治局第三十四次集体学习等重要会议上多次强调要"加快建设数字中国""构建以数据为关键生产要素的数字经济""加快推动数字产业化、推动产业数字化"，充分体现了党中央对数字经济的高度关注。从发展成效来看，我国数字经济全要素生产率从2012年的1.66上升到2022的1.75，成为整体经济效率改善的重要支撑。数字经济规模从2012年的11万亿元上升到2022年的50.2万亿元，已经连续11年显著高于同期GDP名义增速，多年稳居世界第二位。2022年，我国数字经济占GDP的比重达到41.5%[1]，数字经济在国民经济中的地位更加稳固，对经济社会发展的支撑、拉动作用日渐突出，持续发挥着经济"稳定器"和"加速器"的作用。数字产业化稳步增长，农业、工业、服务业数字化转型成效显现，数字治理能力和规范水平平稳提升，数字基础设施和数据要素市场建设取得突破。人与人的交往逐渐打破了传统的时空界限，活动范围和选择空间越来越广，智慧医疗、交通、教育、购物、交通等数字化场景不断涌现，人们的生产生活无不留下了不可磨灭的"数字痕迹"。未来，

---

[1] 中国信息通信研究院：《中国数字经济发展研究报告（2023年）》，2023年4月。

数字经济必将对社会生产生活产生持续的、更为深远的影响，智慧城市、智能制造等新鲜概念将不再是遥不可及的梦想，而是触手可及的未来，一个新生的数字中国、数字世界、数字地球正在孕育。

第二章
数字经济的内涵特征

习近平总书记在党的二十大报告中强调,"加快发展数字经济,促进数字经济和实体经济深度融合,打造具有国际竞争力的数字产业集群"[①],为新时代党推进和发展数字经济指明方向。数字经济是什么?正确认识数字经济内涵,进而把握数字经济发展规律,是深化数字经济发展的前提。

一、数字经济的理论基础

当今时代不同,经济形态也发生了变化。新时代,我们从工业经济形态走向了数字经济形态,但不论哪种形态,所体现的经济规律是一样的,经济发展的目标也是一样的,因而马克思政治经济学依然为探索数字经济理论基础提供支撑。

---

① 习近平:《高举中国特色社会主义伟大旗帜　为全面建设社会主义现代化国家而团结奋斗——在中国共产党第二十次全国代表大会上的报告》,人民出版社2022年版,第30页。

（一）马克思生产力理论

数字生产力的发展是由数字技术不断创新推动的，这种数字生产力的发展带来了数字经济的发展。马克思在《资本论》中提出，劳动生产力由"工人的平均熟练程度，科学的发展水平和它在工艺上应用的程度，生产过程的社会结合，生产资料的规模和效能，以及自然条件"[1]所决定。而"随着大工业的发展，现实财富的创造较少地取决于劳动时间和已耗费的劳动量，较多地取决于在劳动时间内所运用的作用物的力量"，所运用的作用物力量却是"取决于科学的一般水平和技术进步，或者说取决于这种科学在生产上的应用"[2]。即科技是推动生产力变革的关键要素，"生产力是随着科学和技术的不断进步而不断发展的"[3]。"随着新的生产力的获得，人们便改变自己的生产方式，而随着生产方式的改变，他们便改变所有不过是这一特定生产方式的必然关系的经济关系"[4]。这一理论逻辑在数字经济中的体现是：数字技术的发展引导社会生产力进行新一轮的发展，这种以数字技术发展为技术基础的生产力的新一轮发展则表现为新的生产力，即数字生产力，而数字生产力的发展最终带来了数字经济的产生与发展。生产关系应当适应生产力的变化，两者的矛盾运动推动人类

---

[1] 马克思：《资本论》第1卷，人民出版社2004年版，第53页。
[2] 《马克思恩格斯文集》第8卷，人民出版社2009年版，第195—196页。
[3] 马克思：《资本论》第1卷，人民出版社2004年版，第698页。
[4] 《马克思恩格斯选集》第4卷，人民出版社2012年版，第410页。

社会不断向前发展，正是这一矛盾运动使得人类社会发展历经原始经济、农业经济、工业经济后，开始进入数字经济时代。马克思认为，当"社会的物质生产力发展到一定阶段，便同它们一直在其中运动的现存生产关系或财产关系发生矛盾"[1]，生产关系"已成为桎梏的旧交往形式被适应于比较发达的生产力，因而也适应于进步的个人自主活动方式的新交往形式所代替"[2]。也就是说，生产力变革带来了生产关系变革，但生产关系变革应当与生产力变革相适应，一旦生产力与生产关系的相互关系出现了不协调，生产关系就成为生产力发展的制约条件。通过生产力与生产关系之间的矛盾运动，"在物质生产力和与之相适应的社会生产形式的一定的发展阶段上"，一种新的生产方式会"自然而然地从一种生产方式中发展并形成起来"[3]。同时，社会生产方式并不是一成不变的，而是"一种历史的和物质生产条件的某个有限的发展时期相适应的生产方式"[4]。基于这一理论逻辑，生产力与生产关系的矛盾运动所带来的人类社会发展的历史进程则表现为原始经济、农业经济、工业经济与数字经济。具体来说：原始经济中简单劳动工具的发明使得社会生产力取得一定程度进步，生产力的进步推动了以原始公社的生产资料公有制为主的原始经济生产关系向农业经济生产关系转变，社会经济在低层次的状态下

---

[1] 《马克思恩格斯选集》第2卷，人民出版社2012年版，第8页。
[2] 《马克思恩格斯选集》第1卷，人民出版社2012年版，第204页。
[3] 《马克思恩格斯文集》第7卷，人民出版社2009年版，第499页。
[4] 《马克思恩格斯文集》第7卷，人民出版社2009年版，第289页。

持续发展，形成新的生产方式，最终实现了原始经济向农业经济的转变；农业经济则是从原始经济发展而来的与人类早期生产力水平相适应的社会经济形态。劳动与土地是社会经济中的决定性要素，社会经济发展主要依靠劳动力的增加和土地占有量的扩张。种植业为农业经济的主要生产形式，生产力水平极为低下，社会产品自给自足，"人的生产能力只是在狭小的范围内和孤立的地点上发展着"[①]；农业经济到工业经济的转变首先表现为科技进步，第一次技术革命和第二次技术革命带来了生产力的突飞猛进，推动社会生产关系从封建主义生产关系向资本主义生产关系转变。18世纪，英国开始第一次技术革命，机器生产逐渐替代手工劳动，物化劳动取代活劳动，机器大工业占领生产领域，"劳动资料取得机器这种物质存在方式，要求以自然力来代替人力，以自觉应用自然科学来代替从经验中得出的成规"[②]，这一过程把"巨大的自然力和自然科学并入生产过程，必然大大提高劳动生产率"[③]，其结果是"资产阶级在它的不到一百年的阶级统治中所创造的生产力，比过去一切世代创造的全部生产力还要多，还要大"[④]。生产力天翻地覆的变革对生产关系提出了要求，使用机器为条件的协作取代工厂手工业以分工为基础的协作，劳动方式从工人局部结合转向社会化劳动，劳动对资本的实际隶属代替形式

[①] 《马克思恩格斯文集》第8卷，人民出版社2009年版，第52页。
[②] 马克思：《资本论》第1卷，人民出版社2004年版，第443页。
[③] 马克思：《资本论》第1卷，人民出版社2004年版，第444页。
[④] 《马克思恩格斯选集》第2卷，人民出版社2012年版，第218页。

隶属，以生产资料私有制为基础的雇佣劳动制度的资本主义生产关系最终形成。在迅速发展的社会生产力与资本主义生产关系的共同作用下，资本主义生产方式"获得一种弹性，一种突然地跳跃式地扩展的能力"[①]，社会经济发展进程发生了巨大变化，农业经济实现了向工业经济的转变；20世纪40年代以来，以电子计算机的发明、全球信息网络的建立、个人通信设备的普及等为主要特征的第三次技术革命带来了科学技术快速发展与社会经济剧烈变化。进入21世纪，新一代信息技术与物理技术、先进制造技术的进一步融合，主导技术群不断升级，第三次技术革命进入迅速发展时期。信息革命使得科学技术迅速变革，信息技术、互联网技术、人工智能等数字技术的进步，推动了数字生产力的快速发展。新的组织形式、新的工作类型和新的资本积累方式等应运而生，社会生产力变革带来了社会生产关系的转变，继原始经济、农业经济、工业经济后，经济形态再次发生了巨大变化，最终形成了数字经济形态。

（二）马克思生产关系理论

任何经济形态的发展均有其路径与轨迹，数字经济也不例外，必然沿着一定的现实路径发展。生产力是最活跃最革命的因素，当生产力进步到原有生产关系成为生产力进一步发展的桎梏

---

① 马克思：《资本论》第1卷，人民出版社2004年版，第519页。

时，必然推动生产关系发生变革。数字技术的发展成果在生产力中的渗透使生产力数字化，导致生产力发展成数字生产力。生产力的数字化必然导致生产关系的数字化，数字生产力的产生必然导致数字生产关系的产生。生产力变化可从生产、分配、交换与消费展开，那么生产关系变化也可从生产、分配、交换与消费展开。数字经济作为继原始经济、农业经济、工业经济之后的经济形态，同样包含数字生产力与数字生产关系两个维度。数字生产力可从数字生产力、数字分配力、数字交换力与数字消费力展开，那么数字生产关系可从数字生产（环节）关系、数字分配关系、数字交换关系与数字消费关系展开。因此，从数字生产（环节）关系、数字分配关系、数字交换关系与数字消费关系来阐述我国数字经济发展的现实路径更符合马克思的理论逻辑。

首先，数字生产（环节）关系。马克思认为："各种经济时代的区别，不在于生产什么，而在于怎样生产，用什么劳动资料生产。"[1] 那么，生产条件、生产过程以及劳动产品三方面的新变化决定了数字经济区别于之前所有经济时代，并使得其从工业经济中独立出来，形成一种新经济时代。具体来说：第一，生产条件数字化。马克思认为，如果"从产品的角度加以考察，那么劳动资料和劳动对象二者表现为生产资料，劳动本身则表现为生产劳动"[2]。也就是说生产条件可用生产资料与劳动者两层面囊括。在

---

[1] 马克思：《资本论》第1卷，人民出版社2004年版，第210页。
[2] 马克思：《资本论》第1卷，人民出版社2004年版，第211页。

生产资料层面,"用什么劳动资料生产"是区别不同经济时代的关键因素。数字生产资料的关键生产要素即数据,作为一种无形生产要素,具有传统生产要素不具备的特质。数据从原本无法采集与利用的信息中被分离出来,能超越时空距离,发挥着其他生产要素无法发挥的作用,构成了数字经济中的关键生产要素。在劳动者层面,学术界对数字劳动的定义存在着较大争议。本文从生产过程出发认为,数字劳动可定义为在数字技术的基础上,劳动者使用数据等生产资料,进行生产与加工,最终生产出数字产品这一过程中所付出的劳动。就这一内涵来看,数字劳动与一般劳动既有相同又有不同。从本质上来说,数字劳动仍属于生产性劳动,只不过是马克思劳动价值论在数字经济上的延伸。马克思在《资本论》中提出,活劳动是指劳动者在物质生产资料过程中对脑力和体力的消耗,并强调"只有创造剩余价值的劳动才是生产劳动"[①]。劳动者在进行数字劳动时,必然消耗其脑力劳动与体力劳动,数字劳动产品仍具有价值与使用价值,劳动者进行数字生产的过程在资本主义条件下也是剩余价值生产的过程。自然,尽管数字劳动所生产出的产品既具有物质形态又具有非物质形态,数字劳动仍属于生产性劳动。从区别上来说,数字劳动与一般劳动最大区别在于数字劳动突破了时间与空间限制。一般劳动将劳动者限制在一定劳动场所和一定劳动时间内,而数字劳动使

[①] 《马克思恩格斯全集》第46卷(上),人民出版社1979年版,第291页。

得劳动者工作时间与闲暇时间界限模糊，工作地域限制消除，突破了时间与空间对劳动的限制。第二，生产过程数字化。马克思认为，劳动过程"它不以人类生活的任何形式为转移，倒不如说，它为人类生活的一切社会形式所共有"[1]。而数字经济只不过是经济时代的新形式，其劳动过程同样"是制造使用价值的有目的的活动，是为了人类的需要而对自然物的占有，是人和自然之间的物质变换的一般条件，是人类生活的永恒的自然条件"[2]。其生产过程既是"商品的生产过程"，又是"资本主义生产过程，是商品生产的资本主义形式"[3]，既体现了"劳动过程和价值形成过程的统一"[4]，又体现了"劳动过程和价值增殖过程的统一"[5]。在这个一般概念的生产过程外，数字经济的生产过程具有由数据这项生产要素所带来的不同于之前生产过程的特殊性。马克思将劳动过程的简单要素归纳为"有目的的活动或劳动本身，劳动对象和劳动资料"[6]。在数字经济中，一端是生产资料的数字化，另一端是劳动产品的数字化，中间是劳动的数字化。正是由于这种改变，数字生产资料与数字劳动结合形式发生转变，数字经济中的生产过程也产生了有形生产过程与无形生产过程的区别，生产过程趋

---

[1] 马克思:《资本论》第1卷，人民出版社2004年版，第215页。
[2] 马克思:《资本论》第1卷，人民出版社2004年版，第215页。
[3] 马克思:《资本论》第1卷，人民出版社2004年版，第230页。
[4] 马克思:《资本论》第1卷，人民出版社2004年版，第229页。
[5] 马克思:《资本论》第1卷，人民出版社2004年版，第230页。
[6] 马克思:《资本论》第1卷，人民出版社2004年版，第208页。

向数字化。第三，劳动产品的数字化。在数字经济之前，传统的生产资料是"物或物的综合体"①，劳动是"人以自身的活动来中介、调整和控制人和自然之间的物质变换的过程"②。那么，作为生产过程的终点，劳动产品必然是具有物质形态的商品。而在数字经济中，劳动产品具备着有形劳动产品与无形劳动产品两种形态。这取决于生产条件与生产过程均呈现出数字化的特质。此时，无形劳动产品作为商品不仅具有其价值与使用价值，而且实现了价值增殖，其价值增殖的唯一源泉同样来自劳动者数字化的劳动。

其次，数字分配关系。分配关系无法脱离生产关系，生产关系决定了分配关系。研究数字分配关系，主要是探讨生产要素分配与最终产品分配两大问题。一方面，数字生产要素分配。生产要素的分配是"决定生产本身的分配"，"属于生产本身内部的问题"，同时生产要素的分配具有历史属性，"对于新的生产时期表现为前提，但它本身又是生产的产物，不仅是一般历史生产的产物，而且是一定历史生产的产物"③。而在数字经济中，数据这项关键生产要素的非实物形态使得在马克思的一般逻辑之外，数字生产要素配置问题具备了进一步探讨的必要。数据先是劳动者通过无意识或有意识活动所生产，随后数据才作为生产要素进入生

---

① 马克思：《资本论》第1卷，人民出版社2004年版，第209页。
② 马克思：《资本论》第1卷，人民出版社2004年版，第207—208页。
③ 《马克思恩格斯选集》第2卷，人民出版社2012年版，第697页。

产过程。在数字经济之前，劳动者在闲暇时间中所进行的活动，未能成为一种生产要素的来源并最终生产出剩余价值。而现在，劳动者在数字平台上利用闲暇时间进行活动，产生包含着劳动者无意识下认知劳动的海量数据。这些数据被企业利用数字技术与平台进行采集、存储、管理和分析等生产性活动，此时数据已转化为一种生产资料，经过生产过程，创造出剩余价值。那么，数据应当如何分配？企业进行采集、存储、管理和分析等生产性活动，使得数字成为可投入生产领域的生产要素，这些企业获得了数据这项生产要素的所有权，而实际上数据这项要素最初由劳动者通过无意识或有意识劳动所生产。由此，数据本身的分配，即数据从数据生产者到数据采集者之间的转移带来了数据所有权归属的矛盾。围绕这一矛盾，学术界和政策制定者进行了很多探索和探讨。比如，中国提出建立数据产权结构性分置制度，构建数据资源持有权、数据加工使用权、数据产品经营权"三权"分置的数据产权制度框架。数字生产要素配置规则在资本主义社会中由生产要素的占有者所决定，在社会主义社会中，生产资料公有制决定公有的数字生产要素必然由社会主义全民共享。在社会主义初级阶段，非公有制数字生产要素的配置应当由数字生产要素所有者按市场规则配置。另一方面，数字劳动产品分配。劳动者根据创造数字劳动产品所付出的劳动量，按照按劳分配的原则进行数字劳动产品的分配。同时，企业按生产要素并参与分配的原则进行数字劳动产品的分配，即数据作为一种生产要素服务于生产过程从而获得要素回报。在社会主义初级阶段中,数据作为生产要素参与分配对提高生产者积极性,最大化要素活力有着重大意义,数据作为数字经济中关键生产要素在社会经济运行中扮演重要角色。为此,党的十九届四中全会首次将数据确认为生产要素参与分配,肯定了数据作为生产要素参与分配的重大意义。

再次,数字交换关系。数字经济中的交换本质上仍体现为商品交换中的利益关系,与一般商品交换相比,其交换载体发生了转变。一方面,数字交换本质上仍体现商品交换中的利益关系,与一般商品交换一致。马克思认为,把人和社会"连接起来的唯一纽带是自然的必然性,是需要和私人利益"[1]。也就是说,人对社会需要产生了利益。数字经济中的商品交换关系只不过是从工业经济中的商品交换关系延伸到数字经济中的商品交换关系,其本质仍表现为商品交换主体之间的利益关系。另一方面,数字交换关系中的载体发生了转变。在数字经济中,数字交换既可在有形市场上进行,又可在无形市场上进行,而一般商品交换只能在有形市场上进行。马克思认为,"流通本身只是交换的一定要素,或者也是从交换总体上看的交换"[2],也就是说,流通属于交换,但又不是个别的交换行为。商品流通表现为"每个商品的形态变化系列所形成的循环,同其他商品的循环不可分割地交错在一起"[3]的全

---

[1] 《马克思恩格斯文集》第1卷,人民出版社2009年版,第42页。
[2] 《马克思恩格斯选集》第2卷,人民出版社2012年版,第698页。
[3] 马克思:《资本论》第1卷,人民出版社2004年版,第133—134页。

部过程。那么，我国当前的流通经济在一定程度上能代表交换关系的发展程度与水平。随着我国不断扩大流通行业的政策实施、物流与互联网经济的普及，我国流通产业已经取得巨大发展，但一般商品仍必须在有形市场上进行交换，受到时间与空间限制，商品在交换过程中就会受到不同程度的磨损。但在数字经济中，数据作为生产要素以无形生产资料形态存在，数字劳动产品既能以无形劳动产品形态存在，又能以有形劳动产品形态存在，同时数字劳动使得劳动者突破时间与空间的限制。这些因素使得在数字经济中，数字交换不仅可在有形市场上进行，还可在无形市场上进行。在无形市场进行交换的交易成本极低，不会产生产品的有形磨损，数字交换双方突破了时间与空间限制，得以随时随地进行交换。由于数据本身的低成本复制性，在绝大多数无形市场的数字交换中，卖方仅向买方提供数字无形劳动产品的使用价值，在获得买方支付的交换价值后，仍可保留数字无形劳动产品的使用价值进行下一轮商品买卖。譬如，数字金融的迅速发展体现了在无形市场上交换的优势，数字金融相比传统金融，具有对物理网点的依赖降低、低成本、突破固定时空限制等优势。

最后，数字消费关系。数字消费关系由数字生产关系所决定，那么在数字经济中，数字劳动产品具有无形与有形两种形态决定了数字消费同样具有无形与有形两种形态。由此，数字消费关系包含了两方面的内涵。具体来说：一方面，数字消费仍符合马克思的理论逻辑。马克思认为，生产"给予消费以消费的规定性、消费的性质"[①]，数字生产关系决定数字消费关系；在市场供求关系影响下，数字消费关系反作用于数字生产关系。同时由于企业通过运用数字技术对消费者海量数据进行采集、存储、管理和分析，买卖双方的信息不对称性下降，消费者需求更易反馈到企业手中，从而挖掘消费者潜在消费倾向，释放消费者被抑制的消费潜力，强化数字消费对数字生产的反作用。另一方面，数字消费关系被赋予了新内涵，这是由数字无形消费产品的非竞争性所决定的。数字经济中消费的目的仍是满足消费者对劳动产品的需求，只不过数字无形劳动产品能以低成本无限复制从而达到无限供给。正是这一特征决定了消费者对数字无形劳动产品的占有具有非竞争性，即不同消费者可同时占有同一数字无形产品。两方面共同作用下，数字消费关系的变化带来了消费领域的重大变革，数字消费逐渐成了促进消费增长的新动力和居民消费的重要组成部分，带来了新一轮消费结构变革，缩小了城乡、区域之间的消费差别，增大了消费领域的个性化差异。

（三）马克思劳动价值论

马克思劳动价值论是马克思主义政治经济学的基石，是马克思在对古典政治经济学劳动价值论进行扬弃的基础上，形成的一个逻辑完整而严密的科学理论。在马克思之前，古典政治经济学

[①] 《马克思恩格斯选集》第2卷，人民出版社2012年版，第692页。

家威廉·配第、亚当·斯密、大卫·李嘉图等就提出了劳动创造价值的观点，并初步涉及了剩余价值的问题。但是受到时代的局限性，这些学者提出的劳动价值论存在不完整、理论前后矛盾等问题，马克思在继承前者合理解释的同时，也对其错误之处进行了批判性分析。亚当·斯密和大卫·李嘉图尽管区分了事物的使用价值与价值，却并没有认识到它们是同一商品的两种属性，而且只把价值看作特定的量来分析，混淆了价值与交换价值的区别，没有正确解释价值的实质。同时，因为亚当·斯密等学者将资本主义社会看作永恒的事物，没有看到其历史性特点，古典政治经济学派没有充分认识到创造价值的劳动所独特的社会性质，也没能够清晰地区分创造价值的劳动与创造使用价值的劳动。对此，马克思清楚地将商品的使用价值、交换价值与价值区别开来，严密而系统地解释了商品的二因素以及对应的劳动二重性。

马克思首先指明了使用价值是商品用以满足人的需求的自然属性和物质承担者，之后具有不同使用价值的商品相互交换的比例就构成了交换价值，其次进一步提出具有不同使用价值的商品能够以特定比例交换的原因，是这些商品中都凝结了共同的无差别的人类劳动，从而正确揭示出商品的价值。在交换价值与价值的关系上，马克思也破除了前人的疑虑，指出交换价值只是价值的表现形式，而交换价值既可以用其他商品来表现，也可以用货币来表现，后者就形成了价格。在商品经济中价格由价值决定，同时受到供求关系的影响，因而价格与价值在单个商品的偶然交易中常常不是一致的。价值的实体是劳动,但并不是所有的劳动都创造价值。最后,马克思通过对劳动二重性的分析清楚地解释了什么样的劳动创造价值的问题。具体劳动生产商品的使用价值,并且将耗费掉的生产资料的旧价值转移到新的商品中。但是具体劳动在交换中不具有可比性,因而要抛开劳动的具体形式,还原为人类的一般的抽象劳动进行比较,抽象劳动创造新的价值。

马克思在批判分析古典政治经济学派观点的基础上,解决了前人没有解决的问题,创建了完整的、科学的劳动价值理论体系。但值得注意的是,马克思的劳动价值论不仅能说明价值的创造,也能解释价值的分配问题。马克思在《资本论》第一卷第一篇中对劳动价值论进行了比较集中的论述,但并不代表劳动价值论的内容仅限于此。事实上,马克思所著《资本论》的整个三卷在对资本展开各个阶段和环节的分析的同时,也是对劳动价值论不断具体化和深化的过程。[1] 各个行业和部门的资本家预付资本都是为了资本的增殖,无论其资本有机构成和资本周转速度如何,竞争都使得等量资本在动态中获得大致等量的平均利润。马克思的劳动价值论不仅解释了抽象劳动创造价值,剩余价值转化为利润,而且还进一步解释了平均利润率的形成,商品按照生产价格(成本+平均利润)而非价值(不变资本+可变资本+剩余价值)出售的现实情况。从个别的偶然交换来看,价值和生产价格往往

---

[1] 马克思:《资本论》第3卷,人民出版社2004年版,第1014页。

并不一致，但是从全社会的交换来看，价值总额和生产价格总额保持一致。由此，马克思在理论上解决了"相等的平均利润率怎样能够并且必须不仅不违反价值规律，而且反而要以价值规律为基础来形成"①，这个困扰最终导致古典政治学派的破产。②马克思的劳动价值论在得到了进一步的证实的同时，也指明了利润、利息与地租仅仅是产业资本、商业资本与地主在平均利润率影响下对劳动者创造剩余价值的重新占有和分配，因而马克思的劳动价值论不仅阐释了价值的生产而且也揭示了价值的分配。

马克思的劳动价值论是一个不断发展和开放的理论。正如马克思说的，他研究的内容是"'政治经济学原理'的东西。这是精髓……至于余下的问题……别人就容易在已经打好的基础上去探讨了"③。理论只有随着实践的发展而发展才能永葆青春活力。随着现代经济社会中生产力的迅速发展，尤其是数字经济下劳动出现了许多新的形式和变化，这都要求我们进一步抓住马克思劳动价值论的核心要义，在关键结论基础上根据数字劳动过程实践的变化不断运用、发展、丰富和具体化劳动价值论。尤其是在本文的研究当中生产劳动的边界，非雇佣形式的劳动是否创造价值，如何参与价值分配等问题仍需要回到马克思的劳动价值论来进一步探讨。数字劳动过程中的新情况不仅不意味着劳动价值论

---

① 马克思：《资本论》第3卷，人民出版社2004年版，第12页。
② 朱炳元：《马克思劳动价值论与按生产要素分配》，《马克思主义研究》2001年第6期。
③ 《马克思恩格斯全集》第30卷，人民出版社1975年版，第636页。

过时，相反在数字经济时代下，马克思的劳动价值论能够发挥出更强的实践指导作用。

（四）马克思主义劳动过程理论

马克思所著《资本论》的研究对象是"资本主义生产方式以及和它相适应的生产关系和交换关系"①，"生产方式"在马克思的叙述中有多重含义，学术界对此没有形成统一的意见。马克思主义学者大卫·哈维认为马克思的"生产方式"一词在具体使用中包含了三层含义，一是生产某种具体使用价值的具体方法和工艺，如"机器生产方式"；二是在特定生产关系下劳动过程的特定表现，如马克思所研究的在资本主义生产关系下服从于商品生产和剩余价值规律的资本主义劳动过程，这也是马克思在《资本论》中"生产方式"概念表达的主要含义；三是从总体或制度比较角度出发，泛指生产、分配、交换和消费等各个环节，所有权、法律、政治制度、国家机关、思想意识等生产关系和上层建筑在内的全部事物，如"资本主义生产方式"就表达了该含义。国内学者谢富胜认为哈维对于"生产方式"概念的解读是符合马克思原意的，并指出马克思主义政治经济学层面上的生产方式，就是在经济社会中占据主导支配地位的劳动过程。②关于"生产方

---

① 马克思：《资本论》第1卷，人民出版社2004年版，第8页。
② 谢富胜：《控制和效率：资本主义劳动过程理论与当代实践》，中国环境科学出版社2012年版，第2—3页。

式"概念的含义仍有很多争论,但劳动过程理论作为马克思的重要研究内容和重要理论部分却是毋庸置疑的。①

在《资本论》的第一卷中,马克思详细叙述了工人们的劳动过程是怎样在资本的掌控下,从手工工场的协作劳动过程转变为以机器大工业为前提的劳动过程。马克思区分了劳动过程一般与资本主义劳动过程,他认为资本主义生产过程首先是一个撇开特定社会形式的实际的劳动过程,即劳动过程一般,而后才具有资本主义劳动过程的特殊性。不同于古典政治经济学家将资本对劳动过程的占有同劳动过程本身混淆起来,马克思正是通过区分资本主义劳动过程与劳动过程一般的差别,揭示了资本的物化劳动对活劳动的统治,进而揭示了资本剥削劳动者剩余价值这一本质。马克思通过对资本主义劳动过程细致而深入的剖析,极大丰富了18世纪古典政治经济学派对劳动过程的论述,并使关于劳动过程的分析逐渐从零散叙述变成一个成体系的理论学说。

然而,此后的马克思主义学者却更关注资本主义私人所有制和所有权的批判,忽视了对劳动过程、生产方式的进一步研究。直到1974年,哈里·布雷弗曼②的著作《劳动和垄断资本》出版,才使得劳动过程理论的方法被重新确认为马克思主义工作和就业研究的一个重要分支,得到学术界的关注。布雷弗曼根据自身在

---

① 〔英〕约翰·伊特韦尔等编,陈岱孙等译:《新帕尔格雷夫经济学大辞典》第3卷,经济科学出版社1996年版,第420页。

② Braverman H. *Labor and Monopoly Capital*: *The Degradation of Work in the Twentieth Century*. NYU Press, 1974.

20世纪60年代作为一名制造工人的经验撰写了该书,分析和揭示了管理者是如何概念化工作,而劳动者是如何通过管理者和所有者的不断监督和控制,以日益狭窄、常规化和贬低的方式执行工作,这本书的副标题《二十世纪工作的堕落》更生动传达了这个主题。在劳动过程理论发展的最初阶段,它被应用于各种工业环境中,用来解释拥有生产资料的雇主和作为劳动力所有者的工人之间的关系,以及这种关系是如何启动劳动过程的。这导致了一种被证明特别适合于研究工业资本主义内部的自治、控制和同意的方法,以及布雷弗曼所强调的作为资本积累的关键特征的技能退化的逻辑。[1]此外,美国学者威廉·拉佐尼克发表了《车间的竞争优势》一书,运用历史和比较的方法,分析了英国、美国和日本三个国家中企业发展的车间横截面,深入分析了雇佣劳动制度与技术生产力之间的关系。[2]而社会学马克思主义的代表学者迈克尔·布若威发表了《制造同意——垄断资本主义劳动过程的变迁》一书,作者使用了民族志参与观察的研究方法,并揭示出其中劳动者自愿同意和资本微妙控制之间的联系,从而阐明了垄断资本主义的劳动过程变迁。[3]

---

[1] Knights D, Willmott H. Power and Subjectivity at Work: From Degradation to Subjugation in Social Relations. *Sociology*, 1989, 23(4): 535—558.
[2] 〔美〕威廉·拉佐尼克著,徐华、黄虹译:《车间的竞争优势》,中国人民大学出版社2007年版,第103页。
[3] 〔美〕迈克尔·布若威著,李荣荣译:《制造同意——垄断资本主义劳动过程的变迁》,商务印书馆2008年版,第64页。

在20世纪90年代和21世纪初，劳动过程理论逐渐发展起来，学者汤普森将劳动过程理论核心内容概括为四个要点：（1）研究工作场所中劳动对资本积累的作用；（2）在劳动过程中对技能角色的特殊关注；（3）关注雇主对劳动过程的控制逻辑；（4）关注劳动过程中劳动者的自治、同意和抵抗。[①]但是在研究的主要内容之中，劳动过程理论分析却表现出多元化、主体性的趋势。一部分学者基于马克思基本理论，将劳动过程的分析与马克思主义政治经济学有机结合，研究与解释了资本积累的内在矛盾以及劳资关系对劳动过程的影响，如法国调节学派和美国积累的社会结构学派等。另一部分学者则明确拒绝马克思的基本理论，认为它在经验和理论上限制了对劳动过程中所涉及概念的理解，他们偏向研究人的主观个体差异，如性别差异、种族歧视、年龄因素等对劳动过程的影响，这种主体性的分析方式渐渐变成一种主流研究方式，从而使得劳动过程的研究偏离了马克思劳动过程理论分析的基本方向。为此，国外学者阿德勒指出，"现有劳动过程理论忽略了马克思所看到的劳动过程的渐进'社会化'和资本主义'稳定'约束之间的根本矛盾"[②]，并呼吁对劳动过程理论的研究应当回归马克思主义传统。国内学者谢富胜在对国外劳动过程研究进行详细梳理、分析的前提下，强调要坚持马克思主义劳动过程

[①] Thompson P. *Crawling from the Wreckage: The Labour Process and the Politics of Production*. Labour process theory. Palgrave Macmillan, London, 1990: 95—124.

[②] Adler P S. The Future of Critical Management Studies: A Paleo-Marxist Critique of Labour Process Theory. *Organization Studies*, 2007, 28（9）: 1313—1345.

理论研究，要着重分析社会再生产的背景、劳动者技能变化以及劳动对资本积累需求的适应性等方面内容。[①]

劳动过程理论随着时代的变化而发展，从历史上看，现实的劳动过程经历了四个明显的阶段。[②]一是工场手工业阶段，工场内的分工协作使得劳动者只能够从事生产的某一个环节，而丧失了独立生产完整商品的能力，不过此时熟练的协作劳动者仍然可以自己控制工作的速度和劳动的强度。二是机器大工业的工厂阶段，局部的劳动者简单协作转变为适应机器应用的分工劳动，机器体系的采用成为控制劳动者的有效技术手段。三是以规模经济为基础的福特主义生产阶段，自动化流水线与大量同质消费品的生产模式相呼应，劳动者的技能需求大大降低，劳动者的工作自主性在被彻底剥夺的同时，社会劳动力的再生产成本和劳动薪酬也在不断降低。四是后福特主义适时弹性生产阶段，需求推动的小批量生产模式下，劳动者需要长期的在岗培训和严密的劳动组织来维持较强的创新能力，劳动力市场出现了分化，核心劳动者具有高报酬、较高自由支配权和高就业保障，而边缘劳动者的劳动条件差且缺少就业保障。随着数字信息技术的发展与应用，生产、营销以及劳动的管理沟通障碍逐渐被破除，数字技术在进一步加强后福特主义生产阶段的弹性化生产的同时，也出现了新经

[①] 谢富胜、李安：《回归马克思主义——欧美学术界劳动过程理论争论的新动向》，《马克思主义与现实》2009年第5期。

[②] 谢富胜：《资本主义劳动过程与马克思主义经济学》，《教学与研究》2007年第5期。

济、新业态和新的数字劳动过程。

数字劳动过程是否开启了一个全新的劳动过程阶段，还是仅仅是后福特主义阶段的延伸，目前仍没有定论。但是，数字经济时代下，互联网和数字设备已经覆盖了全球绝大多数人口，数字信息技术和数据作为关键生产资料已经渗透到社会再生产的各个环节之中，数字劳动者人数不断增加，并对社会中占主导地位的劳动过程产生了深刻影响。对于迅速发展的数字劳动过程，尤其是互联网中新兴的零工劳动和没有固定场所，甚至没有报酬的个人用户"产消型"劳动，已经引起了国内外学者的普遍关注。马克思的劳动过程理论拥有一系列重要的理论工具，对于研究数字劳动过程中数字技术的控制以及劳动和资本之间的关系具有重要意义。与此同时，其他主要来自批判媒体研究的"非物质劳动"等概念也被广泛应用于用户在社交网站上生成内容的免费数字劳动的研究，但是这些概念是否违背了马克思主义基本原理仍然值得进一步思考。

（五）马克思主义流通理论

在马克思的理论中，生产、分配、流通和消费构成了一个相互作用与联系的整体。"流通本身作为交换的一定要素"[①]，起到了联系供给端与需求端的中间作用，流通本身通过影响生产、分配

---

① 谢莉娟、王晓东：《马克思的流通经济理论及其中国化启示》，《经济研究》2021年第5期。

和消费环节，进一步对社会再生产的顺利开展造成影响。

马克思曾强调过流通的重要性。从生产与流通的关系来看，马克思明确指出生产起决定性作用，但同时他也强调生产与其他环节是一个有机整体，彼此相互作用，流通的重要性和所发挥的作用并不亚于生产。[1]由此可知，尽管马克思认为"生产归根到底是决定性的东西"[2]，脱离了创造价值的生产，流通也将失去意义，但是马克思并没有否定流通的作用，而是在强调生产的决定性、基础性作用前提下，认为流通在社会再生产的总过程中发挥着重要的反作用。

流通的作用集中体现在对价值的实现上。在分析流通的作用时，马克思说"这并不是把流通当事人和生产当事人混淆起来的理由"[3]。纯粹流通中所耗费的劳动时间尽管也增多了必要劳动时间，但是这部分劳动并不能够创造出新的价值，这些劳动耗费的意义在于帮助商品价值实现。[4]由此，马克思本人将流通的重要性和生产的重要性置于两个不同的维度，流通和生产彼此联系、相互作用。如果说生产的作用与意义在于生产价值，那么流通的作用与意义就在于实现价值。[5]

---

[1] 参见《马克思恩格斯文集》第8卷，人民出版社2009年版，第23页。
[2] 《马克思恩格斯选集》第4卷，人民出版社2012年版，第608页。
[3] 马克思：《资本论》第2卷，人民出版社2004年版，第143—144页。
[4] 参见《马克思恩格斯全集》第30卷，人民出版社1995年版，第542页。
[5] 谢莉娟、王晓东：《马克思的流通经济理论及其中国化启示》，《经济研究》2021年第5期。

流通不仅影响了生产，同时也能够影响分配。在马克思主义理论中，社会再生产的四个环节是一个有机整体，从交换与分配之间的关系来看，交换的形式决定了分配的形式，分配本身需要经过交换环节之后才能够完成，同时商品交换过程中买卖价格的变化也会影响各方交易参与者经济收入的分配。[1]流通作为"交换的一定要素"[2]，是"从交换总体上看的交换"[3]，也是交换过程接连不断运动的整体。流通本身实际上通过每次交换，在实现商品价值的同时，也完成了对商品交换参与主体之间经济收入和价值的分配。马克思在讲流通与交换联系的同时，也指出了它们之间的区别。通过生产与流通之间的相互作用关系，马克思阐明了最开始的交换过程是怎样纳入资本增殖的运动中来，流通又是怎样成为生产的延续，同生产一起被资本所支配。这里马克思讲流通是从"总体上看的交换"[4]，并非说流通概念涵盖了交换的所有内容，而是说流通区别于个别、偶然的交换，强调流通是连续不断的交换整体和所有商品交换关系的集合。[5]不同于个别的交换关系，流通是全社会商品交换关系的整体表现。[6]商品交换只是形式，它的

---

[1] 谢莉娟、万长松、武子歆：《流通业发展对城乡收入差距的影响——基于公有制经济调节效应的分析》，《中国农村经济》2021年第6期。

[2] 《马克思恩格斯文集》第8卷，人民出版社2009年版，第22页。

[3] 《马克思恩格斯文集》第8卷，人民出版社2009年版，第22页。

[4] 《马克思恩格斯文集》第8卷，人民出版社2009年版，第22页。

[5] 谢莉娟、庄逸群：《数字经济时代的中国流通改革与政府职能——结合企业微观机制的考察》，《中国行政管理》2021年第8期。

[6] 参见《马克思恩格斯全集》第31卷，人民出版社1998年版，第488页。

背后隐藏着商品的价值实现以及各方交易参与主体的经济利益分配。商品价值实现并不轻松容易，对于商品这一惊险的跳跃，流通过程在"买难""卖难"的同时也改变了交易参与主体之间的经济利益分配。[①]供求关系、商业竞争等其他因素在流通过程中也会影响到商品的价值分配，因此流通不仅对价值实现起作用，而且也能够影响到价值分配。

数字技术的发展给流通过程带来许多新的变化，也加速了数字商品的价值实现，数字物流运输业的变革使得更加高效、精准的商品配送成为可能，而数字平台商业变革可以洞察新的消费需求，促进商品的价值实现。在促进商品价值实现的同时，数字平台商业凭借垄断地位也获得了大量租金，构成了剩余价值分配的一部分。运用马克思主义流通理论，能够更好地帮助我们分析数字技术变革下流通过程的新变化与商品的价值实现问题。

（六）马克思主义分配理论

马克思的分配理论涉及两个层面上的分配：一是生产资料或生产条件的分配，如马克思分析了资本主义社会下，生产资料归资本家所有，而劳动者除了劳动本身没有其他劳动条件；二是表示"产品中归个人消费的部分的各种索取权"[②]的个人收

---

① 谢莉娟、王晓东：《马克思的流通经济理论及其中国化启示》，《经济研究》2021年第5期。

② 马克思：《资本论》第3卷，人民出版社2004年版，第995页。

入的分配，如马克思分析了工资、利润、利息和地租等分配关系。这两个层面上的分配相互联系，生产条件的分配决定了个人收入分配的结果。①

马克思的分配理论深刻揭示了资本主义制度下收入分配不公正的根源。个人收入的分配不过是生产条件分配的结果，而"生产条件的分配，则表现生产方式本身的性质"②。资本主义生产方式的基础就在于，生产资料以私人所有的形式掌握在资本家手中，而广大劳动者除了自身劳动外一无所有。既然生产条件的分配是这样的，那么自然而然个人的收入也会这样分配。③马克思的生产条件分配理论破除了资本主义"平等权利"背后的假象，指出生产条件的初始分配（资本的原始积累）是充满血腥的强权与暴力掠夺的结果，并非平等竞争的产物。④从而揭示出劳动者贫困的根源是劳动者与劳动资料的分离。

马克思还阐明了分配方式具有的历史暂时性，指出资本主义分配方式并不是永恒的。在马克思看来，分配关系表现为生产关系的背面，在本质上与生产关系具有同样的历史性特征。无论是分配关系还是生产关系，它们都是在特定历史阶段的一定生产力水平下发展起来的，而当生产力发展到另一个阶段时，分配关系

---

① 参见《马克思恩格斯文集》第8卷，人民出版社2009年版，第20页。
② 马克思：《哥达纲领批判》，人民出版社2018年版，第16页。
③ 参见马克思：《资本论》第3卷，人民出版社2004年版，第998页。
④ 熊建生、张振华：《马克思的分配正义观及其现实启示》，《马克思主义研究》2014年第5期。

和生产关系也需要随之变革，以适应新的生产力发展需要。[①]同样地，资本主义的分配方式与其他历史阶段的分配方式在本质上，即在生产与分配的决定关系上并没有什么不同，资本主义的分配方式也会因为不适应生产力的发展让位于更高阶段的分配方式。

马克思的分配理论也涉及两种不同制度下的分配：一种是批判性分析资本主义制度下剩余价值剥削及其分配关系的理论；另一种是前瞻性构想社会主义制度下公有制取代私人所有制后的分配关系。19世纪中后期，马克思在深度剖析资本主义分配关系、对空想社会主义分配理论扬弃的基础上，对未来社会进行了科学设想。1875年，马克思在撰写的《哥达纲领批判》著作中第一次明确提出了共产主义社会发展的两个阶段，即高级阶段和第一阶段。马克思进一步指出"在共产主义社会高级阶段，……生产力也增长起来，而集体财富的一切源泉都充分涌流"，此时应该遵循"各尽所能，按需分配"[②]的分配原则。而"在共产主义社会的第一阶段，由于在经济、道德和精神上都还带着资本主义社会的痕迹，所以消费品分配只能遵循商品等价交换的原则，实行按劳分配"[③]。

马克思的按劳分配在第一个社会主义国家苏联得到了理论和实践上的发展。列宁在继承马克思的分配理论基础上，对"按劳

---

① 参见马克思：《资本论》第3卷，人民出版社2004年版，第1000页。
② 马克思：《哥达纲领批判》，人民出版社2018年版，第16页。
③ 马克思：《哥达纲领批判》，人民出版社2018年版，第18页。

分配"的性质、意义和具体实现方式进行了系统阐释，并在新经济政策时期将按劳分配原则与商品经济有效衔接，成功探索了社会主义劳动工资、奖金和分红等分配模式，这种突破平均主义实物分配的做法为后来社会主义国家分配制度的建设提供了经验。列宁去世后，斯大林在高度集中的计划经济体制内对按劳分配、工资级别的计算管理、集体农庄等问题进行了再次阐述，并形成了斯大林的收入分配理论，对当时苏联的收入分配制度产生显著的影响。

马克思分配理论在中国的应用与突破性发展。新中国成立后国内学者对马克思主义分配理论进行了长期的探索。计划经济时期，与社会主义公有制相适应的按劳分配成为基本分配原则，尽管这一时期也反对平均主义，但始终受到高度集中计划经济体制的制约。改革开放后，党的十五大明确了公有制为主体、多种所有制经济共同发展的基本经济制度，收入分配方式也逐渐转变为按劳分配为主体、多种分配方式并存的分配制度。生产要素参与分配打破了劳动在分配领域的唯一性，激发了社会各个主体的生产活力和创造性，是对马克思社会主义初级阶段分配理论的突破性尝试。

关于生产要素参与分配的合理性，国内学者曾进行过长期的讨论。马克思所讲的按劳分配对生产力发展水平有一定的要求，中国处于社会主义初级阶段，如果不顾自身发展水平，盲目进行按劳分配，将会给社会经济带来严重后果。承认生产要素在社会生产中的积极作用，允许生产要素参与分配，将剩余索取权这种激励手段纳入社会主义市场经济体系中来，是符合我国生产力发展水平的做法。值得注意的是，生产要素参与分配并不等同于西方经济学的生产要素分配论，也不意味着生产要素可以创造价值。抽象劳动仍然是创造价值的唯一源泉，那种把劳动等同于一般生产要素是马克思早就批评过的萨伊"三位一体"公式的错误观点。在社会主义市场经济中，自然会存在着雇佣关系和剩余价值，这是社会主义初级阶段无法回避的现象，但这与资本主义社会下的剩余价值还存在一定差异，它始终受到社会主义的导控和法律的制约与调节。[①]

无论是单一的按劳分配，还是以按劳分配为主体的多种分配方式并存的分配制度，都是我国根据社会主义初级阶段的国情，不断适应生产力发展变化的实践尝试。随着数字技术变革和数字经济的发展，数据作为一种重要的生产要素在社会再生产环节中起到了关键的作用，激发数据要素活力，合理规范数据要素参与分配的机制，协调好数字劳动过程中的分配关系，都需要在马克思主义分配理论的基础上进一步研究。

二、数字经济的基本特征

认识数字经济的特征，发现数字经济的运行规律是发展数字

[①] 吴易风：《马克思主义经济学与西方经济学比较研究》第1卷，中国人民大学出版社2014年版，第502页。

经济的先决条件。就当前研究现状而言，关于数字经济的特征，不同的研究者基于不同的视角有着不同认识，似乎未达成共识。就国内学者而言，一般沿用2016年G20杭州峰会发布的《二十国集团数字经济发展与合作倡议》中对数字经济所作的定义，即"数字经济是指以使用数字化的知识和信息作为关键生产要素、以现代信息网络作为重要载体、以信息通信技术的有效使用作为效率提升和经济结构优化的重要推动力的一系列经济活动"。该定义分别从生产要素、重要载体、运行机制等角度对数字经济定义，比较系统而全面地概括了数字经济的基本特征。

（一）以数据作为关键生产要素

历史经验表明，每一次经济形态的重大变革，必然催生也必须依赖新的生产要素。如同农业经济时代以劳动力和土地、工业经济时代以资本和技术为新的生产要素一样，数字经济时代，数据成为新的关键生产要素。数字经济与经济社会的交汇融合，特别是互联网和物联网的发展，引发数据爆发式增长。统计数据显示，数据每年增长50%，经济每两年翻一番。迅猛增长的数据已成为社会基础性战略资源，蕴藏着巨大潜力和能量。数据存储和计算能力飞速进步，数据的价值创造潜能大幅提升。自20世纪90年代以来，数字化技术飞速发展，如今人类大部分信息都以数字格式存储、传输和使用，同时数据计算处理能力也提升了几个层级。数据开始渗透进人类社会生产生活的方方面面，推动人类价值创造能力发生新的飞跃。由网络所承载的数据、由数据所萃取的信息、由信息所升华的知识，正在成为企业经营决策的新驱动、商品服务贸易的新内容、社会全面治理的新手段，带来了新的价值增值。更重要的是，相比其他生产要素，数据资源具有的可复制、可共享、无限增长和供给的禀赋，打破了传统要素有限供给对经济增长的制约、为持续增长和永续发展提供了基础与可能，成为数字经济发展的新关键生产要素。

新时代，党中央高度重视数据要素市场的培育。在确认数据资产地位、明确数据权责、加强数据共享流通、维护数据安全等方面做了一系列战略安排，如党的十九届四中全会首次将数据作为新的生产要素，党的十九届五中全会再次确立了数据要素的市场地位。习近平总书记也曾明确指出，"要构建以数据为关键要素的数字经济"[1]。具体而言主要从三方面进行战略安排。一是打通供给壁垒，强化高质量数据要素供给。其一，支持市场主体，特别是数据服务商等社会化数据服务机构，依法依规开展数据的采集、整理、聚合、分析等加工业务；其二，推动数据标准体系建设，提升数据管理水平和质量，推动各领域通信协议兼容统一，打破技术和协议壁垒，加强互联互通互操作，形成完整贯通的数据链。二是培育要素市场，加快数据要素流通交易。数据作为一种要素有别于传统的劳动、土地、资本、管理等生产要素，对不同

---

[1]《习近平关于网络强国论述摘编》，中央文献出版社2021年版，第134页。

用户的使用价值差别巨大，难以形成统一的定价标准，更难以形成大规模、常态化的交易行为。因此，要继续围绕数据确权与定价，鼓励市场主体探索数据资产定价机制，逐步完善数据定价体系；通过开展数据确权及定价服务试验，规范完善数据资产评估服务；要继续培育规范的数据交易平台和市场主体，建立健全数据交易法律法规，营造安全有序的市场环境。三是挖掘应用场景，创新数据要素开发利用机制。通过产业数字化与数字产业化的融合，实现数字经济和实体经济协同发展。挖掘多种数据的应用场景，重点向民生领域发展，促进人民生活质量的提升。围绕市场需要，发现数据要素的价值，做到最大程度激发数据要素的潜力。

（二）以数字技术为核心驱动力

数字技术创新活跃，不断拓展人类认知和经济增长空间，成为数字经济发展的核心驱动力。人类经济社会发展从来不是渐进的平稳过程，少数重大事件决定了历史新阶段的到来。通用目的技术的进步与普及应用，正是当下时代变迁的决定性力量。区别于以往的通用目的技术，数字技术进步超越了线性约束，呈现出指数级增长态势。数字技术能力提升遵循摩尔定律，每18个月综合计算能力提高一倍，存储价格下降一半，宽带价格下降一半等产业现象持续印证摩尔定律效果。联入网络的用户和设备的价值遵循梅特卡夫定律，数字经济价值呈现指数型增长，这进一步推动了数字经济快速成长。新时代，大数据、物联网、移动互联网、云计算等数字技术的突破和融合发展推动数字经济快速发展。人工智能、虚拟现实、区块链等前沿技术正加速进步，产业应用生态持续完善，不断强化未来发展动力。此外，数字技术加速与制造、生物、能源等技术融合，带动群体性突破、全面拓展人类认知和增长空间。

新时代，以习近平同志为核心的党中央高度重视科技创新。新时代十年，我们在党的集中统一领导下，科技整体水平大幅提升，在一些重要的领域跻身世界先进行列，某些领域正由"跟跑"向"并跑"和"领跑"转变。同时，我国也进入了新型工业化、信息化、城镇化、农业现代化同步发展、并联发展、叠加发展的关键时期，自主创新迎来广阔发展空间。然而，习近平总书记指出，"我们要看到，同世界数字经济大国、强国相比，我国数字经济大而不强、快而不优"[1]。特别是数字经济领域中的核心技术、先进技术，同发达国家相比，还存在着上升空间，"卡脖子"现象时有发生。关键技术受制于人，核心技术成为我国数字经济发展的"命门"，受制于西方发达国家，从而失去与发达国家科技竞争的主动权。

习近平总书记强调："关键核心技术是要不来、买不来、讨不来的。"[2]要掌握数字经济发展主动权，保障网络安全、国家安

---

[1] 习近平：《不断做强做优做大我国数字经济》，《求是》2022年第2期。
[2] 习近平：《在中国科学院第十九次院士大会、中国工程院第十四次院士大会上的讲话》，人民出版社2018年版，第11页。

全，就必须突破核心技术难题。要牵住自主创新这个"牛鼻子"，发挥我国社会主义制度优势、新型举国体制优势、超大规模市场优势，提高数字技术基础研发能力，打好关键核心技术攻坚战，在一些领域、一些方面实现"换道超车"，尽快实现高水平自立自强：其一，要补齐基础研究的短板，打好关键核心技术攻坚战。数字技术不断发展必须建立在基础研究和原始创新的深厚根基上，要把基础研究摆在更为重要的位置上，从"卡脖子"问题清单和国家重大需求中找准基础科学问题，以应用研究倒逼基础研究，以基础研究支撑应用研究。有效地整合社会资源，将政府、市场与社会有机结合起来，科学统筹、协同攻关，努力实现关键核心技术自主可控。其二，提升基础产业规模化，强化重点数字产业自给保障能力。要强化核心电子元器件、关键材料、生产装备的供给水平、生产能力和竞争力，培育新业态新模式，促进数字产业规范健康持续发展。推动数字技术对经济社会运行机制进行系统性重塑，实现人机协同、产业跨界协同、物理世界与数字世界融合，打造跨界运营、价值共创、产用融合的新型实体经济，逐步实现数字科技的自立自强。

（三）现代信息网络是重要载体

在每一次科技变革和产业革命中，总有一些产业是基础性先导性产业，它们率先兴起、创新活跃、发展迅速、外溢作用显著，引领带动其他产业创新发展。与交通运输产业和电力电气产业成为前两次工业革命推动产业变革的基础性先导性产业部门类似，信息产业是数字经济时代驱动发展的基础性先导性产业。

新时代，信息产业领域创新活跃，引领带动作用明显增强。数字技术是技术密集型产业，动态创新是其基本特点，强大的创新能力是竞争力的根本保证。受此驱动，信息产业成为研发投入重要领域。根据经济合作与发展组织数据显示，近年来，世界几乎半数主要国家的信息产业领域研发投资占全部投资的比重多达20%，韩国、以色列、芬兰等几个领先国家和地区甚至超过了40%。信息产业领域密集的研发也带来丰厚的创新产出。以世界平均水平为例，信息产业领域的专利占比达到39%，金砖国家的这一比例甚至达到了55%。因此，加快建设数字基础设施是我国数字经济发展的关键支撑。数字经济的发展需要物质载体，包括网络带宽、5G基站、工业互联网、大数据中心服务器等新型基础设施建设。离开数字基础设施建设，数字经济的发展将成为无源之水、无本之木。新时代，党中央高度重视数字基础设施建设，通过加大新型数字基础设施建设、加速数字基础设施的数字化改造，优化升级数字基础设施。同时，我们在推进产业化、规模化应用方面还有一些可以继续完善的地方。

习近平总书记指出："要加强战略布局，加快建设以5G网络、全国一体化数据中心体系、国家产业互联网等为抓手的高速泛在、天地一体、云网融合、智能敏捷、绿色低碳、安全可控的智能化综合性数字信息基础设施，打通经济社会发展的信息'大动脉'。"[1]具体而言包括：一是适度超前部署新型基础设施建设。要完善信息基础设施建设，推进光纤网络扩容提速、5G商用部署和规模应用，构建一体化大数据中心体系，抓紧在全国建设数据中心集群，加快打造全球覆盖、高效运行的通信、导航、遥感民用空间基础设施体系。二是全面发展融合基础设施，加速传统基础设施数字化改造，重点在工业、交通、能源、民生、环境等方面开展建设，逐步形成网络化、智能化、服务化、协同化的融合基础设施。三是全面提升关键软件技术创新和供给能力，通过推进产业化、规模化应用，培育一批具有国际影响力的大型软件企业，重点突破关键软件，推动软件产业做大做强，为我国数字经济健康发展奠定物质基础。

（四）数字经济与实体经济融合

推进数字产业化与产业数字化融合是数字经济发展的主要内容。数字产业化是将数字化知识和信息直接从科技研发部门融入经济生活，实现自身的产业化过程；产业数字化是生产主体运用科学技术、信息技术对产业链、供应链进行赋值、赋能的数字化过程。以赋能为路径，实现数字产业化与产业数字化的实质是推动数字经济与实体经济融合，从而推进我国产业结

---

[1] 习近平：《不断做强做优做大我国数字经济》，《求是》2022年第2期。

构改造升级。

新时代，党中央高度重视加深数字产业化与产业数字化融合。习近平总书记在全国网络安全和信息化工作会议上指出："要发展数字经济，加快推动数字产业化，依靠信息技术创新驱动，不断催生新产业新业态新模式，用新动能推动新发展。要推动产业数字化，利用互联网新技术新应用对传统产业进行全方位、全角度、全链条的改造，提高全要素生产率，释放数字对经济发展的放大、叠加、倍增作用。"[①]具体而言，一是积极推动数字产业化进程。其一，加快企业数字化转型升级。在管理方式上，引导企业强化数字化思维，提升企业员工数字技能与数字管理能力，推动企业在产品研发、生产经营、管理服务等方面实现数字化转型；在平台建设上，打造一体化数字网络平台，强化企业之间数据资源的流通与配置，加强业务协同，提升全要素生产效率；在企业数字化转型上，推行普惠性"上云用数赋智"服务，降低技术和资金壁垒，创造数字转型环境，助力企业数字化转型升级。其二，深化重点产业数字化转型。"聚焦战略前沿和制高点领域，立足重大技术突破和重大发展需求，增强产业链关键环节竞争力，完善重点产业供应链体系，加速产品和服务迭代"[②]。其三，推进产业园区与产业集群数字化发展。加大产业园区的基础设施建设，提升产业园区的数字化服务和管理水平，吸引更多

---

① 《习近平谈治国理政》第3卷，外文出版社2020年版，第307页。
② 《习近平著作选读》第2卷，人民出版社2023年版，第538页。

数字企业集群发展；围绕企业数字化转型需要，推进共享网络平台建设与网络化协同，构建虚实结合的产业数字化新生态。其四，培育数字化转型生态。建立市场化服务与公共服务双轮驱动，提供企业数字化转型服务生态，解决企业"不会转""不能转""不敢转"的难题。二是积极推动产业数字化进程。其一，提升关键数字技术的创新与竞争力。聚焦人工智能、网络通信、传感器等战略前沿和制高点领域，立足我国数字经济发展需要和重大数字技术突破，着力提升我国数字技术的基础研发实力，增强产业链关键环节的创新力与竞争力。其二，提升核心数字产业竞争力。着力提升我国数字产业的供给水平，保障关键产品的自给能力。在涉及5G、集成电路、人工智能等新兴数字产业，着力打造新优势。继续重点关注数字技术软硬件产品产业化发展，加快集成适配和迭代优化，提升关键软硬件技术创新和供给能力。其三，继续培育数字产业新业态、新模式。推动网络平台健康发展，实现数字资源的整合与配置，深化数字产业在生活服务领域的应用场景，发展智能经济，完善多元价值传递和贡献分配体系，构建数字产业新业态。当然，要"量力而行""尽力而为"。习近平总书记指出，推动数字经济和实体经济融合发展"要脚踏实地、因企制宜，不能为数字化而数字化"[1]。

---

[1] 习近平：《不断做强做优做大我国数字经济》，《求是》2022年第2期。

三、发展数字经济的重要意义

随着新一轮科技革命和产业变革的加速推进，数字经济正以不可阻挡之势破茧而出、强势崛起，其发展速度之快、辐射范围之广、影响程度之深前所未有，正推动生产方式、生活方式和治理方式深刻变革，成为重组全球要素资源、重塑全球经济结构、改变全球竞争格局的关键力量。

从全球视野看，数字经济为全球经济发展增添新动能。从整体规模看，2021年全球47个国家数字经济发展总规模达到38.1万亿美元，同比名义增长15.6%，占GDP比重为45%。因此，越来越多国家开始重视和布局数字经济发展战略。2022年中国数字经济规模达到50.2万亿元，总量稳居世界第二，但与美国相比仍有上升空间。从全球国家发展数字经济现实状况看，德国、英国、美国数字经济对国民生产总值的贡献率均超过65%，其中挪威数字经济增速全球最快，同比增长34%。此外，包括南非、爱尔兰、新西兰等国家在内，数字经济增速超过20%的国家多达13个。可以说，数字经济正在成为全球国家的重点发展领域。与这些国家相比，我国发展数字经济具有先天优势、规模效应，在发展增速上大有可为。

从中国实际看，党中央高度重视发展数字经济。习近平总书记认为："当今世界，一场新的全方位综合国力竞争正在全球展开。能不能适应和引领互联网发展，成为决定大国兴衰的一个关键。"①党的二十大报告提出"加快发展数字经济"②。数字经济作为科技创新的重要前沿,"是世界经济发展的重要方向"③,加快发展数字经济是关系我国核心竞争力的战略问题,我们必须牢牢抓住这个战略制高点。为做强做优做大我国数字经济,习近平总书记从历史与现实接续、国内与国际融通、理论与实际融合等角度,精辟论述了发展我国数字经济的重大战略意义,认为"发展数字经济意义重大,是把握新一轮科技革命和产业变革新机遇的战略选择"④。

(一)促进我国经济高质量发展,推动构建新发展格局

数字经济在促进我国经济高质量发展,推动构建新发展格局方面具有重要意义。习近平总书记指出:"数字经济健康发展,有利于推动构建新发展格局。"⑤从新时代我国发展数字经济实践看,数字技术、数字经济在推动社会各类资源要素流动、加快各类市场主体融合、帮助市场主体重构组织模式等方面成效显著。数字经济促进我国经济高质量发展,打破社会生产的时空限制,实现产业之间的跨界发展,进而延伸我国产业链条,畅通国内国

---

① 《习近平关于网络强国论述摘编》,中央文献出版社2021年版,第41页。
② 习近平:《高举中国特色社会主义伟大旗帜 为全面建设社会主义现代化国家而团结奋斗——在中国共产党第二十次全国代表大会上的报告》,人民出版社2022年版,第30页。
③ 《习近平外交演讲集》第2卷,中央文献出版社2022年版,第363页。
④ 习近平:《不断做强做优做大我国数字经济》,《求是》2022年第2期。
⑤ 习近平:《不断做强做优做大我国数字经济》,《求是》2022年第2期。

际经济双循环。

一是数字经济促进我国经济高质量发展,为构建新发展格局提供重要支撑。作为数字经济发展的关键生产要素,数据已逐渐成为我国经济社会发展的重要生产力。随着数据逐渐渗透到社会生产、分配、交换和消费等各个领域,数据在协同劳动力、土地、资本、技术、管理等其他生产要素实现网络化共享、集约化整合、综合化开发和高效化利用等方面发挥重要作用。数据加速社会生产要素便捷流动,提升社会各领域资源配置效率。数字经济快速发展,引领社会生产关系的变革调整,如生产主体、对象、工具和方式变革,推动实体经济体系重构、范式迁移。因此,提高数字经济供给质量和效率,有利于提升经济社会发展的整体效能。

二是数字经济增强我国经济发展韧性,是强化国内国际经济双循环的纽带。从国内发展而言,数字经济与实体经济融合助力增强我国经济结构韧性,推动我国经济组织方式、生产形式向数字化、平台化、生态化转型。数字技术、数字经济打破产业和组织界限,提升产业间协同合作,从而增强我国经济应对外部环境的适应力。特别是在百年变局与新冠疫情交替影响下,数字经济呈现逆势增长的发展态势,展现出独特优势,对保障我国经济健康持续发展有着重要意义;从国内国际经济双循环看,数字经济不仅可以打通国内经济循环的堵点、难点,提升国内产业的供给能力,而且我国经济可以凭借数字平台实现国内国际双循环。通过数字经济国际合作，引进技术、资本、管理等生产要素，提升我国经济规模和质量，实现消费和产业结构升级，畅通国内国际经济双循环。因而，习近平总书记指出，要"推动数字经济更好服务和融入新发展格局"[①]。

（二）维护产业链、供应链安全稳定，助力现代化经济体系建设

数字经济对维护我国产业链、供应链安全稳定，助力我国现代化经济体系建设具有现实意义。习近平总书记指出："数字经济健康发展，有利于推动建设现代化经济体系。"[②]由此，建设现代化经济体系离不开数字经济的发展与数字技术的应用。从特征看，数字经济具有"高创新性、强渗透性、广覆盖性"[③]，因而，数据在生产资源流通和配置中能发挥集成、优化和共享功能，并综合高效利用资本、土地、劳动力、技术、管理等多种生产要素，实现生产要素之间协调发展、整体推进，从而有效维护我国产业链、供应链安全稳定，推动我国经济迈向新台阶。此外，习近平总书记曾强调，数据"不仅是新的经济增长点，而且是改造提升传统产业的支点，可以成为构建现代化经济体系的重要引擎"[④]。

---

① 习近平：《不断做强做优做大我国数字经济》，《求是》2022年第2期。
② 习近平：《不断做强做优做大我国数字经济》，《求是》2022年第2期。
③ 习近平：《不断做强做优做大我国数字经济》，《求是》2022年第2期。
④ 习近平：《不断做强做优做大我国数字经济》，《求是》2022年第2期。

一是数字经济是提升产业链、供应链安全的稳定器。习近平总书记曾指出:"产业链、供应链在关键时刻不能掉链子,这是大国经济必须具备的重要特征。"①当前,我国完备的产业体系和强大的组织动员能力,是我国经济应对新冠疫情影响的保障。与此同时,我们还应该继续维护好、发展好我国产业链、供应链的安全稳定。数字技术、数字经济对于重构我国全产业体系、重塑产业结构发挥重要作用。数字经济用技术赋能等办法,增强产业链、供应链发展韧性,打造我国产业链、供应链核心竞争力。

二是数字经济是提升传统产业的支点。数字经济适应我国处在新发展阶段的新需要,是推动供给侧结构性改革、提升我国产业链、供应链现代化水平的有力抓手。当前,我国经济面临"低端产能过剩与高端产品有效供给不足并存的局面"②。因而,发展数字经济,利用数字技术、大数据技术赋能传统产业,能有效提升产业和服务体系的智能升级,促进产业链和供应链相互融合,提高产业的科技含量,助推我国产业向全球产业链中高端迈进,确保我国产业链、供应链的升级换代,维护产业安全。因此,习近平总书记提出:"发挥数据、信息、知识作为新生产要素的作用,依靠信息技术创新驱动,不断催生新产业新业态新模

---

① 习近平:《论把握新发展阶段、贯彻新发展理念、构建新发展格局》,中央文献出版社2021年版,第344页。

② 许先春:《习近平关于发展我国数字经济的战略思考》,《中共党史研究》2022年第3期。

式，用新动能推动新发展。"①

（三）打造国家竞争新优势，应对科技革命和产业变革挑战

数字经济在打造国家竞争新优势，应对科技革命和产业变革挑战方面具有战略意义。习近平总书记指出："数字经济健康发展，有利于推动构筑国家竞争新优势。"②当今世界，数字经济因符合信息化发展趋势，正成为全球许多国家的优先发展方向和战略重点。发展数字经济有利于打造国家竞争新优势，是我国应对科技革命和产业变革的新发展思路。习近平总书记曾强调："当今世界，谁掌握了互联网，谁就把握住了时代主动权；谁轻视互联网，谁就会被时代所抛弃。"③因此，发展好以互联网为基础的数字经济，对于我国把握世界经济发展的主动权，构建我国竞争新优势有着重要意义。

一是发展数字经济是打造国家竞争优势的必然要求。当前，数字经济已成为全球竞争的焦点，深刻影响全球经济格局的演变。习近平总书记指出，数字经济"正在成为重组全球要素资源、重塑全球经济结构、改变全球竞争格局的关键力量"④。因此，不论发达国家还是新兴经济体国家都把发展"数字经济作为实现

---

① 《习近平关于网络强国论述摘编》，中央文献出版社2021年版，第136页。
② 习近平：《不断做强做优做大我国数字经济》，《求是》2022年第2期。
③ 《习近平关于网络强国论述摘编》，中央文献出版社2021年版，第41页。
④ 习近平：《不断做强做优做大我国数字经济》，《求是》2022年第2期。

创新发展的重要动能和提升综合实力的主攻方向"[①]。习近平总书记强调:"每一次科技和产业革命都深刻改变了世界发展面貌和格局。"[②]在新机遇面前,"我们能够做的和应该做的就是要抢抓机遇"[③]。只有紧紧抓住数字经济发展机遇期,才能在应对全球科技革命和产业变革中赢得先机。

二是发展数字经济是应对全球变革的现实选择。当前世界正在经历一场前所未有的科技革命和产业变革。数字技术如互联网、大数据、云计算、人工智能、区块链等逐渐与实体经济加速融合,并向高端制造、先进材料、能源资源、生物工程、芯片传感、卫生健康等方面交叉渗透,引发多领域系统性、革命性、群体性技术突破,孕育一系列新技术新应用新产品,带来新产业、新模式的无限可能。尤其是近年来,数字技术在新冠疫情防控中表现突出,如在信息聚合、数据共享、物资流转、资源调配、金融支持、精准定位、搜索追踪、行程查询、在线咨询等方面发挥了重要作用,促进了电商、物流、在线教育、互联网医疗、网络直播、云办公等领域消费爆发式增长,成为全球经济复苏的新动能和新引擎。因此,习近平总书记说,"数字经济事关国家发展

[①] 夏学平:《以数字中国建设赋能经济社会高质量发展》,《中国党政干部论坛》2022年第9期。

[②]《习近平谈治国理政》第2卷,外文出版社2017年版,第202页。

[③] 习近平:《顺应时代潮流 实现共同发展——在金砖国家工商论坛上的讲话》,《人民日报》2018年7月26日。

大局。"①"要加强形势研判，抓住机遇，赢得主动。"②

新时代，党中央高度重视发展数字经济，将其上升为国家战略。习近平总书记也多次强调，"不断做强做优做大我国数字经济"③。党的十八届五中全会提出"实施网络强国战略和国家大数据战略，拓展网络经济空间，促进互联网和经济社会融合发展，支持基于互联网的各类创新"④，引导数字经济健康发展。我们只有抓住数字经济健康发展的先机，依靠数字技术的强大力量，不断升级新的优势增长极，才能抢占未来发展的制高点，构筑国家竞争新优势，把握未来发展的主动权。

（四）满足人民生活新需要，夯实以人民为中心的发展理念

数字经济在满足人民生活新需要、夯实以人民为中心的发展理念方面具有实践意义。习近平总书记指出："人民对美好生活的向往就是我们的奋斗目标，人民的信心和支持就是我们国家奋进的力量。"⑤从人民生活需要看，数字经济渗透于人民日常的工作、学习和生活中，通过创新多种应用场景，不断与事关人民群众生活需要的实体经济融合，提升人民生活质量、工作效率和学习能力。此外，数字经济还创造出更加智能、更加快捷的环境，

---

① 习近平：《不断做强做优做大我国数字经济》，《求是》2022年第2期。
② 习近平：《不断做强做优做大我国数字经济》，《求是》2022年第2期。
③ 习近平：《不断做强做优做大我国数字经济》，《求是》2022年第2期。
④ 《习近平著作选读》第2卷，人民出版社2023年版，第535页。
⑤ 《习近平关于网络强国论述摘编》，中央文献出版社2021年版，第30页。

不断将以人民为中心的发展理念贯穿社会发展各个领域，通过着力保障和改善民生，让更多的人民群众共享数字经济发展成果。习近平总书记强调："信息技术创新日新月异，数字化、网络化、智能化深入发展，在推动经济社会发展、促进国家治理体系和治理能力现代化、满足人民日益增长的美好生活需要方面发挥着越来越重要的作用。"[1]

一是数字经济适应了社会主要矛盾的变化。一方面，新时代我国社会的主要矛盾已经转化为人民日益增长的美好生活需要和不平衡不充分的发展之间的矛盾。伴随科技革命和产业变革，社会生产力显著提高，人民对美好生活的愿望比较强烈，希望在"幼有所育、学有所教、劳有所得，病有所医、老有所养、住有所居、弱有所扶"等领域得到更多的获得感、幸福感和安全感，因此，人民的需求呈现出个性化、差异化、品质化和多样化发展。另一方面，不平衡不充分发展的问题仍然突出，已经成为满足人民高品质生活需要的主要制约因素和症结所在。发展数字经济能有效打破时空限制，延伸活动场域，提高社会资源的优化配置，使数字经济发展的成果为广大人民群众共享，满足多样化个性化需要。

二是数字经济承载着人民对高品质生活的新期盼。数字生活成为人民群众的重要生活方式，数字化服务是满足人民美好生活

---

[1] 《习近平关于网络强国论述摘编》，中央文献出版社2021年版，第25页。

需要的内在要求。数字技术以新理念、新业态、新模式全面融入经济社会发展各领域全过程，人民群众在数字化发展中享受到看得见、摸得着的实惠，体验到数字生活的优质、高效、便捷。"分享经济、网络零售、移动支付等新技术新业态新模式不断涌现，深刻改变了中国老百姓生活。"①

数字经济事关经济发展全局，是关系民生福祉和社会稳定的大事。党始终坚持发展为了人民、发展依靠人民、发展成果由人民共享。面向未来，我们必须树立战略眼光，瞄准人民高品质需要，把增进民生福祉作为数字化发展的出发点和落脚点，深入推进数字为民、数字惠民、数字便民，打造更多涉及民生的数字应用场景，着力解决优质民生服务供给不足、分布不均、可及性不够等问题，努力提升公共服务数字化、均等化、智能化水平，让人民群众的获得感成色更足、幸福感更可持续、安全感更有保障。

（五）助力数字中国新建设，推动构建网络命运共同体

数字经济在助力数字中国建设、构建网络命运共同体方面具有现实意义。习近平总书记曾指出，要"建设网络强国、数字中国、智慧社会，推动互联网、大数据、人工智能和实体经济深度融合，发展数字经济、共享经济，培育新增长点、形成新动

---

① 《习近平关于网络强国论述摘编》，中央文献出版社2021年版，第27页。

能"[1]。数字经济是一种建立于数字技术、信息技术基础上的新经济形态。在一定程度与数字中国建设具有相似的发展要求和价值旨趣。推进数字经济健康发展，有助于加快实现党中央提出的网络强国建设，助力数字中国建设，拓宽网络命运共同体的发展空间。

一是数字经济健康发展是数字中国建设的内在要求。加大建设数字经济源自党的治国理政实践。习近平同志在河北保定工作期间提出"科技是关键，信息是灵魂"[2]，把信息工作摆在重要位置上；在福建、浙江工作期间，提出发展"数字福建""数字浙江"，为两地发展装上信息化的引擎。新时代，党的十九大报告强调要加强基础研究和科技攻关，为建设"数字中国、智慧社会"创新型国家提供有力支撑[3]；在十九届中央政治局第二次集体学习时，习近平总书记明确指出："加快建设数字中国，构建以数据为关键要素的数字经济，推动实体经济和数字经济融合发展。"[4]党的二十大报告更是把建设数字中国放在"六个强国"建设之列。就是说，推动数字经济健康发展，实现产业数字化和数字产业化融合发展，是党积极推进数字中国整体布局的内在要求，做强做优做大数字经济有利于数字中国建设。

二是建设数字中国离不开全球数字经济发展。建设数字中

---

[1] 《习近平关于网络强国论述摘编》，中央文献出版社2021年版，第39页。
[2] 《习近平关于网络强国论述摘编》，中央文献出版社2021年版，第135页。
[3] 《习近平谈治国理政》第4卷，外文出版社2022年版，第205页。
[4] 习近平：《不断做强做优做大我国数字经济》，《求是》2022年第2期。

国，要求我们在开放中共享全球数字经济发展红利，携手共建网络命运共同体，做强做优做大数字经济。新时代，随着数字中国越做越大，全球数字经济在开放与合作中曲折前进，加上新冠疫情的影响，产业链、供应链中断等因素让许多国家开始内顾，人为阻隔全球数字经济发展，深化全球经济合作变得困难。我国一贯坚持建设数字中国，践行数字经济多边主义合作，积极构建良好的国际合作环境，加快发展数字贸易，全面推动"数字丝绸之路"走深走实。由此，数字中国建设与数字经济健康发展是相互促进、协调发展的。

随着全球主要发达国家和新兴经济体国家都在抢先发展数字经济、数字技术，在关键核心技术领域全球竞争日趋激烈，世界经济格局也在逐渐演化。我们既要看到我国在数字化、信息化、智能化等相关领域取得的局部优势，同时也要保持战略定力，深刻认识到我国在关键核心数字技术上存在的短板，以及不同区域、产业和企业间发展不平衡的"数字鸿沟"问题。这要求我们在党的集中统一领导下，既要发挥广阔市场、海量数据和丰富应用场景的优势，又要积极参与数字经济国际合作，主动学习借鉴国际先进经验，最大限度用好全球要素资源。做强做优做大数字经济，推动数字经济与实体经济深度融合，打造未来竞争新优势，推动数字高质量发展、构建新发展格局。

第三章
数字经济的运行机制

大力发展数字经济，促进数字经济与实体经济的融合，以数字技术赋能产业振兴，有助于实现共同富裕。具体而言，数字经济通过财富积累机制、协同发展机制、普惠共享机制、精神文明引领机制等运行机制推动共同富裕的实现。

一、数字经济的财富积累机制

数字经济背景下，数字产业化程度日益加深，数字产业化的覆盖面不断扩展，以数字密集型为主的新兴技术产业数量激增，数字基础产业规模进一步壮大，进而使数字产业在整个产业体系中的优势日渐凸显，并发挥主导作用。数字经济能有效将资源从低生产效率部门调配并传导到高效率的部门，推动产业结构持续从低水平向高水平革新，实现产业结构的优化升级，拉动区域经济发展，推进经济高质量增长，进而为共同富裕"做大蛋糕"提供物质保障。[1]

---

[1] 柏培文、张云：《数字经济、人口红利下降与中低技能劳动者权益》，《经济研究》2021年第5期。

同时，数字经济的蓬勃发展能为传统产业赋能，数字技术的进步对传统生产模式起到重塑效果，使生产过程实现网络化、协同化、高效化，这一方面增强了国内市场的发展优势以及国内产品的生产质量，推动国内大循环的加速构建，推进双循环发展格局的形成，为共同富裕的实现提供了强大动力，另一方面大幅提升了社会财富创造能力，带动财富积累速度加快，财富积累总量日益增大，有助于满足共同富裕对做大社会财富"蛋糕"的要求。[1]此外，数字经济使得大量劳动力从农业生产中解绑，增强了社会流动性，通过引导他们流向二、三产业来充实二、三产业的劳动人口，有效扩大中等收入群体规模，推动社会迈向橄榄型社会结构，实现经济增长所需的消费需求，进一步释放财富创造效应，稳步推进共同富裕。[2]

（一）数字产业化加速产业结构优化升级

第一，数字经济提升要素配置效率，提升产业生产效率，从而实现产业结构的优化升级。新一代数字技术与经济社会的深度融合产生了海量数据，数据成为新型生产要素和基础性战略资源，数据资源作为新型生产要素与其他传统生产要素共同创造价值。其一，大数据、物联网、人工智能、云计算等新一

---

[1] 李金昌、余卫：《共同富裕统计监测评价探讨》，《统计研究》2022年第2期。
[2] 向云、陆倩、李芷萱：《数字经济发展赋能共同富裕：影响效应与作用机制》，《证券市场导报》2022年第5期。

代数字技术的广泛运用，使人与机器之间建立联系，人与机器的互动产生了海量的数据，随着数据收集、整理、挖掘、存储等技术的成熟，数据成为制造业的核心生产要素，数据流带动资金、物资、人才、技术等快速运转，极大地提高了要素流动速度，形成了以数据为中心的制造业范式，改变了制造业的生产方式。其二，数据作为生产要素具有很强的正外部性，数据与其他单一生产要素的结合都会极大地提高单一要素的价值，提高传统生产要素的市场配置效率，同时数据资源具有共享性，共享边际成本几近于零，数据推动制造业高质量发展的乘数效应将进一步显现。其三，作为数字经济的基础支撑，数字基础设施在生产上呈现出边际成本递减的特征、在消费方面呈现出非竞争或部分竞争的特征[1]，它可以帮助扫除数据流通障碍，促进信息实时交换，提高企业的运营效率。通过数字化转型，制造业可以实现生产和服务的自动化、智能化，降低对劳动力的依赖，降低生产成本，带动生产率提高，提高制造业资本、劳动力等生产要素的配置和利用效率，并促进生产力的提高。

第二，数字经济通过推动制造业产业链数字化转型的方式实现产业结构的优化升级。从产业经济学观点来看，产业链反映了各产业部门和市场之间的技术经济关联，根据一定的逻辑关系和

---

[1] 孔存玉、丁志帆：《制造业数字化转型的内在机理与实现路径》，《经济体制改革》2021年第6期。

空间布局关系，最终形成链条式关联关系形态。产业链形成的原因是分工，产业链上各部门的交易成本会影响产业的分工水平。产业链中的各环节合理分工，资金、信息、物资从产业链的上游流动到下游。传统的产业链呈线性结构，产业链上的某一分工主体的生产和决策容易受到相邻分工主体的影响，同时自然环境较大程度上影响着分工主体的地理位置分布，限制了生产要素的流动。数字经济时代，数字技术正在逐步打破时空限制和生产技术的可能性。制造业整体生产可能性曲线向外移动，生产效率得到提高。以大数据、物联网、云计算为代表的数字技术打破了时空局限，使得生产要素在分工主体中高效率传递，制造业企业分工更加细化，企业的生产模式逐渐专业化。同时产业链各个节点衍生出更多的新产业、新业态，产业链向外延伸，由传统的线性结构演变为复杂网络结构，各分工主体高度连接，推动各部门协同生产。同时新一代信息技术使得企业之间地理空间依存度变低，产业链上下游信息沟通变得更加便捷，形成了数据和信息实时交换为核心的网络虚拟集聚。

第三，数字经济通过优化制造业企业组织结构，实现产业结构调整与升级。传统的组织结构呈现集权式的特点，包括金字塔型、科层制等，随着数字经济的发展，传统的组织结构形态逐渐瓦解，企业结构呈现扁平化、网络化。我国制造业想要持续增长，迈入一个新台阶，必须调整其生产方式、组织结构等，使其与数字经济的发展相适应。工业经济时代，等级森严、分工明确的组织结构促进了制造业快速发展，科层制在特定时代保证了制造业的生产效率。数字经济时代，企业的外部环境不断变化，信息技术飞速发展，年轻群体的消费认知快速迭代，市场需求呈现多样化和不确定性等特点，制造业企业需要在第一时间捕捉市场需求的变化并满足需求，垂直化的组织结构各层级之间的交流较少，无法及时响应市场的变化。于是垂直的层级组织模式逐渐解体，以消费需求为导向的扁平化组织结构应运而生。新一代信息技术的发展丰富了企业内部以及与外部的信息交流，企业间的信息流更加畅通，缩短了企业的决策周期，企业与企业间的界限变得模糊，产业跨界融合，形成了围绕核心企业或平台的网状组织结构，产业结构趋向生态化。企业与企业间形成高度协同的关系，实现数据同步，组织运作遵循平等治理和多中心治理原则。

第四，数字经济通过创新制造业商业模式，激发产业结构升级的内在驱动力。当前，线上经济呈现快速发展态势，各大电商与网络平台如雨后春笋，新一代信息技术的运用逐渐瓦解了市场的固有格局，拉近了生产者与消费者的距离，企业可以及时了解消费者的需求并挖掘消费者的潜在需求，进而促进市场规模扩大，产品分工细化、种类增多，逐步释放规模经济效应。一是改变了传统营销方式，极大地提升了宣传效果。传统意义上的营销模式花费高、回报慢，风险系数较高。数字经济时代企业利用大数据技术收集消费者行为习惯，基于用户行为数据集，实现广告的精准投放，确保广告匹配到有需求的客户那里，进一步激发消费潜力。二是拓宽了商品销售渠道，企业开启全渠道营销模式，消费者购买商品不再局限于实体渠道，可以通过网络、手机等进行订购，消费过程变得更加简单、便捷，消费量也随之增长，同时促进了电商平台的发展。三是利用跨境电商平台，拓展海外市场。跨境电商平台为企业开拓海外市场提供了便捷、可靠的渠道，跨境电商平台背后的"互联网+"力量打破了语言、技术等障碍，帮助企业打开海外市场，实现真正的"买全球、卖全球"。

（二）产业数字化提升社会财富创造能力

数字经济作为一种新经济模式，加速了社会财富的创造和积累，表现出强大的"做大蛋糕"动力机制。数字技术的集成应用大大解放和发展了生产力，为区域经济增长和经济高质量发展提供了新动能[①]，与实体经济的深度融合除了推动宏观经济一般性增长外，还显著提升了经济发展质量，这意味着实现共同富裕有了强大的动能支持。具体来看，数字经济显著改善要素错配状况，对资本与劳动要素的互补与替代或对资本与劳动的技术扩展，最

---

① 杨文溥：《数字经济促进高质量发展：生产效率提升与消费扩容》，《上海财经大学学报》2022年第1期。

终作用于效率变革[①],从而显著提升生产效率[②]和全要素生产率[③];而且数字经济本身具有较大的增长潜力,数字产业化和产业数字化能够快速地实现财富创造与积累,进而为实现共同富裕"做大蛋糕"。此外,数字经济具有边际收益递增、高创新、高成长、强扩散、广覆盖和低成本等先天优势和本质特征[④],对经济社会的影响是全方位和颠覆性的,相较于传统的农业经济和工业经济,数字经济能够释放出更多的经济发展红利。众多学者的研究成果已经证实数字经济对收入增长[⑤]、贸易竞争力提升[⑥]、制造业转型升级和制造业生产效率提升[⑦]等的积极影响效应,可以说,随着数字经济覆盖广度和影响深度的进一步拓展,经济发展水平达到一定程度这个共同富裕的前提条件将会更快实现。因而,数字经济带来的生产力高度发展,有助于加速社会财富积累,提升全社会的总体富裕水平。

[①] 柏培文、张云:《数字经济、人口红利下降与中低技能劳动者权益》,《经济研究》2021年第5期。

[②] 郭吉涛、梁爽:《数字经济对中国全要素生产率的影响机理:提升效应还是抑制效果?》,《南方经济》2021年第10期。

[③] 杨慧梅、江璐:《数字经济、空间效应与全要素生产率》,《统计研究》2021年第4期。

[④] 欧阳日辉:《数字经济促进共同富裕的逻辑、机理与路径》,《长安大学学报(社会科学版)》2022年第1期。

[⑤] 陈文、吴赢:《数字经济发展、数字鸿沟与城乡居民收入差距》,《南方经济》2021年第11期。

[⑥] 徐金海、夏杰长:《全球价值链视角的数字贸易发展:战略定位与中国路径》,《改革》2020年第5期。

[⑦] 李治国、王杰:《数字经济发展、数据要素配置与制造业生产率提升》,《经济学家》2021年第10期。

（三）数字经济引导劳动就业结构的转变

一方面，数字经济有助于提升就业质量。实现更高质量就业需要有高质量的经济发展环境，当下数字经济被视为经济增长的新引擎，"大力发展数字经济是实现高质量就业的必然之举"[①]。一是数字技术进步会对整体生产效率和就业环境产生影响。数字技术进步不仅推进生产效率提升，而且有利于促进经济增长、改善整体就业环境。[②]数字经济时代的工作搜寻、工作方式、工作地点更加自主和灵活，与以往相比能更好地平衡工作与家庭生活，这些新特征可显著增加劳动者的就业环境满意度。[③]二是数字经济发展会影响劳动者的就业能力和工资水平。数字技术的进步促使生产力水平提高，并不断增加对高技能劳动力的需求，进一步拉高整体收入水平。此外，低技能劳动者通过不断学习提高自身技能，不仅可以增加就业机会，更能提高其劳动报酬。三是数字经济发展会对劳动关系产生重要影响。以平台企业为核心组织、以数字技术为支撑的新型经济模式改变了传统的就业、生产和消费活动运作方式，同时引发了劳动关系的新变化、新特征和新调整方向。数字技术的发展还有助于实现人员和职位的有效匹配，对

[①] 戚聿东、刘翠花、丁述磊：《数字经济发展、就业结构优化与就业质量提升》，《经济学动态》2020年第11期。

[②] 曹静、周亚林：《人工智能对经济的影响研究进展》，《经济学动态》2018年第1期。

[③] 王文：《数字经济时代下工业智能化促进了高质量就业吗》，《经济学家》2020年第4期。

改善劳动关系具有积极影响。

另一方面，数字经济有助于优化就业结构。数字经济发展在促进就业增长的同时，也引发了就业结构的变化，主要体现在以下三个方面：一是数字技术进步促使就业技能结构发生改变。数字技术进步会对不同的技能工作者进行筛选，比如低技能工作更容易被替代，减少对低技能工作者的需求，同时企业不断加强技术创新，对高技能劳动力的需求会显著增加。[1]二是数字经济发展促进产业就业结构发生改变。经济的快速发展会促使产业结构和就业结构不断调整优化，使得服务业的就业吸纳能力持续增强。[2]而且，服务业就业与制造业就业之间会相互影响，存在一定的交互乘数效应和空间溢出效应，进而会影响产业就业结构。此外，以数字技术为基础发展起来的平台经济、共享经济等新行业产生了众多新兴就业岗位，也吸纳了大量第三产业就业人员。三是数字经济发展促使就业性别结构发生改变。据国际经验可知，与男性相比，女性在社会资源、教育、就业机会等方面往往处于弱势，女性使用互联网的机会相对更少，但互联网技术的日益普及会有助于缩小这种差异，提高女性的就业机会和薪资水平。[3]

---

[1] Lordan.G & D.Neumark. People Versus Machine: The Impact of Minimum Wages on Automatable Jobs, NBER Working paper, 2018, No: 23667.

[2] 蔡昉：《中国经济改革效应分析——劳动力重新配置的视角》，《经济研究》2017年第7期。

[3] Wasserman, I.M & M.Richmond-Abbott. Gender and the Internet: Causes of Variation in Access, Level, and Scope of Use, *Social Science Quarterly*, 2005, 86（01）: 252—270.

二、数字经济的协同发展机制

数字经济的发展带来规模性的协同效应,为有效缓解共同富裕亟须解决的发展均衡性问题提供了新的时代契机。数字经济通过数字化赋能引导不同地区、不同行业、不同产业趋向于协调发展,不断缩小收入人群、区域、城乡的现实差距,进而推进共同富裕。数字经济的协同效应主要通过社会主义市场经济体制、收入分配制度、社会保障制度等发挥作用。特别是进入数字化信息时代,社会主义市场经济体制有效运行促使生产力均衡发展和生产要素高效流动。同时,国家重视统筹协调包括初次分配、二次分配、三次分配在内的收入分配制度,以期提升中西部经济落后区域的扶持力度以及重点帮扶极易返贫群体,逐步实现先富地区和先富群体对口帮扶贫困地区和贫困群体,从而为共同富裕的实现提质增效。[①]近年来,我国的社会保障体系建设得愈发完善,全面发挥兜底功能,在全面建成小康社会以及脱贫攻坚中为人民不断提升获得感、幸福感、安全感作出了巨大贡献。此外,数字经济的发展催生了大批新兴数字信息技术,随着人工智能、大数据、物联网、云计算、区块链等技术在生产、分配、交换、消费的运用日渐成熟,能有效打通传统经济下难以解决的堵点,提高各个环节的效率,推进整个产业链的革新,实现生产、分配、交

---

① 欧健:《共同富裕:历史方位、现实图景与实现机制》,《河南社会科学》2022年第1期。

换、消费领域的均衡高效发展，最终满足新时代共同富裕协同发展的需求。①

（一）数字经济与市场经济体制的协同发展

第一，数字化科技创新与构建全国统一大市场协同发展。全面推动我国市场由大向强转变，才能充分发挥我国新型举国体制优势、超大规模市场优势，进而加快构建新发展格局。发展数字经济有利于构建全国统一大市场。一是数字经济推动科技创新，生产环节智能化、数字化转型，培育新生产模式、激活市场潜能。一方面，加强数字化科技创新赋能产品创新，以提高商品的使用价值，增加消费者的替代性选择，推动商品与需求的最佳匹配，以生产变革带动消费增长。另一方面，强化科技创新为消费者提供免费的新商品或者服务升级，降低消费者的可支配货币消费支出，增进消费者的福利水平，提升居民边际消费倾向和消费支出。借助数字化创新实现需求牵引供给、供给创造需求的更高水平动态平衡。二是发展数字经济弱化市场分割，拓展市场规模。一方面，发展数字经济大力促进知识扩散，扩大有效供给，使得原本无法参与供给的潜在市场主体也加入供给侧、拓展市场边界，培育海量和长尾市场，进而打破区域界限和市场分割。另一方面，着力降低贸易生产端和消费端之间的信息非对称性，降

---

① 蒋永穆、亢勇杰：《数字经济促进共同富裕：内在机理、风险研判与实践要求》，《经济纵横》2022年第5期。

低贸易参与成本和门槛，支持中小微企业有效参与全球贸易活动。发展数字交易平台帮助中小微企业掌握市场需求偏好，发展数字化、差异化、定制化生产，最终促进竞争、抑制垄断。三是用数字技术建设现代流通网络，促进国内大市场高效畅通。

第二，数字经济有利于完善数据要素市场，深化要素市场化改革。2017年，习近平总书记在十九届中央政治局第二次集体学习时强调："要构建以数据为关键要素的数字经济。"[①]在此基础上，2019年党的十九届四中全会明确了数据作为生产要素参与分配。数据对提高生产效率的乘数作用不断凸显，成为最具时代特征的生产要素。数据作为全新生产要素，不同于传统的劳动、资本和土地，具有非竞争性、非排他性的特征，在现实层面表现为虚拟性、低成本复制性以及主体多元性。数字经济则具备高创新性、强渗透性、广覆盖性，培育全国统一的数据要素市场是深化要素市场化改革的重要环节。培育数据要素市场的重点在于"数据变数字、数字资源变数字资产"。一是发展数字经济有利于培育数据开发交易的市场主体。相较于其他要素市场而言，数据作为新兴的战略性要素，参与数据供给与交易的市场主体较少，是制约数据要素市场成熟壮大的主要因素。数字经济在智能制造、智能电网、智慧城市、智能物流等重点领域，大力培育紧跟市场需求的专业化、规模化数据市场主体，鼓励多种所有制数据市场

---

① 《习近平关于网络强国论述摘编》，中央文献出版社2021年版，第134页。

主体协同发展。同时完善数据要素市场公平竞争制度框架和政策实施机制，推进规则统一、权利公平、机会平等，激发市场主体活力。二是发展数字经济有利于完善数据的收集和加工制度。数字经济推动各行业数据资源标准化制度建设，优化市场主体数据管理和实际应用能力，建立标准化的数据共享、交换、协作和开放机制，以化解行业间、市场主体间的数字鸿沟、激发数据利用的正外部性。三是发展数字经济有利于完善数据资产交易规则、定价机制以及分配机制。大力发展数字经济，对培育规范的数据交易平台，构筑市场化的数据资产估值、登记、交易、仲裁和处罚等机制产生助力，容易实现全产业链数据市场化配置的"帕累托最优"。数字经济能构建全国统一的集约高效的数据流通基础设施，为场内集中交易和场外分散交易提供低成本、高效率、可信赖的流通环境。

第三，发展数字经济有利于建设高标准市场体系。2022年《"十四五"数字经济发展规划》提出，到2025年数字化创新引领发展能力大幅提升，智能化水平明显提升，数字技术与实体经济融合取得显著成效，数字经济治理体系更加完善，我国数字经济竞争力和影响力稳步提升。利用数据资源推动研发、生产、流通、服务、消费全价值链协同，能够有效畅通国内大循环。发展数字经济推动建设高标准市场体系的重心在于，以数字经济发展和数字技术创新驱动市场设施高标准联通、降低市场主体制度性交易成本，以及稳定市场主体政策预期。一是发展数字经济能推进市场设施高标准联通。完善产权交易信息、行业重要公告公示和市场主体信息交互渠道建设,借助数字技术提升市场信息的公开度、透明度以及可追溯性,缓解信息非对称、保障信息安全,引导供需动态平衡。大力发展工业互联网、5G网络、算力中心等数字产业化领域,通过互联网平台快速传播信息促使经济社会的各个层面高度连通,有效解决各区域、各行业信息不透明、获取信息成本高等问题。着力建设消费互联网,提升企业挖掘用户价值的效率,利用平台为用户提供产品和服务信息,企业利用消费者反馈信息优化产品和服务。公共数字平台能够收集、处理、共享并传输经济社会活动的信息资源,促使消费和供给数据可查询、可追溯,以此提升市场信息的传播效率和交互效率。二是发展数字经济能降低市场主体制度性交易成本。制度性交易成本体现的是政府与市场的关系,建设"有为政府、有效市场"是降低制度性交易成本的关键,发展数字经济和数字技术能够有效降低相应成本。一方面,建设公共信息数字化平台,通过信息公开化、透明化,切实降低市场主体负担的政府收费和罚款、市政公共服务外加费用、金融服务收费等,通过放水养鱼提升市场主体活力,重塑政企关系、银企关系。另一方面,完善信息网络建设,降低市场主体的办事成本。提高线下"一窗综办"和线上"一网通办",优化投资和建设项目审批服务。完善数字化税费平台建设,提升办税和缴费服务水平和效率。加快构建新发展格局,还需纵深推进行政审批制度改革,借助数字技术推动规则公平、制度清晰,简除烦苛才能轻装前行,对冲经济急剧下行压力,善用政府权力的"减"来赢取市场主体活力的"加"乃至"乘"。①三是发展数字经济能稳定市场主体政策预期。规范政府与市场主体、行业协会商会常态化沟通机制,构建跨部门数字化政企会沟通服务平台,灵活规范地发挥行业协会和商会在政企沟通中的媒介作用,化解市场主体面对政府"事不敢言、言不尽意"的问题,畅通政企沟通交流与政策信息传递。健全政务守信践诺机制,聚焦数字政府建设,不断完善政务信息公开平台,强力防范政务失信行为、提升政府部门公信力,保障政策实施的连贯性、有效性,稳定市场主体的政策预期,引导其建立面向长期的高质量经营决策,以科学动态一致的政策框架为促循环、提质增效托底。

第四,发展数字经济有利于完善现代化市场监管体系。创新和完善市场监管,推进市场监管现代化,是建立统一开放竞争有序的现代市场体系的客观需要,是完善社会主义市场经济体制的必由之路。《"十四五"市场监管现代化规划》提出,围绕"大市场、大质量、大监管"一体推进市场监管体系完善和效能提升,推进市场监管现代化,维护和优化高效、有序、统一、安全的超大规模市场,切实推动高质量发展。数字经济时代,需以数字技术为支撑建设现代化市场监管体系,以科技手段优化制度建设从

---

① 国务院发展中心课题组:《持续推进放管服改革不断优化营商环境》,《管理世界》2022年第12期。

而低成本地提升监管效能。一是发展数字经济能建设全国统一的数字化社会信用监管制度。现代社会是信用社会，市场经济是信用经济，信用介于法律和道德之间，能够低成本、有效地将市场主体的行为约束于合法合规范围内。发展数字经济，创新监管理念，建立健全贯穿市场主体全生命周期、衔接全监管环节的全国统一的数字化社会信用监管制度，能够进一步规范市场秩序、加快构建新发展格局。以市场主体权责清单为基础，完善社会信用数字化采集系统建设，使各类主体在办理注册登记、资质审核和获取公共服务中，能够便捷准确地记录信用行为信息，自动分类保存各类失信行为。同时，推动企业将运营数据、监管数据与政府监管部门共享，保证政府能够实时了解企业运行情况和潜在运营风险。二是发展数字经济能保障高水平市场经济运行。垄断和不正当竞争是特定市场主体利用市场势力，制定能够打击竞争对手、侵占消费者剩余的交易规则，造成垄断性的社会福利损失，降低市场机制配置资源的效率。"发展数字经济和数字技术能够有效降低相应成本"[1]，正确处理好政府与市场的关系，建设"有为政府、有效市场"。

（二）数字经济与收入分配制度的协同发展

在城乡二元经济结构下，生产要素多流动汇集于城市地区，

---

[1] 师博：《数字经济时代构建高水平社会主义市场经济体制的重点与难点》，《中国党政干部论坛》2023年第2期。

生产要素的聚集造成了地区间差异,数字技术的应用则影响了生产要素聚集的方式和速度,进而影响收入分配;而收入分配的差异则直接影响城乡居民的收入获取方式与效率,由此造成城乡居民收入差距。可见,收入分配情况与数字技术发展密不可分,数字技术对收入分配有直接作用机制。

其一,初次分配作用途径。数字技术通过初次分配作用途径有利于改善城乡收入差距。初次分配是资本、技术和劳动等按其要素价格通过市场化的方式参与到收入分配中,数字化则从这三方面影响收入分配。

从资本角度来看,长期以来资本收益增速快于技术和劳动,而农村居民原始资本相对较少,参与资本收益分配方式不足,进而难以享受到收入分配中的资本收益,而数字技术的应用让部分通过劳动收入获得部分资本积累的农村居民有机会参与到资本收益的分配之中,如数字技术提升了资金的流动性还提升了投资信息的透明度,让农村居民有机会参与到资本收益的分配之中,从而在一定程度上缩小与城市居民在资本收益上的差距,但考虑到农村居民资本积累数额并不多且参与资本市场的意愿与能力整体不如城市居民,因而从资本角度看,数字技术对收入差距收窄幅度的影响并不大,而且目前城乡居民平均财产性收入比值常年维持在11左右[①],财产性收入差距相对较大。要持续稳定增加农民收

---

① 张晓山:《实施乡村振兴战略 确保经济持续健康发展》,《经济纵横》2019年第1期。

入，尤其是提升财产性收入，数字技术应用则是突破此困境的重要尝试。

从技术角度看，数字技术有助于提升农村居民技术水平，提升技术在其收入分配中的比重。一方面，传统上农村地区本就不只有农业，产业兴旺既是乡村振兴的必要条件，也是农村地区劳动人民的真实愿景，而数字技术的有效运用则是农村产业兴旺的关键所在；同时，在农村地区，技能是提升当地生产力的重要条件，但交通不便与时间成本高等客观原因让专家学者难以前往支援，但数字技术的平台化技能分享及技能培训，让农村居民能够低成本提升技能。另一方面，数字化应用丰富了农村居民技能应用场景，数字下乡模式也在不断探索，如智慧农业的应用将数字技术与农业相结合，农村电商和农村直播运用数字技术拓展了农产品销路，这些应用都直接或间接提升了农村居民的收入和数字素养与数字技能，且能够有效减小城乡数字鸿沟。相对而言，农村居民技术水平相对较低，数字化对其技能水平提升空间充足，进而缩小其与城市居民在技能要素分配中的差距。

从劳动角度来看，数字技术主要通过提升劳动效率和劳动回报以及改善劳动信息环境来提升农村居民的劳动收入分配。从劳动效率看，在机械化应用之后，农村居民劳作效率提升明显，目前数字乡村和农业数字化转型已成为乡村振兴的重要方向，数字技术的运用更进一步提升了农村居民的劳动效率，传统体力劳作型的生产方式将被逐渐取代，逐步转为智慧化生产，虽然目前数字技术在农村地区应用多集中于消费端，生产端的数字技术应用还有待完善，且参与农村数字产业的知识门槛较高，但数字产业在农村地区的普及无疑会提升农村居民整体的劳动效率，提高劳动的边际收益，进而提高农村居民的工资性收入水平。从信息环境看，数字技术的应用能拓宽就业渠道，改善劳动信息环境。数字技术在与农村产业探索结合的过程中，必须衔接当地有经验的居民，这就为当地居民创造了就业机会；同时，数字技术的应用还能够改善农村就业信息不对称程度，让农村居民能够低成本高效率获取就业信息，另外，数字技术的应用为农村家庭农产品买卖提供了多渠道信息，助力信息匹配，拓宽收入来源，改善农村居民的收入状况。

综上，基于初次分配理论，数字技术能从资本、技术和劳动方面提升农村居民的收入水平，提升农村居民的财产性收入、工资性收入以及家庭经营收入，数字化技术应用对农村居民的数字红利效应明显，缩小了城乡居民间的数字鸿沟，进而缩小了城乡居民收入差距。

其二，收入再分配作用途径。收入再分配主要体现在政府财政支出和社会保障领域。在政府财政支出领域，自2004年起到2023年，中央一号文件每年都聚焦"三农"，尤其注重财政资金在农村地区的运用，财政对"三农"的支持是国家与农民分配关系的重要内容，财政资金的投入改善了农村居民的收入状况，但目前仍存在支农政策分散化、难以带动社会金融资本以及预算绩效管理的长效机制与全程机制缺乏等问题[①]，在当前财政过"紧日子"的状况下，这些问题阻碍着财政资金使用效率，难以提高财政支农水平进而提升农民收入。数字技术则提供了跨越障碍的新视角，网络强国战略和国家大数据战略正是问题解决的宏观背景。在脱贫攻坚战的过程中，数字技术支持下的实时迭代和高效共享的贫困人口信息库是基础，在大数据与云计算的支持下，扶贫专题数据库能够实现准确识别，快速整合更新贫困信息，部门联通，畅通信息共享，有效助力了农村产业脱贫，同时在医疗、健康、教育以及政务办理方面实现了对贫困人口的精准公共资源调配，使政府的公共服务和财政资金使用更加精细化，有效缩小了城乡数字鸿沟。党的十九届五中全会也提出要大力发展数字经济，建设数字政府，如2020年苏州财政局与第三方合作建设了财政专项资金管理系统，提高了财政资金安全性和使用效率，规范了专项资金的分配和合规性使用，推动优惠政策精准落实；2021年广东也开启数字财政试点。可见，未来财政精准支农效率在数字化的加持下将进一步提升。

在社会保障领域，数字化技术的应用提升了对农村居民的社会保障服务效率，提升了其转移性收入相对水平。长期以来，社会保障是国家通过收入再分配从而维持社会公平的重要手段，而

[①] 刘天琦、宋俊杰：《财政支农政策助推乡村振兴的路径、问题与对策》，《经济纵横》2020年第6期。

农村居民与城市居民的社会保障在模式、水平覆盖范围以及管理方面差距明显，农村居民社会保障信息繁杂且更新不便是其重要原因之一，大数据技术应用促进了社会保障档案电子化的进程，方便了信息管理，同时电子社保卡的推出也方便了农村居民参保缴费，提升了农村居民的社会保障服务效率，缩小了城乡居民社会保障服务差距，从而提升了农村居民收入再分配的相对比重，进而缩小城乡收入差距。

其三，三次分配作用途径。三次分配是以募集资助等公益方式对社会财富的分配，三次分配以自愿和鼓励的方式进行，从运行实际上看，弱势群体和贫困群体为三次分配主要目标群体，即三次分配有利于改善农村弱势群体的收入水平。从地域分布上看，贫困弱势群体多在农村地区，且由于缺乏完善的医疗教育等服务，农村地区因病致贫和返贫多发，教育资金缺乏，因而慈善事业更多支持农村地区，但传统慈善对我国贫困地区与人口的覆盖范围有限，而数字技术在公益领域的使用拓宽了传统公益渠道，使捐赠日常化、便捷化，同时数字技术也提高了公益信息的传播效率，让贫困信息能够更广泛传播，如支付宝爱心捐赠和腾讯公益，这种公益信息汇集的数字慈善平台，在日常生活中以及特殊事件发生时能够凭借其平台使捐款便捷化，同时还能够及时看到善款的去向和用途；近年新兴数字慈善平台如水滴筹等，同样借助数字技术的便捷性依托微信好友和朋友圈实现了慈善事业的进步。从三次分配的角度看，数字技术能够借助其大数据优势整合相关慈善信息并通过精准推送将日常零星善款整合，进而提升对农村贫困居民的公益帮助水平，改善其收入水平。

综上可知，从理论分析看，在直接作用机制下，数字经济通过对三级收入分配机制的影响直接对城乡收入差距产生影响，实现了数字经济与收入分配制度的协同发展。

（三）数字经济与社会保障制度的协同发展

随着大数据等新技术的广泛运用，数字经济的发展不断加快。这给社会保障的发展带来了重要机遇，同时也为社会保障实现适应与变革奠定了基础。总的来说，数字经济与社会保障的协同发展主要体现在以下方面：

其一，数字经济的发展有利于夯实社会保障的物质基础。伴随我国经济发展进入新常态，数字经济等新经济的发展活力加速释放，并带动了相关经济业态的发展，逐渐成为新时代经济发展的重要动力。与此同时，数字经济等新经济、新业态的发展在一定程度上打破了就业壁垒，加速了人员流动，改变了就业方式与人们所从事的就业领域，从而帮助更多人获得工作岗位，扩大社会保障覆盖面。因此，数字经济的发展促使就业人数增加，进而使社会保险的缴费增加，有利于夯实社会保障的物质基础。此外，数字经济等新经济、新业态的发展本身也是经济发展的动力，有利于经济可持续发展，进而有利于夯实社会保障的物质基础。

其二，数字经济的发展有利于提高社会保障业务的经办效率。数字经济发展的过程带来了一系列新技术的应用，为社会保障业务经办效率的提升创造了有利条件。技术进步和数字化对社会保障管理也产生了积极影响：简化了登记和缴费程序，减少了欺诈和错误。与此同时，福利发放也变得更加及时和高效，从而增加了人们对社会保障机构的信任。[①]数字经济的发展除了有助于简化劳动者参保缴费的繁琐程序与打击包括医保欺诈等在内的社会保障诈骗行为之外，还可以通过精准识别特定对象，促进社会保障待遇给付的高效化，降低经办成本，真正实现应保尽保。此外，数字经济的发展与相关技术的应用，也有助于数据碎片化、信息"孤岛"等问题的解决，从而提升社会保障业务的经办效率，为群众提供更好的服务。

其三，数字经济的发展有利于加快社会保障制度改革的进程。数字经济的发展及其相关技术的应用所带来的一系列变化，必然要求进一步健全社会保障制度，从而倒逼社会保障制度改革进程的加快。例如，在参保对象的确定方面，基于雇佣关系确定的参保对象有可能转变为仅以年龄为依据；在缴费方面，将建立并征收消费税作为社会保障的筹资手段也不无可能。此外，将失业保险转变为就业保险也已成为部分国家的重要做法，德国《工业4.0白皮书》就提出"逐步将当前的失业保险转变为就业保险，

[①] 尹吉东：《适应与变革：数字经济时代的社会保障》，《改革与战略》2021年第4期。

以便为工人提供更多的预防性支持"①。另外,数字经济的发展亟须法治保障,因而也将加快推动社会保障领域法律法规的制定与修订,实现社会保障法治化运行。因此,随着数字经济的发展及其所带来的外部环境变化,加快社会保障制度改革势在必行。对此,应进一步增强社会保障以提供稳定预期的效应,促进社会保障制度可持续发展。

其四,数字经济的发展有利于更好发挥社会保障在国家治理中的重要作用。数字经济的发展,为社会保障发挥治理功能提供了条件,而"社会保障应对危机的功能是国家治理的关键'利器'。"②另外,通过数字经济发展所创造的有利条件,社会保障的制度结构可能会变得不那么垂直、不那么僵化、不那么国家主导,数字技术可能会为创新和灵活的新形式的相互风险分担提供工具。因此,数字经济的发展有助于增强社会保障的灵活性与弹性,这也为社会保障参与国家治理、应对突发性公共危机等奠定了基础。

另外,数字技术的发展也有利于应对人口老龄化、高龄化。"为了应对劳动力高龄化,一部分企业开始采用数字化和自动化技术代替稀缺的劳动力,这将可能改变人口老龄化不利于劳动生产率增长的现状,不仅为技术和资本提供了新的机遇,也为

---

① 〔德〕丹尼尔·布尔著,陈斌译:《数字化时代的德国福利国家:主要挑战与发展之道》,《社会保障评论》2019年第2期。

② 郑功成、郭林:《中国社会保障推进国家治理现代化的基本思路与主要方向》,《社会保障评论》2017年第3期。

老龄社会提供了新的发展动力。"[①]由此可以看出，社会保障在国家治理中扮演着关键角色。

三、数字经济的普惠共享机制

数字经济的发展为全民普惠和全民共享提供了历史机遇，为社会的公平正义提供了技术保障，也为新时代实现共同富裕指明了新的方向，满足了共同富裕对"分好蛋糕"的要求。随着数字信息技术向社会各领域渗透，人人都能获得公平参与、公平发展、公平享有的机会，特别是那些处于社会边缘，生活贫困，只具有低技能的群体也能得到平等的对待，这在很大程度上维护了人的尊严并给予了他们积极生活的希望，有助于维护社会稳定。近年来，在数字信息技术走向成熟以及数字基础设施不断普及和完善的情况下，收入人群、区域、城乡的各种差距实现缩小且总体发展和局部发展趋于均衡性增长，尤其是农村和偏远地区的发展极为明显，使得全体人民能够共享数字红利。同时，数字信息技术的跨时空特征，有效推动了资源优化配置，克服了传统经济无法跨越时空的不足，为均衡发展提供了可能。[②]此外，数字经济推动了公共服务的全民共享，给予了大多数民众享有公共服务的

---

① 封进：《人口老龄化、社会保障及对劳动力市场的影响》，《中国经济问题》2019年第5期。

② 欧阳日辉：《数字经济促进共同富裕的逻辑、机理与路径》，《长安大学学报（社会科学版）》2022年第1期。

均等机会，也推动了公共产品的多元化和公共服务的高质量发展。更重要的是，数字经济推动了数字普惠金融纵深发展，有效缓解了小微企业"融资难、融资贵"问题，真正做到数字金融赋能数字乡村建设，完善农村和偏远地区医疗、教育和社会保障等最薄弱领域，助力乡村振兴，拉动乡村经济发展，在这过程中也提升了村民的数字素养和数字生活品质，从物质层面和精神层面全方位推进农村地区的共同富裕程度，进而增强农民的获得感、幸福感。

（一）数字经济使全体人民共享数字红利

实现共同富裕的首要前提就是要达到更高质量和更高水平的社会生产力，做大"蛋糕"，分好"蛋糕"，才能使全体人民共享数字经济发展红利。共同富裕作为党带领人民探索更高级社会形态的伟大实践，其基础和前提是社会生产力的发展问题。只有不断提升社会生产力水平，促使各种要素资源以更加高效的排列组合方式参与生产，才能为整个社会提供更多高质量的产品和服务，切实满足人民群众日益增长的物质文化需求。数字经济对社会生产具有极大增长效应，即数据成了关键性生产要素，不仅能够在生产过程中直接释放价值、创造财富，而且能够帮助企业进行精细化管理和测算，使资源配置更具合理性。

（二）数字经济推动公共服务的全民共享

基本公共服务均等化是人民大众共享发展成果的有效途径，

也是共同富裕实现的重要着力点。近年来,中国基本公共服务均等化取得积极成效,但仍有很大改善空间。[①]例如,在城乡义务教育层面,受长期以来教育经费差异影响,城乡教育质量差距仍十分显著;在医疗服务质量层面,农村地区老年人养老金待遇差别仍未从根本上得到解决。可以说,基本公共服务均等化已成为推进共同富裕过程中必须直面的难题。而数字经济通过提高政府服务水平、推动数字基建更加完善,一定程度上可补齐公共服务短板,带动基本公共服务能力明显提升,推动经济增长向共享式发展,为实现共同富裕提供有力保障。

一方面,提升政府服务水平。优质共享的基本公共服务是人民大众最期盼、最关切、最有获得感的领域之一。伴随数字经济稳步发展,数字技术嵌入政府公共管理的深度日渐提高,在扩张数字技术应用空间、完善数字产业分工与专业化的同时,弥补了优质基本公共服务供给欠缺的问题,促使居民幸福指数大幅提高。以2021年2月国家电子政务外网管理中心重点表彰的贵州省为例,其电子政务云——"云办公"自2015年上线到2021年,用户基数不断增多,功能渐趋完善,安全性显著提高。此外,数字治理也是提高政府服务能力的一大途径。通过规则监管信用化、服务在线化、材料数据化,促使政务服务全流程实现再造;借助信用数据代替主观评价、机器代替人,数字治理还可推动政府服

---

① 缪小林、张蓉、于洋航:《基本公共服务均等化治理:从"缩小地区间财力差距"到"提升人民群众获得感"》,《中国行政管理》2020年第2期。

务实现自动化和精准化，以此不断提升政府公共服务水平。基于此，政府以较高服务水平不断强化行业发展顶层设计，巩固共同富裕政策保障。

另一方面，提升数字基建布局水平。完善的数字化基建是共同富裕实现的坚实基础。数字经济通过撬动国内数字产业与服务业，促使数字技术实现良性循环，可为全国数字化基础设施全面布局提供根本驱动力。具体而言，数字经济进一步深化发展，可推动全国基础设施发展网络建设，加快数据、算法与算力三类数字基础设施要素集聚，全面夯实数字基础设施布局。以5G网络布局来看，国家工业信息安全发展研究中心数据显示，2022年中国5G基站新增88.7万个，已建成的5G基站总量占全球比重超过60%。此外，数字经济赋能下，各类基础设施布局越发均等化，在帮助发展滞后区域和农村地区充分享受数字化、现代化基础设施的同时，还能以均衡化服务协调各行业发展，为共同富裕之中的"共同"赋予新动能。

（三）数字经济助力数字金融的普惠发展

党的十九大报告提出要"深化金融体制改革，增强金融服务实体经济能力"[①]，党的二十大报告再次提出，坚持把发展经济的着力点放在实体经济上。经济是肌体，金融是血脉，两者共生共

---

① 习近平：《决胜全面建成小康社会　夺取新时代中国特色社会主义伟大胜利——在中国共产党第十九次全国代表大会上的报告》，人民出版社2017年版，第34页。

荣。为实体经济服务是金融的天职，如何提升金融服务实体经济效率一直是党和国家关注的重点问题之一。

随着数字经济时代的到来，人工智能、云计算等数字技术与金融深度融合，为解决金融"脱实向虚"、金融资源配置失衡等问题提供了新思路。数字技术的应用加速了新兴数字金融业务模式的产生，推动了科技和金融相结合，促进科技金融创新发展，成为助力实体经济振兴的新动能，为金融支持实体经济发展提供了新的契机。

数字经济对普惠金融的影响体现在提升了其使用纵深，扩大了服务涵盖面以及数字化水平。传统普惠金融限于农村地区金融信息不对称、交易成本高以及抵押约束的窠臼，难以提升普惠金融发展水平。数字技术的运用则改善了这些问题，提升了普惠金融水平，具体体现在：

其一，降低信息不对称水平。以数字化为代表的金融科技降低了信息不对称水平。该问题制约着金融机构的业务下沉，尤其是在农村地区，这种信息误差直接造成道德风险和逆向选择问题。金融机构主要依托客户信用等级进行金融服务，而客户信用等级评定大致依据5C原则，即经营宏观环境、德行、履约能力、资本、担保，然而除了宏观环境条件，剩余4C都要求详细的点对点调查，且对无交易记录的客户难以评判。金融科技的数字化应用可从客户日常交易活动收集合法信息进行数据建模用以信用评判，而且随着数据的积累信用评判准确度会不断提升，同时数据模型能够避免主观评价的道德风险，增强评价的客观性，降低客户信息不对称水平和信用风险。

其二，降低交易成本。数字化应用提升交易效率与服务便捷度，降低了普惠金融的交易成本。根据威廉姆森的交易成本理论，相较于传统金融业务，以数字化为基础的线上业务能够降低事前交易成本，金融科技结合线上业务的开展，客户支付结算以及资金流通需求能够通过网上银行满足，同时金融机构与客户间的融资业务也能降低信息搜索、决策与议价成本，线上流程审核效率高，时间成本低，价格透明，放款速度快，能够有效解决因客户投机主义和有限理性造成的无效成本。而且，在事后交易成本控制方面金融机构也进行了有益探索，如数字技术应用能够精准监督资金流向，降低信贷资金监督成本，从而降低金融机构信贷风险。

其三，提升金融服务可获得性。数字技术的应用丰富了金融服务种类，同时提升了金融服务水平。从服务种类来看，金融机构数字化支付结算服务较为完善，已经实现大额转账和实时到账功能；融资服务也在不断完善，众多金融机构已经实现依托大数据画像开展线上信用贷款业务，且放款迅速，能够满足客户急切、小额的信用融资需求；同时，财富管理服务也在不断深化，银行线上理财商城为客户提供了各种风险等级的理财产品，满足了不同客户的资产管理需求，且智能投顾也在逐步完善，且基本能在风险控制的前提下实现预设收益目标。从提升金融服务水平来看，对个人而言，数字化技术的运用降低了融资抵押约束，大数据模型能够自动匹配客户信贷额度，即便没有抵押品的客户也能获得一定额度，从而提高了金融机构的业务覆盖广度；对企业而言，供应链金融成为企业解决无抵押融资困难的新方向，"十四五"规划明确提出推动供应链金融，目前北京、山东、湖南等地已和金融机构合作进行试点，依托供应链助力小微企业融资。

总的来看，数字技术的运用推动了普惠金融水平的提高。数字技术通过降低信息不对称水平和交易成本，提升金融服务可获得性，将众多长尾客户低成本纳入服务体系内，有利于农村金融服务水平的提升。

（四）数字经济赋能乡村振兴的持续建设

随着信息时代的到来，大数据、人工智能等数字技术已经渗透到各个领域，使得传统的生产、生活方式走向了数字化和信息化，传统的技术经济范式改变为数字经济范式，且主要体现在以下方面：一是数字经济参与到传统生产的过程中，越来越多的市场主体选择以数字技术的高效性、精确性、及时性来优化传统的消费和生产方式；二是数字经济与传统经济的融合，提高了全要素生产率，从而改变了市场上现有的商业模式和生产模式。我国政府在消除城乡二元结构矛盾、实施乡村振兴战略时，十分重视数字经济为农业农村发展带来的新动能。由此，发展数字经济对乡村振兴具有十分重要的意义。具体而言，数字经济赋能乡村振兴有两条路径：

一是数字经济的技术创新效应对乡村振兴的影响。首先，数字经济的技术创新水平提高可以满足乡村振兴战略总部署对"产业兴旺"和"生活富裕"的要求。技术创新水平的提高可以显著提高社会的全要素生产率，促进传统的生产方式向数字化转变，提高生产效率，满足乡村振兴战略总部署对"产业兴旺"的要求。数字技术的应用与新兴产业的发展又会带动经济的发展，从而满足乡村振兴战略总部署对"生活富裕"的要求。其次，数字经济的技术创新水平提高可以满足乡村振兴战略总部署对"生态宜居"的要求。绿色技术运用到生产中，在生产阶段能提高原材料的利用率，减少对资源的浪费，在废物排放的过程中，数字化的监测系统以及高新技术的处理系统能保证生产废料的排放达到国家标准，起到了保护生态环境的作用，满足了乡村振兴战略总部署对"生态宜居"的要求。再次，数字经济的技术创新水平提高可以满足乡村振兴战略总部署对"治理有效"的要求。新兴技术与传统经济相结合创造了新的生产模式、商业模式、消费模式等，对保证市场环境稳定发展、营造出适合新经济模式发展的社会制度和治理环境具有十分重要的意义，如现在政府结合云计算、大数据、互联网平台、电脑手机等终端设备，向各级机关、企业以及居民提供更加方便快捷的信息传递及业务办理等服务，构建一个更加高效、负责的网上政务服务平台。中国互联网络信息中心报告显示：到2020年6月，我国在线政务覆盖用户已达7.73亿，已占据整体网民数量的八成。目前，我国已初步形成了包含省、市、县、乡、村五个层次的线上政务服务系统，做到了政策直达基层、区域间便捷互动、各层级权责分配清晰。网上政务系统的建立使得居民和企业都可以更便捷地办理事务、了解政策，这种高效型政务处理方式满足了乡村振兴战略总部署对"治理有效"的要求。最后，数字经济的技术创新水平提高可以满足乡村振兴战略总部署对"乡风文明"的要求。技术创新创造的新行业和新职位需要劳动力具备更高的综合素质，这就促使劳动力主动地去接受更多的学历教育和技能培训，从而提高整体国民素质，这也是培养科技创新人才的重要举措，能够潜移默化地影响居民对精神生活的追求以及对传统文化的继承，实现农村乡风文明与时俱进，进而满足乡村振兴战略总部署对"乡风文明"的要求。综上所述，数字经济通过营造社会创新氛围、提高创新效率等方式影响技术创新，而技术创新又可以从产业兴旺、生活富裕、生态宜居、治理有效、乡风文明等角度提升乡村振兴水平。

二是数字经济的人力资本效应对乡村振兴的影响。人才是第一资源，也是实现乡村振兴、民族振兴的战略资源。首先，数字人力资本的积累可以满足乡村振兴战略总部署对"产业兴旺"和"生活富裕"的要求。数字劳动力通过接受更多的学历教育和技能培训，学习更为先进的产业和农业知识，将先进技术融入产业和农业中，全面打造新型"智慧"产业和"智慧"

农业，增加产业、农业产出，提升农村居民收入。其次，数字人力资本的积累可以满足乡村振兴战略总部署对"生态宜居"的要求。多方面的人才可以为完善农村医疗设施提供支持，如医疗卫生方面人才、教育培训方面人才、技术生产方面人才、环境管理方面人才，指导完善乡村基础设施建设和绿化布局，满足乡村居民生活所需的公共服务，并保证人居生活和自然环境可以和谐共处。再次，数字人力资本的积累可以满足乡村振兴战略总部署对"乡风文明"和"治理有效"的要求。人力资本的积累在一定程度上代表了劳动力综合素质的提升，较高综合素质的劳动力对精神生活拥有较高的追求，能够在继承传统文化的同时实现农村乡风文明与时俱进。同时，具备较高综合素质的基层管理人员具有较高的治理能力，能够更好地制定和完善治理体制、机制。综上所述，数字经济通过提高人力资本质量、吸引人才回流等方式影响人力资本，而人力资本又可以从产业兴旺、生活富裕、生态宜居、乡风文明、治理有效等角度提升乡村振兴水平。

四、数字经济的精神文明引领机制

在数字经济背景下，综合运用数据、信息、网络等构建起以数字技术为基础的社会公益平台，能够实现对公众伦理道德的有效规范和监督，进一步维护分配的公平正义和社会的运转秩序，保障人人享有平等的机会。

（一）数字经济提升社会参与度，引领社会主义核心价值观传播

发展数字经济，促进数字技术与文化产业的融合，特别是数字平台的建设，拓宽了人民群众的社会参与程度。社会主义核心价值观借助于数字平台，更新了传播方式，加大了与传播主体的互动程度，提升了感染力、渗透力与沟通力，提升了传播效率。

其一，数字技术与文化产业的融合提升了社会主义核心价值观的感染力。感染力是指能引起他人产生相同或相似思想与情感的能力。感染力建设是社会主义核心价值观传播的重要一环，也是评价社会主义核心价值观传播效果的关键变量。一般而言，感染力源自两方面。一是在主体层面做到真情实意，进而达到"以情感人"；二是需要在场景与方式上谋求创新突破，尽可能实现"以景动人"。数字经济的发展，数字技术与社会文化产业的融合，特别是3D、VR等技术为参与者创造了一个数字文化空间，在空间内参与者的视觉感官、亲身体验都得到巨大提升，无论是在内容生成还是在表达方法上，相较以往都有了质的飞跃，有助于激发参与者的求知欲和想象力，为增强社会主义核心价值观传播开辟了新路。

其二，数字技术与文化产业的融合强化了社会主义核心价值观的渗透力。渗透力原为物理学名词，"是指物质在透过半透

膜时产生的迁移现象"①。对于社会主义核心价值观传播主体而言，要真正让社会主义核心价值观打动人心，就不仅要做到"入眼""入耳"，更要直抵心灵深处，不断触及人的内在灵魂，由此才能"入脑""入心"，并引发人们的思想共鸣。数字技术与文化产业融合，拓展了参与者的主体功能，赋予参与者自主性空间，从而提升社会主体的参与度。在数字经济发展中，无论是人的身体形态还是肌体功能都会得到数字化的重塑与延展，通过智能设备的数据采集、追踪监测和系统上传，参与者便可在数字经济世界获得专属的"数字化身"（Avatar）。借助这一化身，不仅社会主义核心价值观的传播主体实现了功能强化，参与者亦可通过数字模拟的触觉和味觉，实现对社会核心价值观要素的直观接触，从而提升用户对社会主义核心价值观内涵的感悟能力。

其三，数字技术与文化产业的融合强化了社会主义核心价值观传播的沟通力。作为人际关系得以建立的中间桥梁，沟通是人类进行情感交流的基本纽带，也是社会主义核心价值观传播的根本着力点。社会主义核心价值观要确保其为对象所接受，实现主体与对象之间的有效沟通是基本要件，如果"自说自话"，其实效性必将无从谈起。数字经济时代，数字技术通过自由场景塑造和打破时空界限，为进一步强化社会主义核心价值观传播的沟通

---

① 胡洪彬：《元宇宙背景下网络意识形态治理新境遇与机制探构》，《湖湘论坛》2022年第6期。

能力提供了新的可能性。一方面，数字技术平台基于主观意志为用户设计、创造和调用不同的交流背景，以契合用户主观诉求和交流需要，为参与者提供了一种自由场景的交流模式，这对提升用户的交流体验和强化沟通效率是有利的。另一方面，有效沟通也有赖于良好时机的塑造，数字经济和文化产业的融合实现了交流与沟通的空间自主化，在一定程度上超越了时间的界限，提升了社会主义核心价值观在群众中的沟通能力。

（二）数字经济规范理论与道德，推进社会精神文明建设

中国特色社会主义进入新时代，共同富裕要注重精神富裕与物质富裕并重，全体人民应当共同参与文化建设，共享文化资源和文化成果，因此"精神文化是否富足成为衡量共同富裕是否实现的标准之一"[①]。

当前，数字技术正在对社会经济发展和个体生活进行着全方位的改变。一方面，数字社会和数字经济的出现给平台企业创造出了塑造形象、构筑新的社会经济热点的极大空间。在新技术的加持下，平台企业正在成为数字经济的主要参与者和重要推动力。然而，作为一种新生力量，数字经济和平台企业并不意味着对现有社会传统的全盘接受，也不必然表现为对社会规范和价值的完全契合，它意味着很多，甚至"可以极大地强化体现社会公

[①] 余达淮、金姿妏：《数字经济视阈下平台企业经济伦理探索》，《河南社会科学》2021年第2期。

益诉求的舆论围观的道德能量"[①]。也就是说,以平台企业为代表的数字经济运作主体可能引导我们对传统社会伦理与道德进行时代性反思。企业伦理模式的形成,来源于企业实际经营内外部因素的共同作用,是一种社会与企业价值共识磨合的结果。从宏观角度而言,平台企业必须严守国家价值与核心价值观,这是一种经济主体所必需的伦理底线。另一方面,平台企业在数字时代所具有的广泛影响力和扩张速度,正在对现有的伦理规则提出前所未有的挑战。平台凭借着对数字权力的掌控,在与个体的交互中毫无疑问处于强势一方,这就要求平台企业必须适应一种对人的最基本人格权的保护。例如,数字时代,个人隐私的概念正在被重新书写,相较于传统社会中个人身体、肖像等的隐私概念外延,登录密码、聊天记录等数字化内容正在被纳入隐私范畴,对于这些直接涉及个人隐私的信息,包括平台企业在内的所有力量必须确立起超脱资本利润需要之外的法律原则和伦理原则,给予其机构化、常态化管理和控制。

包容性、普惠性与可持续发展成为当前数字经济发展所应当面向的基本伦理准则。截至2022年底,中国数字经济规模已达到50.2万亿元,数字经济占GDP比重已提升到41.5%,在国民经济中的地位进一步凸显。这就意味着如何实现数字经济的良性发展,关乎国家经济发展大局。良性的数字经济发展,需要可持续

[①] 甘绍平:《数字社会中的舆论伦理》,《道德与文明》2018年第6期。

的经济原则、制度安排和与之相适应的伦理框架①，而"'资本逻辑的瓦解'是人们理解经济伦理的首要前提"②。资本逻辑的瓦解，在当下的历史条件下意味着对资本逻辑的反思与扬弃，更是对资本逻辑之外的新的发展逻辑的探索，是对强势的资本逻辑"同一性话语"的反抗。这也对我国数字经济发展提出了不同于资本逻辑的另一条道路选择，并在数字经济的可持续发展与经济伦理之间构建起了密切关系。

（三）数字经济聚集公益慈善力，助推共同富裕实现进程

共同富裕就是要通过补偿和矫正制度性因素导致的不平等，让全体人民有机会、有能力均等地参与高质量经济社会发展，并共享经济社会发展的成果。随着我国进入高收入国家行列，实现了全面小康，我们比以往任何时候都更有底气、更有条件推动共同富裕取得实质性进展。但是，与脱贫攻坚相比，共同富裕是更为复杂和艰巨的工程，共同富裕面临的新的现实难题包括：在脱离绝对贫困后，使相对贫困群体达到富裕难度更高，因为这部分群体基数更大；在贫困群体经济收入普遍提高后，面临更严重的问题是他们的精神文化生活的贫乏，而这会阻碍他们进一步的发展。因此，发展数字经济、推动共同富裕必须依赖和发挥第三次

---

① 中国信息通信研究院：《中国数字经济发展报告（2022年）》，2022年7月。
② 田海平：《资本逻辑的瓦解与经济伦理的前提——从〈资本论〉的科学观点看》，《学习与探索》2013年第10期。

分配的作用。

具体而言,在第三次分配中,数字平台企业发挥科技优势赋能公益与慈善事业,优化财富分配格局。首先,数字经济以平台范围广、网民数量多、舆论传播快等优势,改进传统慈善组织的宣传形式,提高了慈善援助的效率。例如,2014年互联网广泛传播的"冰桶挑战",让"渐冻症"等疾病被大众熟知,很大程度拓展了慈善捐赠的救助范围;在2020年上半年,中国有近5000万名网友通过互联网平台进行爱心捐赠,这些捐赠为抗击新冠疫情作出了巨大贡献。[①]其次,数字技术推动多元主体参与公益活动,促进了新型公益主体(微公益)的发展。爱心筹、轻松筹、水滴筹等就是以互联网平台为基础的新型公益募捐项目,这种募捐方式拓宽了传统募捐渠道,增强了募捐过程的规范性与透明性,提高了募捐活动的匹配效率。最后,数字经济推动平台企业以公益方式参与社会救助,促进了全体人民共同富裕。2021年8月和9月,腾讯和阿里巴巴分别宣布启动"共同富裕"专项行动计划,以数字技术促进低技能群体就业增收,以数字设施完善欠发达地区公共服务,力求通过技术运用促进不同地区与群体共同发展、共享成果。

---

① 高一村:《数字赋能,点亮互联网公益慈善的未来》,《中国社会报》2021年9月29日。

第四章
数字经济赋能传统经济

近年来，随着数字经济的发展不断向深、向实，数字经济与传统经济的融合程度越来越高，已经成为推动传统经济转型升级的重要引擎，对于经济增长的带动作用也日益显著。中国信息通信研究院数据显示，2022年我国数字经济规模已超过50万亿元，其中产业数字化规模为41万亿元，占GDP的比重超过1/3。从产业领域来看，随着农业、制造业、服务业的数字化转型进程不断加快，很多数字化应用场景在产业领域得到了检验和推广，体现出越来越强的产业价值、经济价值和管理价值。

一、农业数字化发展

《"十四五"数字经济发展规划》指出，要大力提升农业数字化水平，推进"三农"综合信息服务，创新发展智慧农业。当前，新一代信息技术与农业决策、生产、流通交易等深度融合，形成了新型农业生产模式与一系列综合解决方案。一方面，数字技术对农业生产进行了全流程跟踪式检测、管理，以数据流驱动技术流、资金流、人才流、物资流相互融合，提升了农业生产的数字化和绿色化发展水平。另一方面，打通供需连接通道，构建了快速、高效、精准的农业产供销生态系统。同时，农业数字化发展也面临着基础设施、人才、智能机械普及等方面的挑战和问题。

（一）农业数字化转型的主要场景

一是新一代信息技术的快速发展夯实了农业数字化的技术底座。5G、大数据、人工智能、云计算、物联网等数字技术让农业作物实时监测、精细化育种和环境资源按需分配成为现实。5G网络技术保证了农业大数据的实时、高效传输，物联网保证了农业大数据的完整收集，云计算、边缘计算提供了大数据分析处理的海量算力，而人工智能则提供了数据模型的智能分析、管理和决策，这些技术共同构成农业数字化的技术底座。

二是构建了全域数字化农业生产赋能体系。在大田种植、农业工厂和养殖等领域，数字服务企业提供了计算、存储、安全的基础云能力，以及人工智能种植模型、人工智能养殖模型、农业物联网平台、空间遥感监测和数字孪生平台，助力农业生产实现了种植的规模化和标准化。人工智能饲养还实现了疾病预防、提高肉奶产量，助力生产提质增效。此外，数字技术还加速了都市农业、认养农业的发展，推动了农业生产、供给创新和消费创新，创新了农业的运营模式，促进农业增收增效。

三是构建了全供应链、全价值链的农产品数字化流通服务体系。通过构建私域流量，建立数字空间的销售流通渠道，助力农产品品牌提升和运营提效。搭建细分领域的数字化供应链平台，发展数字化供应链服务，对品牌进行产品包装、IP形象设计等方面的品牌孵化。提供产地溯源平台，搭建电商平台、社区渠道组成的全网数字化营销网络，提升农业市场经销管理水平和农产品议价能力。

四是提升农业数字化治理和产业公共服务能力。在农业企业内部管理优化方面，推进组织与经营数字化转型、企业数字化升级，助力企业降本增效。在农企云、农产品安全、信息化运维管理等应用场景中，运用数字化技术实现运维更轻松、费用更节省、安全有保障。在农业产业治理和服务方面，数字化技术可帮助盘点农业产业资源、提升产业发展规划水平、加强城乡产业发展协同度、促进农业一二三产业融合发展等。

（二）农业数字化面临双重现实

一是农业数字化具有广阔的产业空间。根据有关市场调研机构分析，预计到2030年，全球智慧农业的规模将达到433.7亿美元，2022年至2030年的复合年增长率为10.2%。有关数据显示，2022年国内智慧农业市场规模增长至868.63亿元，2023年中国智慧农业市场规模超过1000亿元。智慧农业的产品主要包括硬件（暖通空调系统、LED植物生长灯、阀门和泵、传感器和控制系统）、传感设备（土壤传感器、水传感器、气候传感器）、软件

（基于网络、基于云端）、服务（数据服务、分析服务、农场经营服务、供应链管理服务、气候信息服务、系统集成与咨询、维护与支持、管理服务、辅助专业服务）等。目前，精准农业应用领域占据农业数字化的主要市场，智能温室则是增长最快的细分市场，软件领域在农业数字化市场中也正在快速增长。

二是农业数字化仍面临基础设施薄弱、数据要素流通不畅等堵点问题。在新技术应用上，存在投入建设成本高、专用设备特别是专用芯片匮乏，配套设施不完善等问题。在智能设备方面，存在设备技术应用程度不高、标准不完善、运维成本高等问题。比如，智慧农业需要先进机械设备支撑，比如传感器，而中国市场中的传感器有较高的后期维护成本，使用寿命较短。虽然智能设备能够大大提高生产效率，却无法在单位面积内带来鲜明经济效益。

在农业数据要素开发利用方面，存在农业大数据收集准确性不高，信息共享和信息利用效率不高、应用质量差等问题。比如，尽管农业物联网平台和传感器在当下广泛应用，相关企业和研究机构搜集了大量农业数据，然而各地区和部门农业数据差异较大，尚未形成完善的信息资源标准体系，所以，大量的农业信息资源难以有效分类，整合以及共享存在较大困难。

三是农民群体信息科技能力水平有待整体提升。农村地区的产业面临小规模经营、老龄化、大范围兼业等特征，可能导致从业人员难以理解数字化技术、无法在农业数字化方面投入足够精力等一系列问题，给农业技术的推广与应用、生产方式的变革带来了更大的挑战。从劳动力兼业结构看，纯农户、高度兼业农户的比例不断下降，非农户的比例不断上升。2003年中国非农户占比仅为33.28%，2016年非农户占比增加到64.04%，年均增长率为5.16%。同期，农户家庭从事非农工作时间快速上升，由2003年的55.94%增加到2016年的70.19%。从人口特征看，我国农村地区年轻劳动力向城市流动，剩余劳动力自身条件差、长期处在相对封闭的环境，缺少对现代信息化技术的了解。此外，大多数农民接受教育年限较少，文化程度介于小学到初中之间，缺乏对数字技术的认知能力，不善于通过数字化平台捕捉涉农关键信息，为智慧农业的推广带来障碍。

（三）加快培育农业数字化转型生态体系

一是因地制宜搭建智慧农业体系破解应用困境。当前，中国农村绝大多数生产领域的数字化转型面临着应用困境，转型停留在基础建设、单向应用层面。建议相关部门加大对"数据要素×现代农业"创新创业项目的支持，鼓励企业积极参与农业数字化技术的开发与落地，促进实现农村地区多产业融合发展。由于各地气候条件、污染情况、自然资源和生物多样性存在差异，建议根据不同省份的农业环境情况精准推送农业信息内容，搭建化零为整式的农业大数据体系，提供可通用参考的知识经验，以及针对产地实地情况开展的科学分析与反馈。推广"AI+农业"模式，推动农业领域"数字化—自动化—智能化"递进升级，有效赋能农业生产全产业链。构建"农业云"管理服务公共平台，整合前沿技术，以科学和自动化手段促进农业产值的提升和行业转型升级。利用物联网、云计算、大数据、人工智能、系统安全和移动平台等技术，打造标准一体化智慧农业互联网大数据信息平台，服务生产对象、生产资料、生产要素。完善重要农业资源数据库和台账，针对耕地、草原、渔业等农业资源打造"数字底图"。加大对农业数字新基建的投入力度，推进农业大数据中心建设，加快制定智慧大棚、智慧养殖方案标准规范，完善行业准入和安全生产标准。充分利用移动互联网、区块链等新技术，加强对农业生产、流通全流程的把控和安全溯源，保障食品安全。

二是多方参与加快推动农业数字化转型进程。适度超前布局网络基础设施符合数字时代经济社会的发展特点，也是以"有形之手"改善市场失灵的可行措施。建议各级政府积极牵头，推动农村地区信息基础设施的建设工程。可以借鉴英国、美国的教训经验，英、美两国过去一段时间内过于依赖市场调节，导致其农村地区数字化程度较低。近些年美国政府成立了"连接美国基金"（Connect America Fund）一期、二期基金，"农村公用事业服务项目"（Rural Utilities Service Programs），"宽带技术机遇项目"（Broadband Technology Opportunities Program）等系列基金，同时鼓励互联网企业介入，主动开展农村数字化建设。针对农村与偏远地区网络基础设施的建设，建议继续稳步推进"宽带中国"行动计划，着力实现农村通信网络的全方位升级扩容。

　　三是加强数字技能培训提升农业从业人员数字素养。可借鉴国际电信联盟（ITU）、经济合作与发展组织（OECD）等机构在改善农村和贫困地区居民数字技能方面的实践经验，研发符合中国实际情况的"数字技能政策工具包"，着力改善农村地区居民基础数字能力，提升农民对数字经济的认知程度，开设数字技能培养课程，并面向农村中老年群体、基层干部、农村教师、乡村医生等开展专门的数字技能培训。建议在农村地区大力推广各类信息传播工具、平台，结合农村地区的特点和农民的生活习惯，将农业专家与农户沟通的内容进行沉淀和总结，逐步在对应的平台发布涉农信息，为农民通过现代信息工具搜寻和获取信息提供便利。

二、制造业数字化转型

　　当前，我们要深刻把握推进新型工业化的基本规律，积极主动适应和引领新一轮科技革命和产业变革，把高质量发展的要求贯穿新型工业化全过程，把建设制造强国同发展数字经济、产业信息化等有机结合，为中国式现代化构筑强大物质技术基础。制造业数字化转型的核心是传统制造业利用新一代信息技术，全方位推进业务重塑和业态创新，促进产出增加及效率提升，使生产制造更好地满足数字时代经济社会高质量发展的需要。根据国家标准《国民经济行业分类》（GB/T 4754—2017），制造业下分为农副食品加工业、食品制造业等31类。在各个细分领域下，数字化转型涉及研发设计、生产制造、经营管理、网络协同、市场服务等不同环节，具有柔性制造、个性化定制、数字孪生等新模式。

（一）制造业数字化转型的主要趋势

一是柔性制造帮助企业快速响应市场需求变化。在全球制造业竞争压力日趋加大和消费者需求不断变化的情况下，作为一种新型的生产模式，柔性制造将标准化硬件系统和数智化软件系统相结合，实现了工控系统、制造执行系统、企业资源计划系统之间的高效协同与集成，可以应对大规模的定制需求，有效提升生产过程中的敏捷性和适应性，提升精益生产能力，帮助企业降低经营风险。柔性制造的应用领域比较广泛，目前在汽车制造、电子制造、医疗器械、食品包装等领域都发挥出了比较明显的优势。比如，在汽车制造领域，制造商可以通过柔性制造技术，快速调整生产线，生产不同型号和配置的汽车，帮助汽车厂商在日益激烈的汽车市场中快速转型，实现技术和产品快速迭代。

二是长尾生产满足个性化定制和不同群体的多样化需求。传统制造业发展的产业模式遵循边际成本递减规律，通过大规模生产标准化产品达成规模效应，实现投入产出比最大化，但满足个性化小众需求的市场供给不足，市场空间相对有限的一些细分领域缺乏市场经营主体长期投入和专业深耕。长尾生产模式利用产业互联网平台和柔性制造系统,可以适应个性化、小批量、快速生产模式,有效覆盖传统大规模工业生产模式无法覆盖的小众市场,加强优质新型产品有效供给,适应不同群体的多样化消费需求。此外,长尾生产适应了生产性服务业社会化、专业化发展要求,对于发展技术支持和设备监理、保养、维修、改造、备品备件等专业化服务,提高设备运行质量,促进远程检测诊断、运营维护、技术支持等售后服务新业态孵化和培育,有效提高制造业的服务质量具有重要意义。

三是数字孪生推动效率和安全双重优化。在制造生产过程中,数字孪生契合了少人化、无人化的环境需求和市场发展趋势。在港口、矿山等这类相对封闭的场景里,随着自动驾驶技术的快速迭代,让安全员下车,让港口龙门吊、岸桥、抓料机、矿山矿卡、挖掘机、电铲等设备操作员离开作业现场的驾驶室,实现真正的工作面无人化,成为保障作业安全性和实现自动驾驶商业闭环的关键。比如,在某矿山企业,腾讯采用腾讯云无界5G远控方案实现远端画面实时再现和低时延实时响应,利用数字孪生技术在数千公里之外的办公室模拟现场驾驶环境,实现实时操控远端矿车,并向具有裸眼3D的驾驶体验拓展。不仅解决了安全问题,还提高了工作效率,实现了安全员一人多车和灵活切换。

(二)制造业数字化转型存在三重困境

一是关键核心技术"卡脖子"问题突出。我国是全球制造业第一大国，制造业数字化转型方兴未艾，部分企业已在细分领域形成了较强的国际竞争力。但也应看到，我国在关键核心技术、元器件、基础材料等中间品上依然存在不少短板，原始创新能力不强，重大原创成果偏少，高端芯片、传感器、工业软件等部分关键核心技术仍受制于人。我国制造企业自主技术工艺软件化水平低，尤其缺乏技术工艺系统化组织管理，自主技术、产品及服务实际应用中还存在性能问题、安全隐患及不稳定现象，造成一定的网络安全风险、运行可靠性风险。

二是多重"数字鸿沟"难以弥合。其一是通信运营商、实体企业、互联网企业之间的行业壁垒较高，融合难度大。一方面制造业企业难以精确定位并传递转型需求。另一方面运营商和互联网企业等数字化服务商对实体企业业务及工艺流程的理解、技术产品及解决方案的提供等均需要较高的时间成本和人力成本。其二是标准融合问题突出。制造业数字化转型涉及企业内网、外部公网以及大量设备的数字化、网络化及智能化改造，当前由于工业系统平台接口形式多样、标准不统一，造成数据开放共享机制不完善，数据难以实现跨业务、跨链条、跨部门顺畅流转协同，很多现有设备缺乏外部通信连接和数据共享标准接口设计，或者设计接口非标准化，致使不同行业、地区、群体的"数字鸿沟"难以弥合，缺乏对采集工业数据深度开发利用的能力，数据资源价值潜力有待挖掘。其三是目前一些制造业数字化实践与物流业、金融业融合难度大，导致实现信息流、资金流、物流三流合一面临困难。以工业互联网平台为例，部分平台由工科背景人员搭建，仅涉及制造流程，缺乏对物流与资金流的考虑。

三是复合型人才缺乏。制造业数字化转型作为新一代信息与通信技术、工业技术的高度融合，不仅要求从业技术人才能深入了解各行业设计、生产、加工等流程，还要掌握云计算、大数据等新一代信息与通信技术，具备全方位、立体化的综合技能体系。当前，我国适应产业互联网发展的高端专业人才供需矛盾突出，从业人员大多是单一的工科背景或者计算机背景，所拥有的知识技能跟当下的产业发展速度和方向不匹配，复合型、创新型、高端化人才储备明显不足，人员数字素养和技能还有待提升，工业大数据开发创新能力较为不足。此外，制造业数字化转型还受其他一些因素影响，比如企业充分实现信息化、智能化、互联化也将带来安全问题挑战。目前信息安全领域违法成本低、调查取证难等弊端导致一部分企业对上云心存疑虑，担心其核心技术及商业机密泄露。

（三）加快构建制造业数字化转型支撑系统

一是聚力突破，加快打造制造业数字化转型技术攻关系统。在补齐短板上下功夫，以强大的国内市场为依托，充分依托国家科技重大专项、核心技术攻关工程等专项，聚焦"卡脖子"问题，引导骨干企业加快突破高端核心器件、工业软件、平台架构等核心技术，提升自主研发水平。鼓励行业领先企业、科研机构、互联网企业通过建立跨界应用创新中心、产品研发中心等方式联合开展核心技术攻关研发和应用推广工作。大力支持开展重点行业、重点企业试点示范和协同创新中心建设，探索不同领域制造业数字化转型的行业性解决方案，构建可复制、可推广的融合应用推进机制。

二是综合施策，优化对重点企业和数据安全的政策供给。加大对制造业领域的链主企业、龙头企业、专精特新企业的政策支持力度，从财政税收、投融资、人才、国际化等方面进一步完善和深化制度安排和政策创新。加强国家级投资基金与科技初创企业合作，培育细分领域的数字化产品和服务供应商。设立企业数字化转型基金，引导数字化转型供应商提供普惠性、通用型数字化产品和服务，助力打造千行百业的数字化产业链。加快完善信息及数据安全保护法律法规，加大对违法违规行为的惩处力度，增强数据主动监测预警、防护和处置能力，提升公网的安全水平，构建协同联动的安全防护体系。

三是培育人才，打造可持续发展的人才梯队。加强复合型人才培养，在大学教育中增加对产业学科、互联网学科和金融学科的复合教育。积极推进大学双学士、双硕士培养，鼓励在校学生跨学科攻读硕士及博士研究生，适当降低相应门槛。建立高校与各行业企业联合培养基地，拓宽人才培养渠道，健全人才培养机制，深入推进教育部产学合作协同育人项目，推动以企业为核心的产学研联合体建设，加强核心技术骨干和带头人引进，引导和支持制造业企业开展数字化转型技能培训。

三、加快服务业数字化

2023年底的中央经济工作会议指出，要激发有潜能的消费，培育壮大新型消费，大力发展数字消费、绿色消费、健康消费，积极培育智能家居、文娱旅游、体育赛事、国货"潮品"等新的消费增长点。在消费互联网领域，我国从数字技术研发、数字产品生产、数字化运营管理、数字产品及数字服务交易、数字化支付再到数字化投资，已经形成了完整的数字化产业链和成熟的商业模式。在消费互联网的带动下，我国服务业数字化转型取得了显著的成就。根据中国信息通信研究院测算数据，2022年我国服务业数字经济渗透率为44.7%，同比提升1.6个百分点，大约是工业数字经济渗透率的1.8倍，农业数字经济渗透率的4.2倍。下一步，亟须打通发展堵点，畅通数字消费市场的经济循环，秉持包容审慎的政策理念，拓展新型数字消费，在供需两侧助力服务业数字化转型跑出加速度。

（一）服务业数字化推动形成新消费新格局

一是新冠疫情加速服务业领域的数字化转型进程，推动形成线上线下消费融合发展新态势。国家统计局数据显示，2023年1—9月份，全国社会消费品零售总额342107亿元，同比增长

6.8%。全国网络零售额108198亿元，同比增长11.6%，占社会消费品零售总额的比重约为32%。同时，短视频、在线办公、互联网医疗、网络支付等数字消费场景快速发展。第51次《中国互联网络发展状况统计报告》显示，截至2022年12月，我国短视频用户规模达10.12亿，同比增长8.3%；线上办公用户规模达5.4亿，同比增长15.1%；互联网医疗用户规模达3.63亿，同比增长21.7%；网络支付稳步增长，截至2023年6月，我国用户规模已达到9.43亿，较2022年增长3176万人。

二是数字技术、智能终端不断演进，新型消费模式日益丰富。新一代数字技术交叉演进、不断迭代，人工智能、云计算、区块链、VR/AR、5G等数字化技术产业化进程加快，数字技术与服务业领域融合不断加深。一方面，传统服务业数字化转型步伐持续加快，比如，智慧超市、智慧商店、智慧餐厅、智慧驿站、智慧书店等无接触消费模式开始普及，VR/AR助推"云逛街"等新业态升级。另一方面，新型数字消费业态不断涌现，公共文旅云、智慧文旅平台、数字图书馆、数字文化馆、数字博物馆、云演艺、云展览、数字艺术、沉浸式体验等新型数字文旅业态层出不穷。

三是数字化服务业生态不断完善，新型消费价值不断凸显。基于信任经济的线上数字化服务业生态初步形成，直播电商、小程序电商等新业态与传统电商协同发展，通过盘活供应链、流通链、生产链和销售链，有效提升了全社会生产要素配置效率，数字消费经济社会价值不断凸显，数字消费红利开始普惠到下沉市场。根据中国互联网络信息中心公开数据，截至2022年底，我国农村网民规模已达3.08亿，农村地区互联网普及率为61.9%，已累计建设2600多个县级电商公共服务中心和物流配送中心，超过15万个乡村电商和快递服务站点。此外，数字化消费工具有效激发老龄人口消费潜力。截至2021年底，我国60岁及以上老年网民规模达1.19亿，互联网普及率达43.2%，老年群体与其他年龄群体共享信息化发展成果，能独立完成购买生活用品和查找信息等网络活动的老年网民比例已分别达52.1%和46.2%。

（二）服务业数字化的市场空间有待拓展

一是服务业数字化转型发展基础较好。产业数字化转型的核心在于打通信息流，实现产业全流程的智能协同，第一、第二和第三产业在劳动力替代成本、数据收集和智能化协同、企业转型动力等方面存在明显差异。除信息传输、软件和信息技术服务、科研、设计等服务业外，大多数传统服务业属于劳动密集型产业，技术含量相对于第一、第二产业较低，劳动力的数字化替代成本比较低，数字化转型较为容易。此外，服务业企业多为轻资产公司，数据主要集中在客户、市场、运营和管理等方面，技术数据较少，数据类型相对于第一、第二产业较少，各个环节的智能化协同更容易实现。最后，与第一、第二产业在生产过程中的规范化操作不同，交通出行、上门服务、餐饮外卖、物流、医疗、教育等服务业大多是面对面为顾客提供相关服务，客户和企业之间互动性较强，数字技术对于用户体验的提升效果明显，企业数字化转型动力更强。

二是服务业数字化消费结构亟须优化。目前我国线上消费市场仍面临商品消费和服务消费发展不平衡问题，服务消费的类型和规模有待进一步拓展。首先，线上商品消费整体规模远大于服务消费规模。国家统计局数据显示，2023年1—9月份，全国实物商品网上零售额超过9万亿元，非实物商品零售额仅有1.7万亿元。其次，从服务消费的类型来看，现阶段服务消费供给仍处于短缺状态，消费者可享受的数字服务内容有限，网络消费还较多地具有"必需品"的性质。食品、家电、家居用品等实物商品的供给较为丰富，在线办公等服务消费增长速度较快，在线医疗、知识共享、智慧体育、智慧文旅等数字服务供给有待进一步丰富。

三是现有监管模式与产业发展阶段不相匹配。服务业数字化转型涉及的消费互联网领域是比较成熟、国际化程度相对较高的数字经济领域。得益于我国包容审慎的政策环境、庞大的国内市场，过去20年我国服务业数字化转型发展势头很快，与之相伴也涌现出了一批国际化的平台企业。随着我国数字经济制度体系的不断演进，以及国家数据局的成立，推动数字经济、平台经济高质量发展的体制和制度保障愈加完备。但是，在监管协同、数据治理等领域，依然有大量的问题需要进一步研究。服务业的数字化转型市场是一种全民参与的产业形态和商业形态，参与主体较为多元，比如网约车司机、个体房东、私人厨师等，涉及信用、税收、保险、经营资质、从业资格等诸多问题，政策、法律、技术及社会伦理都是关乎市场健康发展的重要变量。面对多种业态跨界交叉，甚至是全新的行业形态，多个监管部门之间如何有效配合与协同，将对服务业数字化转型的发展空间和市场活力带来直接影响。

（三）以服务业数字化激发消费市场新活力

一是探索构建服务业数字化转型新路径和新模式。科技发展为服务业带来更多转型可能性，建议建立关键数字技术和优势技术的产学研平台和技术交易平台，并充分发挥AI、区块链、云计算、大数据、物联网等新一代信息技术的开放性、分布式、灵活性以及可对接性等特点，加速数字技术在服务业数字化转型和消费场景中的应用，在双循环格局中构建数字消费市场的产业闭环和商业闭环。支持建设可穿戴设备、智能健身器械等新型智能终端产品研发应用，加快数字基础设施和数字化服务保障能力建设，鼓励办公楼宇、住宅小区、商业街区、旅游景区布局建设新型数据基础设施。顺应服务消费发展的新趋势，扩大医疗、养老、文旅、体育等领域数字服务消费规模，进一步打通公共服务领域数据开放共享的政策壁垒，鼓励各类市场主体参与数字服务供给，打造数字消费统一大市场。

二是以客户需求变化和产业链数字化转型为牵引带动服务业数字化转型。传统企业客户和个人客户的新需求将推动服务业加快数字化转型,以适应市场需求结构的变化。随着目标客户群体的网络属性逐步增强,触达客户的渠道逐渐线上化,越来越多的用户通过点赞、访问量、信用评分等表达对产品和服务反馈,客户群体也越来越看重体验简单化、直观化、时效性等特点,这就要求服务业企业需要对用户侧投入更多精力,颠覆传统企业从产品出发、围绕产品展开业务的思维模式,在数字化变革中真正贯彻以客户为中心的战略导向。此外,传统子细分领域数字化也将带动全产业链数字化。从数字化转型进程来看,数字技术与传统行业的融合主要聚焦于产业链中的部分子细分领域,如下游端用户的场景开发、上游端供应商的撮合平台、物流的订单数据整合和融资等。相比传统企业的产业链模式,随着技术协同、数据融合程度越来越深,数字化转型带来的减成本、增收入、提升体验等优势将进一步放大,全数字化产业链将为服务业企业的数字化转型提供平台和发展机遇。

三是持续优化服务业数字化转型的发展环境。建议加强服务业数字化转型中的政策协同,客观评估并谨慎出台对于数字消费具有抑制作用的收缩性政策。充分鼓励服务业数字化转型创新,从法律层面确认和设置创新容错机制,在高质量发展和高水平安全的动态平衡中,稳步拓展服务业数字化转型市场空间。加强监管科技在数字消费监管和产业政策制定中的应用,统筹运用技术手段、行政手段和法律手段,加强对数字消费市场的规范和引导,避免运用单一手段调节数字消费市场行为,降低数字消费市场活力。明确数据监管、产业投资等监管红线,鼓励推广基于数字技术、具有"信任经济"特征的数字消费新模式发展,推动形成传统电商与新型电商多元发展的新格局。

第五章
数字经济创造新经济

数字经济成为继农业经济、工业经济之后的主要经济形态。数字经济的蓬勃发展带动了新型基础设施的研发、投资与建设；从产业融合与产业变革两个维度创造了众多"新产业"；带动众包协同研发、实时互动等新模式的产生；形成了"互联网+"、共享经济、平台经济等新业态。数字经济正在以全新的理念、全新的方式创造着全新的经济。

一、数字经济带动新基建

新基建的概念是指以数字技术为核心的新型基础设施建设，旨在推动经济高质量发展和信息化转型。与传统基础设施建设相比，新基建更加注重数字化、智能化和可持续发展。新一轮科技革命与产业变革引致社会整体经济形态与产业结构发生了深刻的变革，促使数字经济成为驱动经济社会发展的主要经济形态。任何经济形态的产生都将引致某种原始生产要素的持续投入，形成支撑生产要素跨区域交互的物质基础，即基础设施的产生。数字经济迅猛发展，极大地拉动了新型基础设施建设。根据中国信息通信研究院测算，"十四五"期间我国新基建投资将达到10.6万亿元，占全社会基础设施投资10%左右；2021—2023年，数据中心产业投资或达1.4万亿元；2020—2025年，5G网络建设投资累计将达到1.2万亿元，带动产业链上下游以及各行业应用投资超过3.5万亿元。随着全球数字经济的蓬勃发展，对以基础性、公共性、强外部性以及强技术创新性为特征的新型基础设施建设提出了更高的需求，带动了新型基础设施的高质量发展。具体而言，体现在以下三个方面。

（一）带动信息网络基础设施高质量发展

数字经济是以数字化的知识和信息作为关键生产要素、以现代信息网络作为重要载体、以信息通信技术的有效使用作为效率提升和经济结构优化的重要推动力的一系列经济活动。由此可见，信息技术、网络技术是数字经济产生、发展的技术基础。与此同时，数字经济的迅猛发展，从宏观层面对信息技术、网络技术提出了服务经济优化要素投入、提高配置效率、提升生产效率的系统要求。为满足数字经济发展的现实需要，信息技术、网络技术不断实现突破，形成了以物联网、5G为引领的新一代信息技术和新型基础设施。

一方面，数字经济发展引致高速、智能、泛在、安全、绿色的物联网基础设施迅猛发展。工业和信息化部《"十四五"信息通信行业发展规划》明确提出"推进移动物联网全面发展"。目前,我国已经建成全球最大的移动物联网络,形成了高中低速协同组网的良好局面。各运营商持续推动网络普遍覆盖和重点场景深度覆盖,不断增强面向物联的连接和打造场景化的服务能力。

另一方面,数字经济发展引致高速度、低时延、广连接的5G信息技术的广泛应用。5G技术高速率、低时延、广连接的特点完全满足当前数字经济发展的现实需要,因此成为数字经济发展的重要增长引擎,也被形象地称作"信息高速公路"。目前中国已开通5G基站数突破200万个,占全球5G基站总数的60%以上。随着5G技术不断与相关产业产生深度融合,拓宽了行业应用的广度与深度。我国5G技术已经与国民经济97个大类中的数十个大类产生深度融合,应用案例累计已超过5万个,特别是在"工业、矿山、医疗、交通运输等先导产业中已实现规模推广"。其中,工业领域成为5G技术应用的主阵地。5G技术不断突破传统工业企业生产边界的同时,与人工智能、大数据、云计算、物联网等新一代信息技术产生深度融合,促使工业企业实现全面动态感知、海量数据高速传输、实时动态精准分析,不断提升工业领域的数字化水平与智能化程度。继续加快经济数字化转型,推动5G基站和千兆网络协同发展,扩大5G网络覆盖面积,加速实现行业间的数据共享互通。随着5G应用进入规模化时代,其对经济社会发展所产生的积极作用日益显现,在产业数字化背景下,推动5G应用融入千行赋能百业。随着人类社会步入数字文明发展的新阶段，数字经济对经济增长的贡献日益凸显，逐渐成为经济发展的主要形态，在此过程中，也将不断带动信息网络基础设施的高质量发展，使之成为优化要素投入、提高配置效率以及提升生产效率的重要工具。

（二）赋能融合基础设施高质量发展

所谓融合基础设施则是指依靠新一代信息技术实现转型升级的传统基础设施，是服务于传统产业数字化转型的重要物质基础和核心技术保障。在数字经济发展客观现实需要以及数字技术深刻变革影响的共同驱动下，传统产业不断打破生产边界，突破升级缓慢约束，刺激生产迭代式开发，使建设、运营、管理等各环节实现要素的最优配置、禀赋的充分发挥以及效率的普遍提升。

首先，在工业基础设施领域，目前中国工业互联网产业规模已经突破万亿元，工业互联网技术已经成为基础设施要素升级和集成创新的重要支撑。工业物联网将通过"人—机—物泛在感知"实现关键要素连接方式的创新；在"云—边—端网络协同"中实现连接形式、运作机理的变革，进而从根本上改变工业生态的价值主张与商业模式。

其次，在农业基础设施领域，数字技术赋能农业形成智慧农业，所谓智慧农业是指新一代信息技术与农业决策、生产、流通、交易等深度融合的新型农业生产模式与解决方案，是构建

"人—机—物"全面连接，实现农业生产的实时动态优化与资源最优配置并构建起覆盖农业全产业链、价值链的生态体系。当前，随着区块链技术应用的日益成熟，区块链技术为农业供应链管理、农产品质量溯源以及农业金融等细分领域实现生产管理精细化、市场销售网络化、质量追溯全程化创造了条件。

最后，在服务业基础设施领域，数字技术对服务业的重塑与再造使服务业迅速实现倍增、放大、叠加效应。其中效应尤为明显的是智慧交通基础设施与智慧旅游基础设施。智慧交通是人工智能、物联网、大数据等新一代信息技术与交通运输深度融合的新业态，是推动交通运输质量变革、效率变革、动力变革的重要途径。新时代十年，我国智慧交通取得了长足的发展。在"一张网运行"指引下，综合客运枢纽智能化改造持续推进，实现多式联运无缝接驳，智慧民航、智慧高铁、智慧高速、智慧港口等场景应用，在方便群众出行的同时，提高了客运与物流的效率。在全国重点营运车辆联网联控系统的赋能之下，使监管更加精准、高效。随着部省互联的交通运输运行监测与应急指挥系统的日益完善，智慧赋能之下智慧交通基础设施更加便捷、安全。再来看智慧旅游，根据工业和信息化部、文化和旅游部的安排，到2025年，我国旅游场所5G网络建设基本完善，5G融合应用发展水平显著提升，产业创新能力不断增强，5G+智慧旅游繁荣、规模发展。融合基础设施的高质量发展为传统产业结构优化升级创造了可能，在提高传统产业生产效率的同时，促使产业水平的普遍提升或新产品、新业态、新模式的快速孵化、持续迭代，促进生产要素更加精准地流向高效能产业，实现经济社会整体产业结构的优化与升级。

（三）引致创新基础设施高质量发展

数字经济发展的核心在于数字技术的持续发展与创新，创新驱动发展是数字经济发展的特质。因此数字基础设施发展的关键在于各类信息技术的创新发展和数据的创新应用。就目前我国数字经济发展主攻方向来看，未来创新基础设施建设将围绕增强型互联网，特别是应用于8K视频、3D视频、云办公、云游戏增强现实等场景下；海量连接物联网，应用于智慧城市、智慧家居、智慧旅游、智慧教育、智慧交通、智慧医疗等智能终端；以及超低时延、高可靠通信技术应用于人工智能、云计算、工业自动化、自动驾驶、大数据中心等综合场景。

新基建虽然对数字经济高质量发展有着助力作用，但是如果新基建项目建设缺乏合理规划和利用，将会影响数字经济发展水平的大幅度提升，因此必须探索完善的新基建项目规划方案，提升新基建项目利用率。首先，政府部门要在新基建项目建设的过程中形成理性认知，不能只关注短期范围内产生的经济刺激效应，还需做好长时间经济结构升级和经济产业建设支撑，项目建设之前综合研究当地区域的产业基础条件、资源环境承载性能、市场容量等情况，循序渐进地进行数字化基建项目开发，避免因为盲目投资出现经济损失。例如，在建设5G基建之前应准确评价当地网民的规模，研究分析当地消费生产结构特点和数字化产业与经济高质量发展的潜能，准确判断当地是否存在5G基建需求，然后进行财政预算等的估测，最终制订完善的5G新基建方案，以免因盲目投资而发生经济损失问题。此外，在评估分析当地有5G基建项目建设需求之后，就应尽早进行市场需求的拓展，按照市场实际情况逐步进行5G新基建的开发和建设，严格控制项目成本，促使效益水平提高。除此之外，应重点关注新基建的多元化利用，强化产业、工厂的数字化改造升级，将新基建和产业之间相互融合，推动交通运输、文化旅游产业的数字化发展，催生出更多新兴产业，提升新基建项目利用率和利用效果，带动数字经济的进步和发展。

二、数字经济创造新产业

数字经济是依托数字技术发展所形成的一种全新经济形态。数字技术的发展先后引起同一产业内不同行业间或不同产业间的产品融合、业务融合、管理融合和市场融合，变革原有企业的竞合关系，并最终导致产业界限模糊，直至重塑产业边界的动态发展过程，以产业融合的方式创造了"新产业"。与此同时，数字技术也将引发社会整体经济形态与产业结构变革，从产业变革的角度创造"新产业"。

（一）以产业融合的方式创造新产业

第一，打造可穿戴式智能设备产业。可穿戴式智能设备是指利用电子、通信、计算机、传感等技术将人们穿戴的可穿戴设备作为信息采集和处理工具，以实现人机交互等功能的智能设备。这种设备不仅具有传统消费电子产品的功能，还融合了运动监测、健康管理、时尚设计等多种元素，为用户提供了更加个性化和便捷的服务。同时，可穿戴式智能设备也需要与云计算、大数据、人工智能等技术实现融合，以实现更加智能化的体验和服务。这种融合模式催生了可穿戴式智能设备产业链，如芯片设计、传感器制造、系统集成等，从而形成了一个新兴产业。

在健康监测方面，可穿戴式智能设备具有监测血压、血氧等健康指标功能，通过传感器采集人体生理信息，通过无线网络传输给后台系统。目前，医疗器械市场上的可穿戴式智能设备主要有智能手表、手环、耳机等，其监测数据多为用户的心率、血压和运动强度等信息。

在运动监测方面，可穿戴式智能设备能够对用户进行实时追踪。通过GPS定位和卫星通信技术，可穿戴式智能设备能够将用户运动状态和运动数据实时传输给后台系统。例如，智能手环将用户在户外跑步时的步数、心率、消耗能量等数据实时传输到后台系统中，通过分析这些数据来判断用户是否存在运动过度和运动不足的情况。

在出行安全方面，可穿戴式智能设备能够在紧急情况下通过GPS定位和无线通信技术实时将用户位置信息传输到后台系统中，实现位置跟踪及定位功能，从而保障用户的生命财产安全。

全球智能可穿戴设备总出货量2016—2020年复合增长率为44.5%，其中，2019年全球智能可穿戴设备出货量为3.37亿台，同比增长89%；2020年全球智能可穿戴设备出货量为4.45亿台，同比增长32.0%。未来五年全球智能可穿戴设备需求仍保持强劲增长态势，但考虑到智能可穿戴设备需求火爆期已过，预测2020—2025年全球智能可穿戴设备出货量复合增长率约为25%，2025年预计出货量为13.58亿台。2022年第三季度中国可穿戴设备市场出货量为3229万台，同比下降8.4%，成人智能手表的销售额却增长了13.3%，这也是唯一保持增长的细分品类。

第二，打造自动驾驶产业。自动驾驶汽车是指通过安装在车辆上的车载传感器、执行器和控制系统，对车辆的行驶速度、位置和姿态进行检测，并根据这些信息实现自主驾驶功能的汽车。在城市中行驶时，该类汽车主要依靠车载传感器、控制器、执行器和控制系统实现自动驾驶功能，而不再依靠驾驶员。自动驾驶汽车的发展催生了一种跨行业、跨领域的产业融合现象。

2022年，具备组合驾驶辅助功能的乘用车销量达288万辆，渗透率升至32.4%，同比增长46.2%；17个测试示范区、16个"双智"试点城市完成3500多公里道路智能化升级改造，装配路侧网联设备4000余台。L2（部分自动化）及以上级别自动驾驶功能在乘用车市场渗透率到2025年有望达到60%。自动驾驶出租车、无人巴士、自主带客泊车、干线物流以及无人配送等多场景示范应用有序开展。

从关键技术上看,需要借助感知技术、决策控制系统和定位导航等关键技术实现无人驾驶或辅助驾驶功能。这要求车辆制造商与传感器厂商、芯片设计企业、软件开发公司等合作,共同研发和生产相关的技术和设备。从配套设施上看,需要实现自动驾驶汽车与道路基础设施、交通管理部门、云平台的互联互通,因此要求汽车制造商与交通规划者、数据服务提供商等进行协调合作,建立起一个高效的信息交互和资源共享机制。还需要解决法律法规、安全标准、保险制度等方面的问题,更需要政府、学术界、保险机构等各方合作,共同制定和完善相关政策和法规。

第三,打造无人飞行产业。无人飞行器是指不需要驾驶员操纵,由搭载有任务载荷的航空器或其他飞行器自主飞行的航空器。无人飞行器在空中悬停、定点、遥控或自主飞行,执行科学研究、应急救援、环境监测等任务。无人飞行器结合了航空航天技术、无线通信技术、人工智能、传感器技术等多个领域的创新成果,形成了一个全新的产业生态系统。

数据显示,2015—2019年,我国民用工业级无人机市场规模占全球民用工业级无人机市场规模的比例保持在50%以上;2019年,我国工业无人机的市场规模152亿元(包含无人机整机及无人机服务),占全球工业无人机市场规模的比例为55%。

2020年，我国民用无人机研制企业已超过1300家，其中民营企业占据绝大多数，销售额在1亿元以上的企业超过10家。截至2021年底，我国获得通用航空经营许可证的无人机通用航空企业超过1.2万家。我国民用无人机市场潜力巨大，而工业无人机在农林植保、巡检、测绘与地理信息、安防监控、物流运输等领域的应用不断深入，通过代替人工作业实现降本增效。预计未来我国民用工业级无人机市场仍将保持快速增长。

无人飞行器需要具备远程通信能力，以实现与地面操作员或其他设备的数据传输和指令交互。这要求结合无线通信技术与网络技术，构建稳定可靠的通信系统。无人飞行器的自主飞行和决策能力则需要借助人工智能和机器学习等技术。通过对海量的数据进行分析和学习，可以实现自主的路径规划、避障、目标跟踪等功能。无人飞行器的应用场景广泛，包括农业、物流配送、安防监控、灾害救援等领域。这也催生了与之相关的产业链，包括无人机制造商、零部件供应商、软件开发公司、数据服务提供商等。

（二）从产业变革的视角创造新产业

生成式人工智能是基于数据生成人工智能的新领域。生成式人工智能是机器学习的一个子领域，它在数据驱动的算法框架内使用人工规则，从大量数据中提取有价值的特征和模式。通过对已有数据进行归纳，生成新数据；通过对现有数据进行筛选，得到新的特征和模式；再对这些新特征和模式进行预测。生成式人工智能的爆发由算法、算力和数据的进步共同推动，其中算法层面的突破最为关键。生成式人工智能在消费端的应用场景主要有内容生产、便捷交互、简化操作，这些应用将会同时对消费者的消费品数量、质量、多样性等因素产生显著影响。因此，生成式人工智能具有可解释性、可验证性和可预测性，是行业发展过程中创造出的全新的产业，并将带动其他行业快速发展。

中国生成式人工智能商业应用规模迎来快速增长，预计2025年破两千亿元。根据前瞻产业研究院和中关村大数据产业联盟联合发布的《中国AI数字商业产业展望2021—2025》报告，到2025年，中国生成式人工智能商业应用规模将达到2070亿元，未来五年的年均增速84%。根据Gartner《2021年预测：人工智能对人类和社会的影响》给出的积极预测，至2025年，预计生成式人工智能产生的数据将占所有数据的10%。

在实践中，生成式人工智能主要用于创造新产品或服务。通过使用机器学习算法，在已经有成熟技术的基础上，如图像识别、语音识别等领域中进行创新。在医疗保健、交通、教育、娱乐等多个领域中都有应用。这种创新，不仅能够为用户提供更加个性化的服务，还能增加用户与平台之间的黏性，提高用户使用平台的意愿和频率。另外，通过对数据进行挖掘、分析和研究，生成式人工智能也可以被用于探索未知领域或新领域中新数据与现有数据之间的关联。

三、数字经济带动新模式

新模式指对各种内外要素进行整合和重组,形成高效并具有独特竞争力的商业运行模式,包括以依靠流量和补贴赚取利润的新盈利模式、以依靠众包和协同研发组织生产的新生产模式、以依靠直播带货进行商品销售的新商业模式等。

(一)众包和协同研发的生产模式

众包是Web2.0时代衍生出来的一种新的组织形式和资源整合方式。互联网是众包兴起的关键催化剂之一。随着移动互联网、5G通信技术的普及,众包这种汇聚公众资源的方式才有了更大的施展空间。此外,如果说互联网将众包参与主体链接起来并驱动主体间的数据交互,那么物联网、大数据、人工智能和区块链等新一代数字技术则在瞄准目标群体精准发包、接包准入身份认证、众包数据自动采集、众包结果智能审核、声誉评价激励和数据安全保障等方面提供更多的技术加持。借助数字技术所彰显的经济、快捷、精准等优势,众包率先在商业领域中发挥巨大的经济价值,且有向公共管理领域拓展的趋势。

数字化、网络化、智能化的现代信息技术的发展为众包实践奠定了技术基础。一方面,突破时空限制,促进互动交流。目前,我国网民数量已超10亿,形成了全球最大的数字社会。另外，随着政府大力开展智慧城市和数字乡村建设，众包平台将关联越来越多的参与者，赋予普通公众平等、便捷的参与和互动机会。另一方面，提高算力水平，赋能数据处理。大数据、云计算等技术的纵深发展拓宽数据存储空间并提升数据处理的算力水平。各地相继建设的"城市大脑"可实现数据的有效汇聚、分析、可视化和共享，将为众包的后台数据处理提供成熟的技术支撑体系，使众包得以处理海量的公众数据，实现智能自动的任务分发、精准快速的信息反馈。借着互联网发展的"东风"，众包已经在商业领域实现了巨大的经济价值，而在公共管理领域却仍处于初步探索阶段，但不可忽视其在社会治理领域的发展潜力。

协同研发是指不同组织或个人之间在科技领域上合作，以实现某项创新任务或开发项目。其主要特点是强调多方面的共同努力，聚集了不同团队的技术和专业知识，以创造更具创新性的产品或服务。我国高度重视科技创新，出台了一系列鼓励研发和创新的政策，研究与试验发展经费持续增长，2012年突破1万亿元，2019年突破2万亿元。2022年，全社会研究与试验发展经费投入再创新高，达到30782.9亿元，较2021年增长10.1%，连续7年保持两位数增长。以上数据表明，中国作为全球第二大研发经费投入经济体，2022年研究与试验发展经费投入保持平稳较快增长。2022年我国企业研究与试验发展经费支出为23878.6亿元，比上年增长11.0%，占全社会研究与试验发展经费比重为77.6%，较上年提高0.65个百分点，企业创新主体地位进一步巩固。[①]

协同研发的优势在于它能够整合各方的优势和资源，提高研发效率和创新能力。通过协同工作，研发团队能够避免重复劳动，共同解决问题，加速创新过程。不同机构、企业或研究团队之间的跨组织协作也为协同研发提供了更广阔的合作空间和资源支持。在数字化时代，协同研发得到了更大的推动和发展。借助互联网和协同工具，研发团队可以实现跨地域、跨时区的实时协作，共享信息和文件，加快决策和反馈的速度。这为协同研发提供了更加便捷和高效的工作方式，使得团队成员可以更好地协同合作，共同攻克难题。此外，协同研发也强调知识共享和学习。团队成员之间的交流、讨论和合作学习，能够促进彼此的专业成长和创新能力的提升。通过互相借鉴经验和知识，团队成员可以不断汲取新的思路和方法，为项目的成功作出贡献。

（二）实时互动创造新商机

直播商业模式作为数字经济领域的一种新兴商业模式，正在受到广泛的研究和关注。在增加就业、扩大内需、促进数字经济发展等方面发挥了积极作用。2021年社会消费品零售总额超过44万亿元，其中，直播电商市场份额占比约5%。该模式通过实时在线直播平台，打破了传统商业模式的限制，为企业和个人

[①]《2022年我国研发经费投入突破3万亿元 创新型国家建设获有力支撑》，中国政府网，2023年9月19日。

提供了与观众进行互动、展示产品、提供服务或表演才艺的平台。直播电商的发展还带动了一系列新职业的产生，带来了新增就业岗位。根据人力资源和社会保障部数据，至2021年底，全国直播行业从业者人数已超1000万，行业主播从业人数已达123.4万，且从业人员数以每月8.8%的速度增长，覆盖用户规模达到8亿以上。直播电商行业已从流量驱动转为产品驱动，进入以品牌自播、知识主播、技术赋能和定制直播等为特点的发展新阶段。

当然，直播商业模式也面临一些挑战。首先是内容质量问题。随着直播行业的迅速发展，市场上涌现出大量的主播和内容创作者，但质量良莠不齐。一些主播过于追求短期效益，忽视了产品品质和用户体验，对行业的健康发展造成了一定的影响。其次是用户黏性问题。虽然直播平台可以提供实时互动和社交功能，吸引观众的关注，但在过度商业化的情况下，观众可能会逐渐感到疲惫和厌倦，减少使用频率。此外，直播涉及版权、隐私等法律问题，平台需要加强管理和监管，保护用户权益和数据安全。

四、数字经济创造新业态

数字技术的快速发展促使以"互联网+"、共享经济、平台经济为代表的新兴经济形态的产生，构成了数字经济发展的重要组成部分。数字经济的蓬勃发展对数字技术的变革提出了更高层面的需求的同时，不断促使新业态的快速孵化、规模扩散与持续迭代。

（一）数字经济促使"互联网+"快速孵化

中国互联网络信息中心发布的第52次《中国互联网络发展状况统计报告》显示，截至2023年6月，我国网民规模达到10.79亿人，互联网普及率达到76.4%。我国各类互联网应用持续发展，多类应用用户规模获得一定程度增长。目前，我国互联网行业发展呈现基础资源不断丰富、技术不断实现突破、应用与服务不断完善的阶段性特征。《中国互联网发展报告2023》显示，"我国骨干网络架构不断优化，5G网络建设和应用全球领先，以双千兆网络为代表的信息通信基础设施快速发展；算力总量已位居世界第二，云计算市场总量稳定增长；数据要素基础制度获得重要突破，数据空间技术体系探索加快；大模型驱动产业加速，可信AI进入实践阶段；移动物联网连接数率先实现了'物超人'；车联网进入以汽车、交通运输实际应用需求为牵引的先导应用新阶段；区块链自主创新能力持续提升，应用广度深度加速拓展"。与此同时，随着我国数字政府建设持续推进，各项顶层设计不断完善，电子政务全球排名跃升至第43位，成为全球增幅最高的国家之一。

工业互联网基础设施持续完善，"5G+工业互联网"得到了长足发展。[①]目前，全国5G行业虚拟专网超过1.6万个。工业互

[①] 《"5G+工业互联网"迈向规模化》，中工网，2023年10月4日。

网标识解析体系覆盖31个省（区、市）。具有一定影响力的工业互联网平台超过240家，我国基本形成综合型、特色型、专业型的多层次工业互联网平台体系。特别是即时通信、网络视频、短视频的用户规模分别达到10.47亿人、10.44亿人和10.26亿人，用户使用率分别为97.1%、96.8和95.2%。

（二）数字经济促使共享经济规模扩散

共享经济是利用互联网平台将分散资源进行优化配置，通过推动资产权属、组织形态、就业模式和消费方式的创新，提高资源利用效率、便利群众生活的新业态新模式。目前，我国共享经济发展主要集中在交通出行、共享住宿、知识技能、生活服务、共享医疗、共享办公与生产能力七个方面。2022年我国共享经济市场交易规模约为38320亿元，同比增长约3.9%。从市场结构上看，生活服务、生产能力和知识技能三个领域共享经济市场规模位居前三，分别为18548亿元、12548亿元和4806亿元。从主要领域共享经济市场规模情况看，生活服务和共享医疗两个领域市场规模同比分别增长8.4%和8.2%，增速较上年分别提高了2.6个百分点和1.7个百分点，呈现出持续快速发展的良好态势。受多种复杂因素特别是疫情因素影响，共享空间、共享住宿、交通出行三个领域共享经济市场规模显著下降，同比分别下降37.7%、24.3%和14.2%。

共享经济作为顺应人类生产生活数字化趋势、依托互联网平台发展起来的新业态，既成为疫情防控期间弥合民生需求缺口的重要力量，也成为消费升级大趋势下满足人民多样化、灵活化、个性化消费需求的重要载体。从发展态势看，在交通出行领域，2022年网约车客运量占出租车总客运量的比重约为40.5%，占比较上一年提高6.4个百分点，网约车平台企业数量不断增长；在生活服务领域，2022年在线外卖收入占全国餐饮业收入比重约为25.4%，占比较上一年提高4个百分点。近年来，随着人们生活消费方式的变化和平台经济的快速发展，我国外卖市场规模持续扩大，日益成为推动餐饮行业发展的重要力量。

（三）数字经济促使平台经济持续迭代

平台型创新体系基于互联网平台，面向海量创新需求进行精准感知和洞察，通过对全球创新资源的广泛连接、高效匹配和动态优化，构建起多主体协作、多资源汇集、多机制联动的创新生态。平台经济已成为数字经济发展的主力军，在我国经济社会发展和科技创新中扮演着日益重要的角色。[①] 2015—2020年，我国超10亿美元的数字平台总价值由7702亿美元增长到35043亿美元，年均复合增长率达35.4%。

平台经济的持续迭代为数字经济发展带来了空前的活力。目前，全球平台经济发展呈现出中美双引擎驱动平台经济快速发展

---

① 《夯基建、扶平台、强监管：数字经济领跑动能优势凸显》，人民网，2023年3月13日。

的基本格局。我国百亿估值的平台经济占比达到24.8%。从产业领域来看，电子商务在平台经济领域中占据主导；在线教育、金融科技、数字媒体、物流等领域平台发展展现出巨大的活力。我国庞大的经济体量以及丰富的业态，使平台经济有效吸纳两亿多灵活就业人员，平台经济在促进就业的同时加快新业态、新模式的持续迭代，在构建双循环发展格局中，不断发展能够满足消费者多样化需求的新型服务业态，充分挖掘巨大的潜在市场，从供给侧着力，进一步释放内需潜力。

2015年至2022年，我国数字平台市场价值从4.97万亿元提升至33.43万亿元，年均复合增长率达32.92%；截至2022年底，我国市场价值超过10亿美元的数字平台企业数量已达254家，与2015年相比增加190家。平台经济已成为促进流通、畅通循环、推动实体经济发展的重要力量。此前，平台企业涉及垄断、大数据杀熟、捆绑交易等现象时有发生。需准确衡量平台经济在经济社会中的作用，推动其规范健康可持续发展。以微信、抖音、快手、京东、淘宝、美团、饿了么等为代表的平台，2021年为中国净创造就业约2.4亿，为当年约27%的中国适龄劳动人口提供就业机会。[①]这表明，平台在助力经济发展过程中发挥了重要的就业稳定器作用。

2021年，平台内涵式创造就业的规模是其当年提供就业机

---

① 中国信息通信研究院：《中国数字经济发展研究报告（2023年）》，2023年4月。

会的96%，平台外延式带动就业的规模不到其内涵式创造就业的4%，表明平台促进就业属于典型的内涵式就业，即平台发展促进了中国高质量充分就业。其中，以微信和在线职业教育平台腾讯课堂为代表的腾讯，及以淘宝、饿了么为代表的阿里内涵式创造就业的规模均远高于外延式带动就业的规模。平台经济快速发展，平台企业茁壮成长，从促进国产高性能人工智能芯片研发和商业化落地，到加强成熟制程特色工艺、晶圆级封装测试，从"中国基因"的电商平台为"中国制造"的"中国品牌"在海外开疆拓土，到为两亿多灵活就业人员提供就业机会、为医疗等社会保障领域提升普惠化便捷化个性化服务水平，平台经济和平台企业在扩大需求、创新发展、就业创业、公共服务等方面的地位和作用日益突显、不可替代。

第六章
数字经济变革就业形态

就业是民生之本、发展之基，是推进共同富裕的重要基础。党的二十大报告提出，"强化就业优先政策，健全就业促进机制，促进高质量充分就业""加强灵活就业和新就业形态劳动者权益保障"[①]。当前，数字经济已成为国民经济的重要组成部分，是国民经济增量的主要贡献来源，随着新一代信息技术的广泛渗透、使用，以及经济新形态、新模式、新产品的不断发展、壮大，就业市场也迎来新的变化。主要表现为，一些传统工作岗位被取代，一些新的工作岗位被创造，特别是依托互联网平台获得就业岗位的就业形态被不断放大，引发了我们对数字经济时代就业市场发展走向的持续关注。

一、工业革命以来技术进步对就业的影响

（一）工业革命以来世界范围就业发展形势

目前，"就业"主要指从事一定社会劳动并取得劳动报酬和

---

① 本书编写组：《党的二十大报告辅导读本》，人民出版社2022年版，第43页。

经营收入。中国国家统计机构用的是"从业人员"的概念，实际上就是统计意义上的就业人员。百度百科对"就业"的解释还有一些限定性描述，比如，在法定年龄内的务工劳动。同时，不同国家、地区对"就业"的定义也不同，中国对就业年龄有下限要求和上限要求，不在此区间的就不被纳入统计范围；国际劳工组织和一些国家对就业有下限要求，没有上限要求。尽管市场对"就业"的概念没有达到高度共识，但有些基本判断还是一致的，即在法定年龄段、具备劳动能力并通过一定社会劳动取得报酬和收入，这部分人群即被列入就业人群。

"就业"是一个统计学概念，就业数据的取得与统计学、统计发展高度相关。中国对就业的研究与统计始于1952年，当年我们成立国家统计局，并开始对劳动就业状况进行调查。在此之前，中国并无统计学层面上的就业数据，所有关于就业分析的数据，要么是微观数据，要么是局部小样本抽样数据。西方国家对就业的统计一般认为是在1890年，当年美国、英国等国家设立统计专业，并将其应用于对经济社会现象的研究。但由于就业与人口、经济高度相关，那时美国、英国等国家还没有类似国民生产总值这样的统计方法和体系，加之随后两次世界大战的发生，相对准确的就业数据难以获取。因此，中西方真正在统计学层面上对就业数据的研究，大体都是从20世纪中叶开始。在此之前的就业数据，很难保证准确性和科学性，但可以作为研究参考。

工业革命对人类社会发展的意义是巨大的，对就业的影响也是颠覆性的。工业革命之前，农业（第一产业）是最主要的经济领域、生产领域，农民是一般意义上的职业。有关资料显示，在工业革命以前，英国人口中的95%是农民。农民的职业性质决定了其是自给自足的自然经济，自然经济基本特征是以家庭（也包括氏族公社、封建庄园等）为基本生产单位，满足自身生活需要，生产规模比较小，也无从获取所谓的工作报酬。这种就业更像是一种生存需要，不是社会化大生产后、为了满足社会发展、产品用于交换的社会发展需要的就业。但工业革命之后，工业（以制造业为主的第二产业）取代了农业的位置，大量农民离开土地，走进城市和工厂，成为工厂里的劳动者，工人逐渐成为社会上的主要职业。从这时开始，我们生产的产品不再是仅仅为了满足个人生存需要，也是为了满足社会总需求；我们不再是为自己工作，而是为特定的雇主工作并取得工作报酬。因此，工业革命之后，全世界范围内开始形成就业市场，人类就业进入新的发展阶段。

工业革命给经济发展带来的利好是长远的，给就业带来的利好也是空前的。数据显示，1750年以前，全世界的人均收入每隔6000年才翻一番，1750年以后每50年就翻一番。[1] 人均收入的普遍快速增长，主要还是得益于世界经济总量的快速增长。在人类历史有可考文字记录的几千年里，工业革命之前的经济增速或人

---

[1] 〔瑞典〕卡尔·贝内迪克特·弗雷著，贺笑译：《技术陷阱》，民主与建设出版社2021年版，序言。

均收入是低水平的，几乎是停滞不前的。但工业革命之后的200多年来，飞速提升的不仅是经济总量，普通民众的生活也有很大改善。正如经济史专家格里高利·克拉克所言："人类史上其实只发生了一件事，即1800年前开始的工业革命。只有工业革命之前的世界和工业革命之后的世界之分，所以，人类历史只有工业革命这一件事值得研究，其他都是不太重要的细节。"[①]这句话其实也是在表达，工业革命对人类经济增长、文明进步、社会发展具有巨大推动作用，也给就业市场带来根本性变革。这种变革从生产力角度来看，工业革命促进了社会生产力的迅速发展，使商品经济最终取代了自然经济，手工工厂过渡到大机器生产的工厂，工人的技能也普遍得到大的提升，这是生产力的巨大飞跃。从生产关系角度来看，工业革命促使生产资料通过市场交易、流通后聚集在少数资本家、企业家手上，使得他们能够雇佣更多的人为其工作并支付报酬，生产更多的产品供市场交易，生产关系的巨大变化也重塑了整个就业市场。而且，工业革命也进一步带动了科学技术的快速发展和应用，人们工作的舒适度变得越来越高，危险性越来越低，就业环境的舒适度得到空前的提升。

工业革命虽然在一定程度上造成局部、短期失业，但从整体来看，技术给劳动者和就业带来的好处是显而易见的。一些古

---

① 陈志武：《文明的逻辑：人类与风险的博弈》，中信出版社2022年版，序言。

典经济学家认为技术进步会引起失业，一些工业在技术进步的过程中会被淘汰，从而导致失业，西斯蒙第、马尔萨斯等经济学家持有类似观点。还有一些古典经济学家持反对观点，认为技术进步不会引起失业，因为技术进步导致产品价格下降，从而刺激需求，企业因此会追加投资，扩大生产规模，更多工人被雇佣，增加就业岗位，斯密、李嘉图就持有类似观点。从工业革命之后200多年的发展来看，显然后一种观点是正确的。技术的进步提高了生产效率、扩大了生产规模、深化了制造业分工、催生了新就业岗位，就业市场无论是从质还是从量来看，都迎来大发展。

从20世纪中叶起，随着互联网和计算机的逐渐普及发展，人类进入信息社会。信息社会是以电子信息技术为基础，以网络化为基本社会交往方式的新型社会。从产业发展来看，信息社会诞生了信息技术产业，通信设备、计算机、软件和消费类电子产品制造产业迅速发展，也在一定程度上带动了相关就业市场的发展，催生了新型制造业产业工人。进入21世纪，随着移动网络、大数据、人工智能等技术的兴起，数字技术、数据要素成为主要生产资料，我们的生产生活数字化程度越来越高，人类社会也进入新的发展阶段，很多学者将其称为数字经济时代。数字经济时代的最大特征是数字化与产业融合越来越紧密，换而言之，产业数字化是这个时代经济发展的主要特征。在数字经济时代，网络成为触手可及的资源，平台企业等新兴经济体得以诞生和快速成长，数据价值得到充分释放，特别是数字经济降低了劳动力市场供求双方的信息不对称程度，通过平台企业实现了供需双方的高效联接，降低了资源匹配成本，提高了资源配置效率，催生了与传统就业不同的新就业形态，就业市场迎来新的变化和机遇。

（二）工业革命以来就业格局的演变分析

一是从家庭自我雇佣转向企业劳动雇佣。从人类发展历史来看，经济增长在工业革命以前，几乎停滞了数千年。主要原因是科学技术的长期停滞不前，造成生产力十分低下，生产工具比较落后，人类适应自然、改造自然的能力相对比较弱，所谓就业主要停留在自给自足和维持生存阶段，是家庭式的自我雇佣。当然，有些家庭受各种各样的因素影响，会有一些生产节余，这些节余可以被拿来交换。但总的来看，前工业革命时期还没有形成真正意义上的就业市场。当然还有一种观点认为，前工业革命时期人类陷入了"技术陷阱"，主要是因为害怕技术取代劳动力，造成社会的不稳定，进而影响统治阶级的政治利益，因此技术一直受到严格限制。但研究认为，后一种观点在理论和现实上站不住脚。因为一种相对高级的技术文明不可能被压制数千年，它总会以某种方式、在某种地方成长并迸发，进而扩大到整个人类社会。工业革命之后，资本、技术成为最主要的生产要素，而资本和技术又天然具有垄断性，必然向少数人手中集中，这些少数人再雇佣、组织劳动力为其工作，从而形成一种雇佣与被雇佣、支付报酬与取得报酬的新型社会关系，真正的就业市场开始形成。而随着人类文明意识的觉醒，有关劳动福利、劳动者权利逐渐得到重视，就业制度不断完善，就业市场也进入新的阶段。

二是从阶级类型中诞生中产阶级就业群体。在工业革命以前，人类阶级类型比较少。在西方国家，主要阶级是贵族和平民，贵族人数少，但拥有土地、庄园，可以雇佣平民为其工作。当然，平民也可以自谋职业。在中国社会，主要阶级是地主和平民，平民同样被地主雇佣或自谋职业。但工业革命催生了一个新的群体：中产阶级。何为中产阶级？一般认为，主要看职业、收入和社会地位。比如，在英国，贵族之下的就是中产阶级，这是地位的象征。工业革命发生后，资产发生了很大的变化，土地不再是最值钱的资产，而是资本以及生产资料。与此同时，工业革命也导致了很多职业的诞生，如律师和医生，这是职业的分类。历史继续发展，工业革命继续扩大化，创造出越来越多的岗位，如高级技术工人等。而要成为中产阶级，就必须注重专业知识和教育，这样才能获得相对好的工作和相对高的收入。可以说，工业革命或工业化的结果是使劳动人民融入更大的中产阶级中了。当然，对"中产阶级"如何定义，尚未有统一认识。有的国家直接将收入靠前的一部分人口纳为中产阶级，有的国家将人均年收入在一定数值以上的人口视为中产阶级。中国没有用"中产阶级"这个提法，而是用"中等收入群体"的表述，更强调从经济学意义上对人类就业进行衡量。

三是从取代技术带来的短暂失业转向使能技术带来的就业发展。经济学家将技术分为使能技术和取代技术。使能技术是指一项或一系列、应用面广、具有多学科特性的技术，能够被广泛地应用在各种产业上，并且对经济发展产生深远影响。一般认为，使能技术能够大大提高生产效率，推动产业和产品创新，进而带来新的就业。取代技术是用新技术取代传统工作和技能的技术，一般会造成相关行业一定程度的失业，短期内对就业有负面影响。纵观人类历史，应该说工业革命进行到哪里，短期内哪里就会出现不同程度的失业现象，同时还伴随着财富的分配不平等。比较典型的是工业革命之后一段时间内呈现的"恩格斯停顿"现象。当时机械化工厂取代了家庭体系，一度造成传统手工业者失业。但由于社会化大生产带来生产效率的大幅度提升，英国经济增长很快，但很多人的前景并没有变得很好，相当一部分工人的实际工资还降低了，相反资本家的收入得到大幅提升。恩格斯观察到这种工人未普遍受益于经济增长的现象，经济史学家将其称为"恩格斯停顿"。但随后"恩格斯停顿"现象突然消失了，一般解释为：一种使能技术最开始表现为取代效应，由于新技术更有效率，那些与新技术直接发生关系的就业岗位，因为人工效率比不过新技术，从而造成短期内失业；随着新技术逐渐成熟和工人技能的增强，新技术对其他行业的效率提升、对新行业的带动等作用开始发挥，一些间接就业岗位被创造了出来，技术型工人的价值也得到尊重。

二、数字经济时代我国就业面临新形势

（一）从科学技术发展趋势看就业形势

从科学技术发展维度看，基于信息技术发展起来的数字经济加速发展，相关技能型人才严重短缺。当前，5G、人工智能、产业互联网迎来发展风口，与之相关的新技术、新产品、新材料、新产业将成为今后重点突破领域。习近平总书记指出："即将出现的新一轮科技革命和产业变革与我国加快转变经济发展方式形成历史性交汇，为我们实施创新驱动发展战略提供了难得的重大机遇。"[①]把握住这轮变革机遇期的关键是培养和拥有一批专业型技能人才，这也是下一步培育就业市场应把握的重点。特别是科学技术的发展决定了未来的竞争是科技之争，是否掌握数字技术也成为未来就业市场的必争之地。以网络安全人员为例，2021年我国网络安全人才缺口达140万人，预计2027年缺口将进一步扩大到300万人，人才十分稀缺。同样供不应求的还有虚拟现实、数字孪生等技术领域从业者。目前，以虚拟现实、数字孪生和人工智能为代表的关键技术，已被广泛应用于制造、交通、医疗、工业等行业，助力数字化转型。相关产业数字化转型是个万亿级别的市场，但在人才供应上，尤其是虚拟现实、数字孪生等技术领域的人才资源远远不足。

---

① 《习近平关于社会主义经济建设论述摘编》，中央文献出版社2017年版，第127页。

（二）从要素市场发展变化看就业形势

从人类社会发展维度看，我们已经步入数据要素价值凸显的信用社会，谁掌握了数据，谁就掌握了就业主动权。每一个社会发展阶段总有其特定的活跃生产要素。在农业社会，土地和劳动力是活跃要素；在工业社会，劳动力和资产是活跃要素；在信息社会，资产和技术是活跃要素。随着数据的积累、大数据技术的发展和数据在各行各业的广泛应用，数据时代即将来临，人类社会也将步入以数据为活跃生产资料的信用社会。信用社会的主要特征是数据的价值空前凸显，技术和数据将成为关键生产要素，谁掌握技术和数据，谁就在就业中占据优势。中国是人口大国、互联网大国，数据要素资源丰富，在发展数字经济、提升数据使用和分析能力方面具有优势。公开数据显示，当前我国数据资源总量和数据资源中心数量分别约占全球的20%和23%，成为名副其实的数据资源大国。信用社会的到来决定了未来的竞争是信息之争，数据要素成为关键要素，掌握数据、运用数据的能力成为就业市场竞争的关键能力。2020年，《中共中央　国务院关于构建更加完善的要素市场化配置体制机制的意见》[①]发布，其中亮点之一是数据被列为新型要素，参与生产、分配等经济活动。数据也从资产正式变为生产资料，成为影响和制约生产力发展的

---

① 《中共中央　国务院关于构建更加完善的要素市场化配置体制机制的意见》，《经济日报》2020年4月10日。

关键要素。将数据作为生产要素，事关市场资源配置，事关收入调节分配，事关生产力发展，也事关就业市场发展。特别是随着大数据向各垂直领域延伸发展，急需大量统计学、数学专业的人才，对数据分析、数据挖掘、人工智能等软件领域人才的需求也大幅加大，大数据领域从业人员薪资水平将持续增长，人才将供不应求。

（三）从经济社会发展阶段看就业形势

从经济社会发展维度看，随着我国进入新发展阶段，数字经济在助力建设现代化经济体系、实现高质量发展、形成新发展格局方面大有可为。习近平总书记在主持召开经济社会领域专家座谈会时提出，"十四五"时期"我国将进入新发展阶段"[1]，要着力构建新格局、催生新动能、激发新活力、打造新优势、拓展新局面。从助力畅通"双循环"角度看，数字经济在优化资源配置确保产业链供应链安全、促进资源流通提高经济社会运行效率、拉动生产消费助推经济高质量增长、联通内外循环促进经济深度融入世界经济体系等方面发挥着重要作用，为国民经济运行畅通提供有效支持。从助力培育新动能角度看，数字经济是技术创新、模式创新、产品创新的典型代表，是新发展动能的重要来源。从助力释放新活力角度看，数字经济推动了资源配置市场化、供需

---

[1] 《习近平在经济社会领域专家座谈会上的讲话》，《人民日报》2020年8月25日。

匹配精准化、交易支付数字化、信息获取便利化，极大调动了市场主体创新的积极性。从助力形成新局面角度看，数字技术在舆论引导、社会治理、疫情防控等方面发挥着不可或缺的作用，是推动新时代形成共建共治共享社会治理格局的重要保障。因此，未来新业态新模式新产业新产品成为制胜砝码，我们在相关领域人才储备方面还远远不足。2022年，人力资源和社会保障部向社会公示了新修订的《中华人民共和国职业分类大典》。新版大典的一个亮点，就是首次标注了数字职业，数量高达97个。标注数字职业是我国职业分类的重大创新，对推动数字经济、数字技术发展、提升全民数字素养，进而培育新兴就业市场，具有重要意义。根据《数字经济就业影响研究报告》显示，当前中国数字化人才缺口约1100万人，随着全行业的数字化推进，人才需求缺口持续放大。

（四）从劳动力转移理论看就业形势

从劳动力转移维度看，数字经济推动加工程度和产业结构高度化，产业升级会改变不同部门、不同产业对劳动力的需求，进而导致劳动力在"产业内"和"产业间"替代与转移。[①]一方面，劳动力在产业内替代与转移的现象多出现在制造业。对制造业低技术部门而言，数字经济改变制造业的生产方式，使企业

---

① 郭东杰、周立宏、陈林：《数字经济对产业升级与就业调整的影响》，《中国人口科学》2022年第3期。

生产摆脱了完全依赖于活劳动的模式，智能化的机器逐渐替代人工，原本技术含量较低、劳动密集型制造业部门的劳动力会更轻易地被人工智能所替代；对制造业高技术部门而言，数字经济与传统工业的交叉融合推动产业转型升级，表现为高技术部门在制造业中所占比重不断提升，高技术部门逐渐实现扩容增产，这一过程也将产生大量新的就业机会并催生新的就业岗位，尤其对拥有软件、互联网开发、大数据等知识背景，熟悉行业业务流程的复合型人才的需求将尤为迫切，劳动力将不断转移至制造业的高技术部门。数字经济推动制造业加工程度高度化，进而导致劳动力由低技术部门向高技术部门转移。另一方面，劳动力在产业间替代与转移的现象多体现在三次产业中。在第一产业中，通过物联网、人工智能等数字技术的应用，实现农机精准作业、畜牧业精准饲喂，数字经济对农业发展现代化的渗透将进一步改变原有的劳动密集型的农业生产特征，劳动力逐渐被替代。在第二产业中，由于中国制造业以加工制造为主，低技术部门仍占主导地位，高技术部门的扩容仍需时日，在第二产业，机器开始取代大量劳动力进行生产加工工作。因此，在第一和第二产业中劳动力被替代的现象较为普遍。在中国，数字经济对第三产业的渗透率明显高于第一和第二产业，服务业正经历着产业内部的创新与完善，并且数字经济催生大量的新兴生产性服务业、高端服务业，新兴行业的产生又带来大量新的就业岗位。数字经济推动产业结构高度化，进而导致劳动力由第一、第二产业向第三产业转移。

三、数字经济影响就业市场的理论机理

（一）数字经济推动经济增长

从经济学角度来分析，就业问题主要取决于两个因素：一是经济增长，二是就业弹性增加。①经济增长比较容易理解，更加强调发展是硬道理，如果没有经济总量的增长，无论采取什么措施，就业状况都很难有较大的改善。就业弹性是指就业增长速度与经济增长速度的比值，或是指每一单位经济增长所带来的就业增长。一般认为，数字经济推动了数字产业化发展，打造了新的经济增长点，有助于经济总量的增长，也带动了就业市场的发展；数字经济带来新就业模式和新就业形态，带动了就业市场弹性提高，加快了服务业就业比重的提升。特别是根据经济合作与发展组织（OECD）基于其成员国200年的数据研究表明，创新、增长和就业之间存在着高度的一致性，尽管短期内科技进步会对就业产生一定的负面影响，但相对于其巨大的创造效应可以忽略不计。

2022年，数字经济占中国经济的比重达41.5%，同比名义增长10.3%，高于同期GDP名义增速。从数字经济带动就业角度来看，仅数字产业化领域招聘岗位就占总招聘数量约1/3。预计到2025年，我国数字经济将会带动3.79亿人就业。比如，作为数

---

① 张智勇、伍家昕：《数字经济对就业多维影响的机制与对策分析》，《科学与管理》2022年第6期。

字产业化代表的新基建，其具有强外部性、规模经济等公共产品特性，对新基建的投资有很强的产业带动效应和就业拉动效应。新基建区别于传统基建最重要的一点在于新基建的高新技术特征，能够为经济社会发展底层变革提供创新条件和赋能手段，这些技术一般都具有普遍使用、创新互补以及技术动力性。普遍性意味着一种通用技术在许多下游领域使用，因为其提供了一种基础性的功能；技术动力性是指该技术支持持续的创新活动；创新互补是指下游领域的许多研究与开发活动的生产率随新技术的创新递增。以5G领域投资为例，它可以带动上游基站射频等设备制造业、中游网络建设与维护、下游终端及应用场景等全产业链，能够支持无人驾驶、物联网等新应用场景发展，可以提高社会整体生产效率。根据中国信息通信研究院的测算，2025年，5G网络建设投资累计将达到2.5万亿元，带动产业链上下游以及各行业应用投资超过5万亿元，直接带动300万人就业，间接带动590万人就业。再如，随着数字经济发展，以平台经济为代表的新业态加速发展，与实体经济深度融合，也催生了一批新的实体经济，直接或间接带动了就业发展。根据国家信息中心发布的《中国共享经济发展报告（2021）》显示，2020年，我国共享经济平台企业员工达到631万人，平台带动的就业人数约8400万人。

（二）数字经济影响就业规模

技术进步对就业的取代效应与补偿效应是同时存在的，短期内取代效应可能大于补偿效应，但长期看补偿效应更显著，特别是对就业规模和就业质量的补偿，相对更加明显。比如，世界经济论坛2021年年会曾估计，到2025年，人工智能技术将使8500万个工作岗位消失，但与此同时也会创造出9700万个新的工作岗位。就业规模是一定时期内全部劳动力资源的实际利用情况，就业被创造与被取代之间的强弱决定了就业规模的增大或缩小。从创造效应来看：一方面，数字技术的广泛应用大幅提高了企业生产效率，推动劳动者收入增加，从而刺激了新的社会需求，新的社会需求反过来又可以带动企业生产规模的扩大和新产品的研发、生产，成为新的就业机会与就业增量。另一方面，新兴产业的蓬勃发展提供了大量新就业岗位，数字经济新业态下的"大众创业、万众创新"活动更是刺激了创业，推动了就业。比如，利用互联网形成的新兴数字商业平台具有门槛低、容量大、灵活性强等优点，带动了诸如外卖跑腿、线上教学、网上医疗等新就业形态。并且，数字经济可以打破就业时间、空间上的局限性，使得原本受就业时空限制的人员可以灵活参与就业，区域间劳动力的流动更加自由，进一步刺激新就业需求的产生。此外，特殊就业群体也获得了公平、灵活、甚至更高收入的就业机会，有效促进劳动力市场半径的拓展。比如，受身体原因、家庭角色、传统观念等因素影响，女性就业者的劳动报酬和就业参与率较男性偏低。在数字经济时代，大量灵活就业岗位改变了传统的就业模式，女性可以根据自身条件选择适合的工作内容、方式、地点、时间来融入社会，实现自我价值。这一变化在客观上也扩大了就业市场规模。从取代效应来看：为追求更高效率与更低成本，生产者将劳动要素替换成资本要素，对低技能劳动力需求有所降低，必然会对劳动密集型产业就业产生较大负面冲击。此外，数字经济的发展还会进一步降低劳动力的比较优势，促使劳动力被智能机器等替代。但总的来看，数字技术进步对就业的长期创造效应最终会抵消负向的取代效应，从而使得就业总量提高。

（三）数字经济影响就业结构

就业结构即社会劳动力分配结构，一般指国民经济各部门所占用的劳动数量比例及其相互关系，具体表现包括产业就业结构、区域就业结构等。根据"配第—克拉克定理"，随着数字经济背景下产业结构不断转型升级，劳动力的转移必定对就业结构产生巨大影响。从产业就业结构来看，随着数字经济深入发展，第一产业将进一步提高农业的规模化、集约化与智能自动化水平，促进更多农业劳动力被释放；第二产业为提升制造业生产率将大幅发展智能制造，人机交互影响下的传统智能制造就业岗位将持续减少；第三产业中的数字技术，如大数据、云计算、人工智能等，正在逐渐渗透进生产性与生活性服务业，服务需求的日益上升增强了第三产业就业吸纳能力，地区技术与经济的相互融合促使三大产业形成如智慧农业、智能制造、数字商贸等新模式。一些经济学家进一步指出，数字经济对第三产业领域影响更大，并且促进就业结构优化、劳动报酬增长和劳动保障不断完善。特别是信息技术发展促使常规性、重复性工作被取代，机器的广泛使用使得第一、第二产业就业比重减少，并且新经济、新产业更多集聚于第三产业，从而吸引更多劳动力加速向第三产业转移。从区域就业结构来看，产业结构重构将推动区域劳动力结构的调整。从短期看，较快的技术变革速度和下降的生产成本会促进产业就业的区域转移；从长期看，产业就业将由后发地区逐渐向科技研发水平较高而生产成本较低的发达地区转移，因而数字经济发展程度较高的地区，失业率会显著低于其他地区。

（四）数字经济影响就业质量

就业质量的内涵比较丰富，从宏观上看，其能够反映国家、地区行业范围内劳动者工作状况；从微观上看，其是指从业者与生产资料结合并获得报酬收入情况的优劣程度。目前研究认为，根据可行能力理论，数字经济可以通过优化就业能力与就业环境，提高社会福利水平，从而实现更高质量就业，其中核心特征为从业报酬优劣情况。数字技术的发展使得程序性劳动被替代，资本在区域内集聚，从而要求更高生产效率、更高技能劳动力，专业性高素质数字人才需求大幅增加，从而提高了技能溢价。随着人才需求扩大，各地区更加重视人才培养与技能培训，未来数字相关技能必将成为基本就业技能，这将有助于提高整体人力资源与就业能力。此外，数字经济发展可以激发市场就业活力，优化区域整体就业环境与提高就业保障，推动劳动多元发展与就业收入提高。特别是在提高就业保障方面，有研究表明，影响就业质量的核心因素包括劳动报酬、就业能力与劳动环境，而数字经济是就业环境不断改善、就业能力持续增强的重要保障。

（五）数字经济催生新就业形态

1972年，国际劳工组织首次提出"非正规就业"，其具有规模小、技术含量低、容易进出和自我雇佣等特点。我国在2001年正式首提"灵活就业"，灵活就业也被称为灵活用工，其就有非全日制、临时性和弹性工作时间等特点，可以稳就业和保就业。[1]进入数字经济时代，数字经济又催生了新就业形态，特指依托互联网平台获得就业岗位并取得劳动报酬的就业形态，这是灵活就业的重要组成部分。新就业形态岗位主要为在近年来兴起的主播、自媒体、配音、外卖员、网约车司机等，这些岗位出现的背后都离不开互联网的加速发展。根据国家统计局数据，截至2021年底，中国灵活就业人员约2亿人，其中外卖骑手约1300万人，接近全国人口的1%。以美团为例，其2022年注册骑手超过600万人，全年活跃商家数超过900家，"就业蓄水池"作用明显。

---

[1] 郭继辉、金榕：《数字普惠金融对居民家庭灵活就业的影响研究》，《武汉金融》2022年第8期。

一方面，新就业形态成为市场新需要。从企业角度看，新就业形态用工具有灵活性，可满足企业弹性用工、短期用工需求。随着人口红利逐渐消失，招聘难、用工成本高成为企业招聘中长期存在的痛点，灵活用工成为主要解决途径。从劳动者角度看，新就业形态帮助劳动者发挥个人技能，释放自身价值，实现多场景的"价值变现"。从人力资源服务机构角度看，新就业形态释放劳动者个体的空余时间和企业的弹性需求，并非简单的信息对接，而是结合大数据高效、实时地供需匹配。另一方面，新就业形态是应对不确定性的重要手段。当前，世界经济形势严峻复杂，企业迫切需要降本增效，新就业形态成为当前稳就业的重要渠道。由于新就业形态的快速增长，相关行业也迎来一些新的趋势性变化。一是相关就业经营者平台出现。它是指以信息化手段链接用工主体和求职个体，提供信息发布、承揽和保障等一系列服务的网络载体。二是传统人力资源服务行业呈现新变化，逐渐向人才驱动专业化、技术驱动效率化、常规业务多元化和竞争格局外向化发展。

四、数字经济背景下就业市场健康发展

发展新就业形态是解决新形势下就业问题的重要途径。一方面，我国劳动年龄人口和每年新增劳动力的数量十分庞大，"就业难"问题突出；另一方面，随着劳动用工成本不断攀升，制造

业、服务业面临的"招聘难"问题越来越多。二者并存的境况，折射出就业市场的供需矛盾。数字经济时代就业群体的就业心态、价值观念发生了变化，呈现出职业选择个性化、职业追求兴趣化的新趋势；一些经营主体的用人理念也呈现随用随招、用完即走的特点。数字经济时代新就业形态能帮助劳动者匹配就业机会，发挥个人技能，释放自身价值；能够满足经营主体对弹性用工、短期用工的需求，有效降低经营主体用工成本。

（一）发挥平台经济潜力，激发平台经济对就业的带动作用

平台经济是数字经济蓬勃发展背景下生产力新的组织方式，是一种新型的商业模式，具有网络外部性和多属性等特点。平台经济通过数字技术搭建了虚拟双边平台，变革了"面对面"的传统经济模式，在疫情防控期间为保障人们的正常生活起到了重要作用。平台经济作为新的业态，创造了大量的就业岗位，可以直接吸纳劳动力就业。此外，平台经济还可以形成更大的规模经济效应，使社会各行各业经济活动高效开展，通过调动经济活力间接稳定就业。从经济学角度看，平台经济对稳就业有三个方面的影响：一是数字技术下的平台经济可以创造新的岗位，可称其为就业的"创造效应"；二是数字技术下平台经济可以改进上游企业的营业模式，提高其生产效率，可称其为就业的"溢出效应"；三是传统企业可以主动谋取与数字平台的合作，打通"线上""线

下"两向渠道，可称其为就业的"互补效应"。[①]有关研究报告显示，2022年，我国网上外卖、在线办公和在线医疗等数字技术服务用户量分别达到5.44亿、4.69亿和2.98亿。

在数字经济时代，要积极推动平台经济模式下新就业形态发展。要关注和重视平台经济健康发展，比如，加快发展移动出行、在线教育、互联网医疗等新模式等，积极培养更多本地电商直播人才，为劳动者居家就业提供更多保障，实现远程办公。此外，要积极创造并应用制造业"双创"平台，培养平台经济背景下的制造业新模式新业态。要加强对数字化、沉浸式、互动式旅游项目的设计，做好线上旅游产品宣传营销，加大数字旅游产品开发推介，发挥数字文化就业的带动作用。要尽快完善相应政策和配套保障，针对新就业形态岗位出台不同政策条例，实现对不同就业人群的有效引导，着力推动新就业形态发展。要充分发挥新就业形态的跨区域特点，为偏远地区以及数字产业化和产业数字化基础相对薄弱地区的居民提供更多从事数字经济的职业岗位。

（二）支持企业数字化转型，注重中小企业对就业的吸纳作用

企业是市场经济的主体，也是提供就业岗位的重要载体。根

---

① 李磊、钱育成、马欢：《后疫情时代平台经济如何稳就业：机制、现状与策略》，《统一战线研究》2022年第6期。

据2022年初国家市场监督管理总局数据显示，中国经营主体突破1.5亿户，承载了7亿多人的就业基本盘。可以说，企业稳就业就稳。中小企业更是"稳就业"的主体。目前，世界中小企业所解决的就业占全球就业量的70%以上，我国中小微企业贡献了超过85%的就业岗位。但数字技术的使用对资金需求和人才质量要求较高，新的市场进入者在短期内难以进入，往往出现大中企业和小企业急剧分化的现象，分化的结果就是"赢者通吃"，小企业难以充分享受数字化的福利，也难以通过数字化手段扩大生产规模，进而创造新的就业。

在数字经济时代，要通过数字技术推动中小企业高质量发展，让中小企业凭借其就业创造优势对劳动力市场起到稳定器的作用。一是鼓励中小企业加强数字基础设施建设，推广数字化应用，实现数字化转型升级。要结合各地区、各行业企业特点做到"一地一策"，对不同层次中小企业给予创新补贴或者实行减免税优惠，促使其健康成长，带动其吸纳更多就业者。二是推动中小企业技术创新，通过设立专项投资加大对技术资源要素的投入，促使中小企业向数字化、智能化发展，利用数字技术重塑企业形态，提高经营效率，实现"线下＋云办公"经营模式，倡导企业积极采用灵活用工模式。三是支持青年积极自主创业，通过构建"云创业"数字化平台，为创业者提供相关服务并设立专项补贴，帮助失业人员高质量就业，为解决劳动力市场就业问题发挥重要作用。①

（三）加强政策制度保障，发挥新就业形态对中等收入群体的"扩群"作用

中等收入群体是介于社会上层和下层之间的缓冲层，能够起到缓和社会矛盾、降低社会冲突的作用。通过平台经济带动灵活就业，是扩大中等收入群体规模的重要途径。目前，中等收入群体过渡层的主要构成部分包括具有一定技能或从事经营活动的外来务工人员，他们是平台经济生态下灵活就业的主力人群。确保这部分人群的数量和收入的稳定性，是有效扩大中等收入群体规模的重要途径，也是解决经济增长内生动力的重要问题。"恩格斯停顿"现象也警示我们，如果处理不好数字经济背景下新就业群体的实际收入问题，社会阶层的两极分化还会继续扩大，不利于我们构建"橄榄型"的社会结构。但数字技术具有打破"恩格斯停顿"的内在基因。根据"库兹涅茨倒U型曲线"的理论观点（不平等与工业化之间存在着倒U型关系），我们判断，随着收入不平等已经走过约50年的时间，我们即将走完库兹涅茨曲线的左半段，踏入库兹涅茨曲线的右半段。这也就意味着，未来随着数字技术的持续扩散，我们将进一步缩小收入差距，提高就业质量，扩大中等收入群体规模。

---

① 潘雅茹、龙理敏：《数字经济对中小企业就业需求及结构的影响——基于深圳主板上市公司的经验证据》，《华东经济管理》2022年第11期。

一是探索建立数字技能培训"自动稳定器"的作用机制。所谓自动稳定器，就是政府通过向申报失业登记的工人自动发放失业救济金，以尽量减轻因工人失业导致收入降低从而引发有效需求不足与经济波动的风险；而当失业工人重新回到工作岗位时，则停止向其发放失业救济金。可以设计一种类似的机制，对因技能偏向性技术进步导致的技术性失业以及由此引发的收入不平等，进行跨周期的动态干预，确保这部分人群不因短期失业而跌出中等收入群体过渡层。二是降低就业者互联网使用成本。要全面普及互联网使用，进一步优化升级互联网基础设施建设，降低互联网使用成本，为就业者使用互联网创造有利条件。特别鼓励各类互联网平台大型企业充分挖掘科技创新潜能，为就业者创造就业和办公条件，带动平台上的中小微企业和个体工商户等为劳动力市场提供更多就业岗位。三是建立新就业形态从业人员统计制度并健全相关社会保障体系。新就业形态就业人员可以在常住地公共就业服务机构办理就业登记，按规定享受各项政策和服务。要充分保障新就业形态从业人员合法权益，继续对其给予社保补贴，并在社会保险、税收缴纳等方面进行制度创新和服务创新，打通制度障碍，破解相关就业者面临的账户转移衔接困难、风险补偿困难等制约新就业形态发展的瓶颈，为新就业形态从业人员提供健全的社会保障体系。[①]

[①] 戚聿东、丁述磊、刘翠花：《数字经济时代互联网使用对灵活就业者工资收入的影响研究》，《社会科学辑刊》2022年第1期。

（四）积极发展普惠金融，提升金融对新就业形态的支持作用

数字化技术使得就业的边界越来越模糊，就业方式也越来越有弹性。在基于平台化的雇佣关系下，劳动者的工作时间、工作地点和雇佣合同更为灵活，不仅可以跨越空间远距离获得工作机会，而且还可以比较容易地获取资金支持和其他金融服务。一方面，新就业形态从业人员对资金、经营能力及社会资源要求较低，数字普惠金融能较容易地帮助就业者获得所需的信贷资金和信息资源，增强社会信息可得性，提高金融知识水平。劳动者还可以利用借贷资金进行职业技术教育培训，提升自身人力资本，从而达到就业岗位所需要的门槛和条件。另一方面，基于移动网络的支付方式为就业者提供了便利，能降低金融交易成本和拓宽金融服务范畴。比如，电商和直播带货等互联网平台在电子支付消费的大趋势下蓬勃发展，创造大量就业岗位。通过网络进行灵活就业是部分劳动者的选择，其可以不受约束地从事一份或几份工作。相对于传统就业，这种就业方式具有灵活性强、平衡工作与生活、增强满足感等优势，从而容易得到就业者的青睐。[1]

要持续推进数字普惠金融发展。商业银行等传统金融机构应积极运用金融科技与数字化技术，将数字金融与普惠金融结合起

---

[1] 肖巍：《灵活就业、新型劳动关系与提高可雇佣能力》，《复旦学报（社会科学版）》2019年第5期。

来，运用大数据手段全面深入地了解客户需求，有效提升传统金融机构获客的数量与质量。应出台优惠政策支持互联网平台创造的新就业形态，以创新创业带动灵活就业的健康发展。同时，考虑到新就业形态从业人员的收入和社会保障相对不稳定，通过数字金融渠道获取金融服务的需求要显著高于稳定就业人员，因此金融机构应将包括新就业形态在内的灵活就业者纳入服务范围，为其提供信贷支持、金融产品等精准的金融服务，支持居民家庭创新创业。积极实施灵活就业服务体系建设，多渠道为下岗员工、女性群体、失业者和农民工等弱势群体提供就业培训和就业咨询服务，对有创业意愿、创业潜力、创业能力的就业者，政府应积极提供创业指导和资金支持，帮助就业者提高其整体劳动素质和职业技能水平。

（五）鼓励自主技术创新，提高技术进步对就业的补偿作用

技术进步对就业既有创造、补偿的正面作用，也有替代、冲击的负面作用，在不同时期、不同阶段，作用表现不同，对就业的影响也不同。新一轮信息技术的快速发展和应用，虽然对一些劳动密集型岗位有一定替代作用，但由于劳动生产率的提高、新经济形态的出现、新职业岗位的涌现，其对就业的补偿作用将越来越明显。但这种作用具体有多大，取决于技术的创新程度有多高。一般认为，技术创新特别是自主技术创新做得越好，技术的

独有性、可扩散性、动力性越强，越有利于技术发展、经济增长，进而带动就业增长。比如，自主创新要求企业与企业之间、企业与科研机构之间加强技术交流与合作，从而使自主性技术创新带来的技术进步具有较高的弥散性和融合性，往往使得相互协作的各企业之间许多技术项目同时取得突破。自主性技术创新既然有利于整体技术的发展，自然能大大促进经济的健康、快速增长，从而促进就业水平的提高。

数字技术创新离不开政策的支持，要着力构建阶段性创新政策，适时调整行业管理规则。数字技术创新推动了经济运行模式的重大变革，新产业、新模式不断涌现，也进一步引发了新业态与既有行业规则之间的矛盾，应密切关注因数字技术创新引发的社会发展境况，及时消除旧制度对产业发展的消极影响，为数字技术的应用与推广营造良好的市场环境。结合国家发展阶段的时期特征和发展需求，适时出台适合我国国情的短期及中长期数字技术创新和产业政策，并根据政策实施的效果随时进行政策调整或更新。发挥社会主义制度的优越性，建立健全创新保护机制，为企业和就业者提供切实保障，避免因数字技术创新而引发社会动荡。另外，还应将促进数字技术创新发展与解决就业问题放在共同的体系框架中，构建更加公平的社会保障制度，缩小贫富差距，提升社会保障水平。促进产学研协调发展，建立健全有利于数字技术创新的产学研一体化校企合作机制，创建终生教育的职业教育体系，使人才培训与新技能岗位需求对接，形成以知识技能、专业人才和创新资金为核心的良性循环体系，充分发挥创新为主导的市场化机制。要着力突破"卡脖子"技术，占据自主可控核心技术的制高点，全面提升数字化生产力，通过数字技术创新催生实体经济新业态、新模式，通过带动先进生产力，进一步创造和促进就业。

第七章
数字经济变革生活方式

进入信息时代，人类社会朝着数字化、网络化、智能化方向加速演进，网络空间成为人类生产生活的新空间。同时，数字技术作为世界科技革命和产业变革的先导力量，日益融入经济社会发展各领域全过程，深刻改变着人类生产方式、生活方式和社会治理方式，为人类绘制了美好生活新图景。

一、智慧便捷的公共服务

数字社会人人共建，数字生活人人共享。加快数字社会建设，着力提升医疗、教育、养老、体育等重点民生领域数字化水平，为推动公共服务均等化提供了新路径。特别是随着我国老龄化趋势加深，人们的健康理念得到了显著提升，信息化手段也为居家养老、大众体育提供了新的应用与实践。

（一）"互联网+"创新医疗服务新模式

互联网医疗是一种新型医疗服务模式，利用互联网技术提供便捷、高效、个性化的医疗健康服务。它融合线上线下服务，突破时间和空间限制，包括在线咨询、远程会诊、电子处方等。互联网医疗智能化、个性化，提供定制化健康管理方案。此模式可提高医疗服务质量，缓解医疗资源紧张，促进资源优化配置。政府出台政策规范和推动互联网医疗发展，如全国统一的审批标准，跨地区医疗合作，社会力量参与等。2022年，《互联网诊疗监管细则（试行）》和《药品网络销售监督管理办法》先后印发，标志着互联网医疗行业进入规范化、高质量发展新阶段。

当前，"云端一体"的现代化医院初见成效。比如，浙江大学医学院附属第一医院在2021年10月成功上线了基于云原生架构的"未来医院"信息系统，实现了四个医疗院区核心信息系统的全部上云，成为全国首家集团化、现代化医院。这一举措使得该院能够打破传统科室限制，建立以疾病和患者链条为中心的诊疗流程。该院实现了患者生命体征数据的实时采集和传输，以及医生的远程诊疗和急救预案的部署。同时，通过自动发药机和智能物流信息系统的配合，从医生开出处方到患者取药的时间最快仅需8秒。此外，智能化检查预约平台可精准预约检查项目，提高诊疗效率。该院还借助信息化手段实现了多院区的共享视频、共享语音、共享病人资料，提高了诊疗效率，实现挂号、预约诊疗、缴费到结果查询的全部线上化，方便了人民群众看病。可见，数字化医疗能够帮助医疗行业整合线上和线下需求，提高服务协同能力，最终形成更有效的医疗资源分配。

数字技术还进一步带动了县域医共体建设。国家卫生健康委员会《关于开展紧密型县域医疗卫生共同体建设试点的指导方案》提出，发展远程医疗服务，以县级医疗机构为桥梁，连接乡镇卫生院和村卫生室，并与城市三级医院对接。县域医共体建设是全县医疗卫生服务体系的优化改革。通过搭建全域流量平台，实现医防一体的分级诊疗和健康管理体系，满足医共体多元化需求，打造数字化医疗服务新模式。数字医共体实现医疗机构、医生、居民在线协同，数据在线，区域大健康生态在线，助力实现"以治病为中心"向"以人民健康为中心"的转型。

（二）智慧教育助力教育现代化

党的十八大以来，以习近平同志为核心的党中央高度重视教育工作，推动我国教育信息化实现跨越式发展。党的十九大报告指出："建设教育强国是中华民族伟大复兴的基础工程，必须把教育事业放在优先位置，加快教育现代化，办好人民满意的教育。"[1]党的二十大报告对办好人民满意的教育作出重要部署，强调要"推进教育数字化"[2]。习近平总书记在主持中共中央政治局第五次集体学习时指出："教育数字化是我国开辟教育发展新赛道和塑造教育发展新优势的重要突破口。"[3]习近平总书记的重要

---

[1] 《习近平著作选读》第2卷，人民出版社2023年版，第37页。
[2] 《习近平著作选读》第1卷，人民出版社2023年版，第28—29页。
[3] 《习近平在中共中央政治局第五次集体学习时强调　加快建设教育强国　为中华民族伟大复兴提供有力支撑》，《人民日报》2023年5月30日。

论述，深刻揭示了教育数字化的关键作用，为我们把握新一轮科技革命和产业变革深入发展的机遇、建设教育强国指明了方向和路径。

"智慧+"教育是世界智慧化浪潮的衍生产物。其典型特征为3I，即物联化、互联化、智能化，通过广泛应用新一代物联网、互联网、大数据等技术，帮助人类社会在工作、生活等各方面更加便捷、高效、智能。智慧教育是在现代信息技术条件下，学生能够主动学习、自定义学习，养成系统性、创新性思维能力；教师通过动态观察学生的学习状况，合理指导学生；教学管理者能够实时监控教学全过程，并合理整合配置教育资源等。智慧教育的五个关键要素包括：以学生为中心、实时统计与分析、集成化的管理、多样化的互动式体验、共享资源。

教育部2018年4月发布的《教育信息化2.0行动计划》强调开展"智慧教育创新发展行动"，以人工智能、大数据等为基础，构建智能学习空间，推动教育理念与模式革新，加速5G等下一代网络的高校智能学习体系的建设。自2022年起，国家教育数字化战略行动全面实施，加速升级数字化教学条件。目前，99.89%的中小学（含教学点）学校带宽达100M以上，75%以上学校实现无线网络覆盖，99.5%的中小学拥有多媒体教室。

浙江大学在2017年开始实施"网上浙大"项目。该项目通过与社会企业的协同合作，建立了一个以网络信息安全为保障，以互联网、物联网、大数据和云计算为技术基础，涵盖办事、办学、科研、学科及个人信息五大业务空间的智慧校园环境。"学在浙大"是浙江大学以教师、学生和教务为核心的教学学习平台。它贯穿课前、课中、课后全过程，使教师能完成从开课、备课、授课、课堂互动到教学反馈与评价等教学全过程同步；学生则能在平台上完成从选课、签到、听课到作业与测试的学习全过程同步。截至2021年5月，"学在浙大"2.0平台累计开课1.96万门，全校师生总访问量累计突破1.2亿人次。"智云课堂"是与线下教室相连的线上直录播学习平台。教师走进教室即开即讲，可在线无感知储存课堂教学资源；学生在线上观看实时直播或录播，可通过AI语音识别、PPT动态抓取等功能进行长线性的学习记录存留。这是一个实现线下线上相融合的无感知的教学学习平台。"智云课堂"日均直播课程2000余小时，开放课程2万余门次，海量教学资源无障碍共享。

  党的十九大报告提出"努力让每个孩子都能享有公平而有质量的教育"[①]。对于广大县域而言，与一二线城市相比，因为经济发展相对落后，在教育领域最为稀缺的就是高水平老师等优质资源。因此，教育数字化最为重要的目的之一就是让教育变得更加公平更加普惠。重庆市忠县曾是市级贫困县，教育领域的滞后一直是忠县面临的一大难题。由于经费短缺，教育信息化发展受到限制，成为忠县教委的痛点，同时也是县教育提质的瓶颈。2019

---

① 《习近平著作选读》第2卷，人民出版社2023年版，第38页。

年，忠县教委领导了解到钉钉"未来校园"解决方案。忠县教委看到了行政办公的高效、简单，更感受到很多传统教育方式正在被改造，衍生出新的教育教学方式。而钉钉在成本上的低门槛，让忠县教育和教育信息化有了弯道超车的可能。用钉钉打造智慧机关、智慧教育，让学校的行政办公变得高效、简单，为学校和老师减负，以便将更多的时间和精力投入教育教学的创新中。借助钉钉快速推进教育的智慧云端建设，打开教育创新的广阔空间，成为忠县教育的主旋律。忠县绍溪小学作为乡村小学，仅有65名学生，一度濒临关闭。引入钉钉后，绍溪小学通过群直播的形式，提高了对口帮扶实效性，实现了优秀课程的共享。钉钉降低了县教育进入数字化的门槛，将有效支撑教育帮扶的顺利实施。[①]

（三）信息化手段助力居家养老

随着我国老龄化趋势的加深，积极应对老龄化挑战已成为国家发展的重要任务。习近平总书记多次强调，应对老龄化事关国家发展全局和百姓福祉。[②]党的二十大提出了实施积极应对人口老龄化国家战略，推动全体老年人享有基本养老服务。在《国家积极应对人口老龄化中长期规划》中，技术创新被强调为积极应对人口老龄化的第一动力和战略支撑。近年来，我国在适老化改

---

① 《钉钉给教育带来了什么？重庆忠县，一个城市的力量在实践》，中国青年网，2019年7月3日。

② 吴爱国：《为积极应对人口老龄化贡献力量》，《人民日报》2023年6月21日。

造和信息无障碍服务方面取得了显著成效，老年人的数字社会融入度也在逐步提高。截至2023年12月，我国网民规模已达10.92亿，其中60岁及以上网民群体占比显著提升，达到15.6%。

为了更好地让老年人适应并融入智慧社会，多地也出台了相应的措施。北京市加快推进网站、App应用无障碍改造工作；上海市开展老年数字教育进社区行动，服务每一位有需求的老人，让老年人享受城市智能化、数字化带来的便利。比如，甘肃省武威市凉州区借助数字化手段，探索了居家养老服务的一系列创新实践。无论老年人需要处理家务、寻求陪伴或是其他需求，只需通过电话或手机App下单，专职服务人员便会在15分钟内上门服务。同时，老年人可以一键查询服务费用、一键结算。通过信息化平台将居家养老、适老化服务、社区养老的服务管理、日常监管和服务审核等功能融为一体，形成了一种新型的可视化养老服务模式。

（四）数字体育赋能体育强国建设

《"十四五"体育发展规划》强调，借助数字化转型、数字化改革，促进体育行业结构优化、流程再造，以实现体制改革深化、体育事业和产业高质量发展。数字体育作为数字中国的重要组成部分，在体育强国建设指引下，数字科技与体育领域深度融合、创新研发，已在全民健身、青少年校园体育、竞技体育等场景中开展产业化应用与实践，催生新产业、新业态与新模式。这为全民健身、体教融合、健康中国及体育强国建设提供了新路径和新方法。

近年来，一系列主场赛事成为数字科技大展身手的舞台，诞生了咪咕体育、晓数聚等多家数字体育技术公司。在北京冬奥会上，数字技术得到了充分应用，在场馆建造、运行管理、赛事服务等过程中有不少先行案例。奥运史上首次由云计算替代传统IT机房，实现了首次核心系统全面上云。从云上冬奥开始，数字化运营、数字化竞赛、数字化传媒、数字化体验全面开启体育新篇章。"内容+科技+融合"的科技创新还打造了极致体验的沉浸式冬奥之旅，由北京晓数聚数字科技有限公司承担的国家重点研发计划科技部"科技冬奥"专项——"一个App"项目成功应用在央视体育、央视频体育、咪咕视频、B站等平台，其交互式冬奥数据产品与数据服务，满足了个性化观赛需要，助力实现冬奥史上收视率最高。

二、智慧城市和数字乡村

智慧城市是运用前沿技术推动城市管理创新，创造高品质生活的重要载体。在智慧城市建设中，城市大脑作为"智慧中枢"，通过对丰富的城市数据资源的分析和研判，帮助治理部门提高经济社会发展与社会治理水平和能力。这种能力还延伸到了城市的社区和广大县域乡村。数字乡村通过智慧化平台和基层服务中心，推动农业现代化，促进第一、二、三产业融合发展和基层治理。

（一）智慧城市

城市是推动高质量发展、创造高品质生活、全面建设社会主义现代化国家的重要载体。习近平总书记在党的二十大报告中强调，"以城市群、都市圈为依托构建大中小城市协调发展格局，推进以县城为重要载体的城镇化建设"，"坚持人民城市人民建、人民城市为人民，提高城市规划、建设、治理水平，加快转变超大特大城市发展方式，实施城市更新行动，加强城市基础设施建设，打造宜居、韧性、智慧城市"[①]。

习近平总书记指出："运用大数据、云计算、区块链、人工智能等前沿技术推动城市管理手段、管理模式、管理理念创新，从数字化到智能化再到智慧化，是推动城市治理体系和治理能力现代化的必由之路。"[②]智慧城市是信息化发展到智慧阶段的产物，是智慧地球的基本表现形式。通过物联网、云计算等基础设施和新一代信息技术工具的应用，实现经济社会生活全面透彻的感知、宽带泛在的互联、智能融合的治理。智慧城市的本质在于智慧化，是信息化发展的高级阶段。智慧城市建设是指为了实现智慧城市这一目标形态而进行的实践活动。近年来，各地的智慧城

---

① 《习近平著作选读》第1卷，人民出版社2023年版，第26—27页。
② 《习近平关于城市工作论述摘编》，中央文献出版社2023年版，第114—115页。

市建设取得了显著成效，如电子政务、数字政府、智慧政府、智慧交通、智慧社区、城市大脑等。这是推进智慧城市建设的重要举措，也是建设智慧城市的一部分。

智慧城市建设关键在于六个环节：基础建设、壁垒打破、平台搭建、数据聚集、应用推动和安全保障。首先，重视本级城市大数据中心为核心的基础设施建设。其次，构建横向连接各部门、纵向贯通各级的电子政务网，实现审批事项的便捷办理。再次，搭建政府数据共享交换、增值服务、安全监控等平台，实现数据集中存储、统一管理、适时共享。接下来，构建人口、法人、自然资源、宏观经济、电子证照等基础数据库，并动态汇聚数据资源目录。此外，推动政府数据的汇聚融合，放大数据价值，更好地服务企业和群众。最后，加强网络安全保障体系建设，确保政务服务和数据平台安全稳定运行。

城市大脑是利用丰富的城市数据资源和互联网技术创新来推动社会经济发展和完善社会治理的前瞻性实践，其核心思想是把数据资源当作城市发展中比土地和水资源更重要的自然资源来对待，通过构建统一的中枢系统对整个城市的全局全量和实时的数据进行分析和研判，有效调配和使用公共资源，不断修正城市运行中的缺陷，解决城市发展中的一些关键问题，实现跨部门流程再造、数字化业务协同、全社会数据互通、利企惠民服务直达。在社会治理领域，依托城市大脑，在综合运用云计算、大数据、视频分析等现代科技手段基础上，政府有能力构建更为完善的社会治理体系，拓展网格化服务管理能力，打通治理管控网络节点，实现"全域覆盖、全网共享、全时可用、全程可控"的目标。

杭州城市大脑是国内最早按照城市学"城市生命体"机理和"互联网+现代治理"思维进行设计建设，功能相对全面的城市大脑实践。在建设中，杭州把握城市管理发展的规律和特点，提取城市管理者的经验特征，对城市资源进行科学配置和高效使用，实现了城市管理治理能力的现代化。它具有三大功能：一是通过数据智能产生生化指标，包括交通量、交通流、交通结构、拥堵指数、交通态势等14个模块百余项指标；二是交通安全预测预防，通过感知道路、车辆、人和环境的安全态势，实现风险预警管控和事故深度调查；三是城市交通关联因子分析，包括特定关联和模糊关联，如特定车辆与交通事故的关系、交通流与功能区划分的关系等。在功能创新方面，取得了五项突破：一是建立起城市交通实时生命体征监测系统，每两分钟对全城的交通体征进行一次"体检"，提取和处理海量数据，成为交通治理决策的数据基础。二是通过机器智能定位和解决交通堵点，利用摄像头数据识别并提前预测出交通堵点，得到更准确的红绿灯优化配置方案。三是提取专家经验实现机器智能"巡逻"，通过视频监控自动发现事件并进行自动检测和报警，支撑交通事件的快速处置。四是数据智能发现交通事件治理乱点，通过机器智能发现众多事件背后的规律，优化交通组织。五是杭州城市大脑实现了技术架构的突破，即双网双平台架构，为政务系统从IT向DT的迈进奠定了技术架构方面的基础。杭州城市大脑证明了将机器智能用于解决复杂的交通治理问题的可行性，提炼形成了"中枢系统+部门（区县市）平台+数字驾驶舱+应用场景"的城市大脑核心架构，实现了让城市治理更加"聪明"、让市民生活更加便利，成功探索了未来城市数字化治理模式，成为杭州努力打造"全国数字治理第一城"的基础。

浙江省杭州市建德市梅城镇是一座千年古镇，它曾是古严州府的治所，因城墙沿江一段砌筑成梅花形而得名。如今，这座古镇正焕发出新的生机，打造城市大脑，引领未来智慧城市建设。2019年10月，梅城城市大脑在云栖大会上发布，成为全国第一个乡镇级别的城市大脑。它如同一个强大的智慧中枢，将科技旅游、智慧交通、消防联动、在线矛盾协调等多领域全方位的智能化建设纳入其中，提升治理水平。随着城市大脑的建设，数字技术为梅城城区治理带来了更多可能性。2020年2月，在新冠疫情防控阶段，梅城镇整合了城区范围内的固定摄像头资源，将无人机接入系统，形成了智慧化全方位立体式的监管服务。这种创新的管理方式不仅提高了疫情防控效率，还减少了人员近距离接触带来的风险。2020年7月，浙江多地面临水位超汛限的挑战，防汛救灾任务紧迫。梅城镇利用乡镇级城市大脑平台，实现了对行洪区域的快速反应。管理人员通过大屏幕实时监控地下管网情况，及时向抢险队员发布行动指令。智慧排水系统有效避免了污水溢流和城市内涝的发生。梅城，这座充满智慧与活力的古镇，正以崭新的姿态迎接未来。①

智慧社区是城市精细化治理的基石，是智慧城市的基本单元。它为居民提供精准、精细的服务，对人民的安全感、体验感和获得感有直接影响。在数字社会、数字政府、新型智慧城市的建设中，国家政策对智慧社区建设有重要部署。例如，《中华人民共和国国民经济和社会发展第十四个五年规划和2035年远景目标纲要》提出了推进智慧社区建设的目标。各省、市也积极响应，出台相关文件，推动智慧社区试点。部分地区将智慧社区建设融入智慧城市相关规划，另有部分地区出台了专项规划和指导文件。这些措施鼓励和引导了地方的智慧社区建设，取得了初步成效。陇海北三街社区是郑州市管城区的一个老旧社区，改造前存在环境杂乱、设施老化等问题。为了提升居民生活质量，2020年5月，该社区启动了改造工程，在短短几个月的时间里，社区面貌焕然一新。改造后，北三街社区拥有了一个"聪明的大脑"，让居民们的生活变得更加便捷。通过社区App，居民们可以轻松查找附近的停车位、点餐、购物、买药等。这个智能平台不仅让居民们享受到了科技带来的便利，还让他们感受到了社区的温暖和关怀。同时，智慧物业体系的建设也让老年人能够更加方便地参与社区活动，志愿者们还会手把手教老年人使用手机点单和查询资讯，让他们跟上时代的步伐。未来，郑州市将继续进行老旧

---

① 《建德梅城首次亮相"2050"千年古府要打造"城市大脑"》，《浙江日报》2019年4月28日。

小区升级改造，让更多社区变得"聪明"。随着城市大脑建设的深入，通过对数据资源的整合和前端物联系统的联动，将为社区居民提供更加便利的服务。[1]

社区作为居民生活的基本场所，是连接城市建设与居民生活的纽带，智慧社区建设是连接智慧城市建设与居民高品质生活的桥梁，将是打通信息惠民"最后一公里"的关键。智慧社区建设不仅要为居民提供更及时、更全面、更贴心的社区服务，也要让老人、特殊群体等都能享受到信息化建设带来的便利，实现基本公共服务均等化、普惠化，缩小信息生活数字鸿沟，改善民生福祉。

（二）数字乡村

习近平总书记指出："脱贫攻坚取得胜利后，要全面推进乡村振兴，这是'三农'工作重心的历史性转移。"[2]"十四五"规划和2035年远景目标纲要作出"加快推进数字乡村建设"的重要部署。

数字乡村建设为乡村振兴提供新动能。乡村振兴战略是党的十九大提出的一项重大战略，是新时代"三农"工作的总抓手。2019年5月，国家发布了《数字乡村发展战略纲要》，乡村网络

---

[1] 李林：《大数据"进"楼院 云计算"人"门户 "试点"北三街有啥"聪明"不一般？》，《河南日报》2020年12月10日。

[2] 《习近平在中央农村工作会议上强调 坚持把解决好"三农"问题作为全党工作重中之重 促进农业高质高效乡村宜居宜业农民富裕富足》，《人民日报》2020年12月30日。

化、信息化和数字化建设是乡村振兴的战略方向，也是建设数字中国的重要内容，其中的两个重点任务就是加快乡村信息基础设施建设和发展农村数字经济。

数字乡村是通过帮助政府搭建智慧化平台及在乡镇建设基层服务中心，帮助百姓、乡镇做好信息采集、发布、推广与共享，落实民生服务的乡村建设。习近平总书记指出："要用好现代信息技术，创新乡村治理方式，提高乡村善治水平。"[①]加强乡村治理是全面推进乡村振兴的重要保障。要完善党组织领导的乡村治理体系，推行网格化管理和服务，做到精准化、精细化。数字技术具有精确、精准、精细的优势，能够适应乡村人员流动加快、乡村治理单元细化等新情况，提升乡村治理科学性、时效性。数字技术具有丰富的公共服务应用场景，能够有效提升农村公共服务供给的数量、质量、覆盖面和可及性，使农民生活更加便利。目前，"最多跑一次""不见面审批"等在线服务模式在许多乡村推广，网上办、马上办、少跑快办，大幅提高了农民办事的便捷程度。

临浦镇位于杭州南，面积42.48平方公里，下辖34个村、社区，户籍人口5.6万，外来人口4.2万，存在治理难题。2019年，临浦镇引入"平安钉"基层治理系统，全镇覆盖，提升治理现代化。村社干部或网格员需在12小时内回应群众诉求，形

---

① 习近平：《坚持把解决好"三农"问题作为全党工作重中之重 举全党全社会之力推动乡村振兴》，《求是》2022年第7期。

第七章　数字经济变革生活方式

成处理闭环。半年内处置957例事件，90%在24小时内完成。通过"平安钉"，实现"最多跑一次"服务延伸。村民可通过一键呼叫咨询，通过呼叫网格员办理便民事项。各村社区房东可自主报送流动人口信息，提高网格员管理效率。通过发布防诈骗小视频提醒居民，全镇有效警情同比下降9.4%，求助类警情同比下降5.72%。临浦镇考核优秀，"平安三率"分别提高18.5%、3.4%、10.2%。未来，"平安钉"将进一步成为知民情、解民忧、惠民生、保民安的"幸福钉"。①

习近平总书记在党的二十大报告中提出要"加快发展数字经济，促进数字经济和实体经济深度融合"②。这是以习近平同志为核心的党中央对发展数字经济作出的重大战略部署，也为新时代全面推动数字乡村建设、以数字技术助力建设宜居宜业和美乡村指明了前进方向。2022年4月，中央网信办、农业农村部、国家发展改革委、工业和信息化部、国家乡村振兴局联合印发《2022年数字乡村发展工作要点》的通知，要求充分发挥信息化对乡村振兴的驱动赋能作用，加快构建引领乡村产业振兴的数字经济体系，构建适应城乡融合发展的数字治理体系，不断推动乡村振兴取得新进展，推动数字中国建设迈出新步伐。

数字技术的应用，能够显著提高农业精细化管理水平，提

---

① 《萧山临浦打造乡村数字治理样板》，萧山区政府网，2020年6月3日。
② 《习近平著作选读》第1卷，人民出版社2023年版，第25页。

升农业生产的效率，推动实现农业现代化。数字经济的发展，能够进一步推动农业生产实现现代化。一方面，数字经济的发展使数字技术能够广泛而深入地应用到农业机械设备中，推动农业机械设备实现智能升级换代。另一方面，数字经济的发展推动了数字技术在农业生产中的广泛应用，乡村居民能够通过无人机、天气监测、智能灌溉等方式监控和管理土壤、光照、降水等农业生产要素，对农业灾害进行预测预警。四川省广元市苍溪县陵江镇笋子沟村村民何辉祥由于采用手机端远程控制施肥、打药、用水，在果园管理上的劳动量大为减轻，也让家里的果园管理更为有效，5亩多的果园收入较去年实现了近7000元的增长。

持续推动乡村数字经济新业态发展。乡村数字产业发展是数字乡村建设的关键。为加快推进数字乡村建设，一方面，要持续深化农村电商发展，以电商为纽带接入各种服务于农村的资源，激活数字乡村建设的潜能；另一方面，要积极培育和发展乡村新业态，让农村第一、二、三产业借助数字技术形成优势互补、融合发展的态势，以乡村数字经济新业态的发展助力数字乡村建设。

近年来，山东曹县的电商事业方兴未艾，通过触网跨界融合新模式新业态，进一步优化了"互联网+个体经济"的创新组合。曹县被国务院授予"全国十大电商发展典型激励县"的称号，并被商务部授予"国家级电子商务进农村综合示范县"

和"全国全网销售百强县"等荣誉。2020年，曹县的网络销售额突破了156亿元，电商企业数量超过5000家，网店数量达到6万余家。这些电商企业不仅带动了30万人的创业就业，还为5万返乡创业人员提供了发展机会。在销售规模上，亿级店铺发展到6个，千万级店铺发展到100多个，天猫店数量更是达到了2000余个。如今，曹县已经建成1个电商特色小镇和2个省级众创空间，同时拥有四大产业集群。这些产业集群为曹县的电商事业提供了强大的支撑。此外，曹县还有2万人通过电商实现了精准脱贫，占脱贫人口的20%。32个省级贫困村发展成为淘宝村，实现了整村脱贫。这种"电商+产业+贫困户"的曹县精准扶贫新模式被商务部官网地方经验栏全面推广。随着曹县的电商事业不断发展壮大，周边县域也纷纷加入电商发展的行列中来。这种趋势使得整个菏泽形成了"淘宝县"连片的趋势，催生了全新的产业带。如今，菏泽已有淘宝村307个、电商企业18万家、从业人员57万人、电商园区51个。48万余人通过产业链延伸实现就近就业，为当地经济发展注入了新的活力。

三、美好数字生活新图景

习近平总书记强调："把增进人民福祉作为信息化发展的出发点和落脚点，让人民群众在信息化发展中有更多获得感、幸福感、安全感。"①2021年3月,《中华人民共和国国民经济和社会发展第十四个五年规划和2035年远景目标纲要》专门设置"加快数字社会建设步伐"章节,提出适应数字技术全面融入社会交往和日常生活新趋势,促进公共服务和社会运行方式创新,构筑全民畅享的数字生活。

(一)数字街区点亮夜经济

夜经济健康发展助力国内消费,提升城市产业结构,打造特色品牌,创新经济增长点,提供多元化就业,满足居民美好生活需求。政府出台发展夜经济政策,如2019年国务院意见,强调活跃夜间消费市场,结合文化、旅游、休闲,完善配套设施。数字街区实现线上线下、到店到家融合,丰富夜经济内涵外延,呈现新形态。

2020年4月3日,郑州汇艺银河里"口碑街"开街。这条整合饿了么、口碑、蜂鸟、客如云、高德等平台资源打造的"线上数智街区",商户包括餐厅、酒吧、健身房、美发店、电子产品专卖店等多种类型。在口碑街,郑州市民可通过App查询商户信息、提前预订餐厅、在线或者扫码点单、领取专属定制的私人优惠等,同时可享受到店自取和外卖服务。不仅如此,现场试吃街区提供了多家网红餐厅、特色美食供郑州市民免费体验试吃;商

---

① 《习近平关于网络强国论述摘编》,中央文献出版社2021年版,第25页。

家们的线上直播，带领网友"云逛街、云购物、云体验"，感受数字化服务带来的城市生活新体验。

同时，市民可以通过"郑好办"或支付宝App参与领取消费券活动，总额5000万元的首批消费券在150秒内被抢光，对改善疫情后的消费环境、激发市场活力具有积极作用。

数字街区的出现，进一步提升了新零售行业的集约化、标准化、信息化、品牌化水平，以"线上+线下"联动，促进经营转型、升级消费体验，推动更多的数字生活街区落地，充分发挥数字化在经济社会发展中的渗透性、基础性、全面性、引领性作用，为经济发展注入新动能。

（二）数字技术加快传统菜市场转型

菜市场是城乡广大社区群众的日常需求，也是一种生活方式。随着经济水平快速发展，传统农贸菜市场在购物环境、卫生条件、经营管理以及服务人性化等方面已无法满足群众更高的体验需求。近年来，各地不断深化数字化转型工作，全力推进建设智慧化菜市场，多地已经出现不同类型的智慧菜市场系统，包括智慧农贸系统、可视化信息展示、智慧硬件、食品溯源、线上运营和区块链存证等。数字化改造后的智慧菜市场已经成为"智慧城市"的一个缩影，见证着一座城市的发展历程和文明变迁。

自2017年起，普陀区开始探索创新社会治理新模式，致力于打造"15分钟生活圈",为居民提供就近、便捷的生活服务。永昌菜市场公司决定以此为契机,对市场进行改造提升。经过一年多的改造,"永昌兰田智慧菜场"(又被称为"永昌集市")于2020年7月正式亮相,是上海首个集智能结算支付、线上线下销售、大数据统计、智慧监管等功能于一体的数字化菜场,展现了新时代菜市场的创新模式。"永昌集市"运用线上线下运营、第三方智慧监管、大数据分析等众多新技术手段,创新了"智能运营+新零售"的工作模式。此外,该菜场还上线了社区团购App,让市民可以通过该平台在线购买蔬菜,并由外卖员将菜品直接送达市民家中。

除了上海普陀地区,经过数字化改造的菜市场在宁波和昆明等地也成功落地。通过可视化大屏幕,商户们综合显示了各种蔬菜、肉类的溯源信息以及各类消费信息,使得消费者能够更加清晰地了解购买产品的详细情况。同时,商户们的营业执照也清晰可见,货品称重时电子屏幕即刻显示品名、单价及计费,大屏滚动展示当日实时菜价,消费者扫码支付,整个消费过程全程可追溯。在菜市场买菜,就像逛超市一样便捷。每个商户都统一配备了数据电子秤、POS一体机、小票打印机、扫码付费硬件等设备,确保每一笔交易都能够进入后台大数据处理中心,为数字化管理提供了有力支持。

(三)数字化引领旅游新时代

随着旅游业的发展,数字化转型已成为旅游业的必然趋势。

为了满足游客的需求，提高旅游体验，智慧景区应运而生。智慧景区通过技术和大数据赋能，将景区场景重构，实现游客与网络的实时互动，让游程安排进入"触摸时代"。

河南云台山作为智慧景区的代表，通过高德地图等数字化手段，为游客提供更直观、更美观、更方便的产品界面。同时，为景区提供流量扶持等产品能力，延续高德地图、景区、管理部门三方共建的模式，为旅游产业服务。

相比目前已有的智慧景区解决方案，"智能云台山"的最大特点是以服务游客为中心，提供游前、游中、游后全周期服务。计划出游前，游客可在高德地图搜索云台山，"一键"直达智慧云台山"景区门户"，在这里不仅能看到景区动态信息，还可以在线购门票、订酒店、查询交通信息。游览过程中，用户可在"景区门户"中点击"一键智慧游"，进入云台山手绘导览图，不需要再寻人问路，就可以找到最佳拍照点、厕所、停车场，发生紧急情况可点击"一键呼救"，快速寻求景区管理员帮助。游览结束后，用户可针对景区发表游记和评论，供更多游客参阅。上述服务可以说是覆盖了游客游玩的全周期，同时也覆盖了景区内以及景区外的全方位的信息。

智慧景区系统实时掌握景区运营状况，包括客流数据、天气和车辆信息，通过联动机制调配资源应对游客高峰。在接待高峰期间，实施限量售票和分时预约购票方式，确保游客接待量不超过最大承载量的75%。通过管理系统，景区实时掌握周边路况并与交警部门合作实施交通管制和疏导。景区布置2000多路高清监控设备，24小时监控应对突发事件。通过30万+App定位的实时大数据，景区可掌握各景点客流分布情况。

"智能云台山"实现了指挥中心的联动、一分钟调度、一站式服务、一部手机导览和一键救援的功能。云台山景区的智慧景区建设从全国试点到标准制定，获得了智慧景区建设大奖，并被评定为三钻级智慧景区。景区提供的贴心服务得到了广大游客的认可和赞誉，良好的口碑使"感动游客"成为云台山的"金字招牌"。[1]

（四）智慧交通让出行更便捷

智慧交通是人工智能、物联网、大数据等新一代信息技术与交通运输深度融合的新业态，是推动交通运输质量变革、效率变革、动力变革的重要途径。习近平总书记高度重视智慧交通发展，多次作出重要指示，强调"要大力发展智慧交通和智慧物流，推动大数据、互联网、人工智能、区块链等新技术与交通行业深度融合，使人享其行、物畅其流"[2]。当前，我国智慧交通方兴未艾，交通运输数字化、网络化、智能化水平不断迈上新的台阶，展现出广阔的发展空间，成为交通运输事业取得历史性成就、发

---

[1] 《全域旅游信息服务系统升级　高德携手河南打造"智能云台山"》，人民网，2018年9月20日。

[2] 《习近平外交演讲集》第2卷，中央文献出版社2022年版，第389页。

生历史性变革的生动缩影。

铁路检票进站开启"秒速"时代。随着科技的进步，铁路服务也在不断升级，暑运春运期间各大火车站通宵排队人满为患现象几乎看不见了，取而代之的是让"说走就走的旅行"成为旅客便捷和高效的出行体验。如今，通过12306网站和电话，旅客可以轻松购票，无需再在火车站排队等待。此外，铁路12306 App还提供了电子临时乘车身份证明开具功能，使旅客在忘记携带身份证的情况下也能顺利出行。铁路还为旅客提供了高铁座位上的铁路畅行码，旅客可以通过此小程序查询信息、购买餐食等，减少了面对面沟通的环节，更加方便快捷。同时，一些车站还与外卖企业合作，将当地的美食直接送上车厢，丰富了旅客的乘车体验。

公路"一脚油门踩到底"已经成为现实，这得益于电子不停车收费技术的快速推广和高速公路省界收费站的全面取消，实现了"一张网运行"的便捷交通模式。部省互联的交通运输运行监测与应急指挥系统的建成，有效监测交通运行状态和联动指挥突发事件，发挥了交通运行安全保障的神经中枢作用。此外，公路不停车称重检测点已经建成约3300个，高速公路入口称重检测实现全覆盖，全国公路治超管理信息系统联网运行，显著降低了公路违法超限超载率。全国重点营运车辆联网联控系统已经建成，基于北斗系统实现了73万辆"两客一危"车辆、620万辆货运车辆联网联控，监测率超过98%。危险货物道路运输电子运单管理不断加强，实现运单全国联网、危险货物信息有效传递、跨区域精准查验。

智慧停车让数据研判交通问题，提升停车体验。杭州交警部门通过重新施划"绿色停车位"等技术手段，提高了车位使用周转率，为市民提供了更好的服务。同时，杭州交警还实施了"非浙A急事通"便民措施，方便外埠车辆通行，进一步提升了交通管理的便民性。这些措施的实施，不仅提高了城市交通管理的效率，也为城市居民提供了更加便捷、舒适的出行环境。

第八章
数字经济变革治理方式

党的十八大以来，以习近平同志为核心的党中央高度重视数字中国建设工作，作出了一系列重大决策部署。数字中国建设率先在数字经济领域实现大的突破。全球数字经济的蓬勃发展对国家治理体系和治理能力现代化建设提出了更高的要求，不断促使国家治理、全球治理方式发生更加深刻的变革。

一、提升政务服务效能

2022年4月19日，习近平总书记在中央全面深化改革委员会第二十五次会议上强调"要全面贯彻网络强国战略，把数字技术广泛应用于政府管理服务，推动政府数字化、智能化运行，为推进国家治理体系和治理能力现代化提供有力支撑"[①]。2024年1月印发的《国务院关于进一步优化政务服务提升行政效能推动"高效办成一件事"的指导意见》明确提出"全面强化政务服务数字

[①]《习近平主持召开中央全面深化改革委员会第二十五次会议强调 加强数字政府建设 推进省以下财政体制改革》，《人民日报》2022年4月20日。

赋能"。数字技术在助力数字政府建设，进而提升政务服务效能方面发挥着不可替代的作用。

一方面，数字技术赋能数字政府建设并极大地提升了政务服务效率。依托数字技术，按照一体化思路构建的政务服务系统网络，实现了基础设施一体化、数据资源一体化、业务应用一体化、运营管理一体化，彻底打破了传统行政体制下横向府际的信息壁垒，联通了纵向府际的信息孤岛，使各项政务信息能够有序地在"一网"中实现安全流动，形成了协同、治理、服务一体化的数字政府新模式。形象地说，就是数字技术将分散在各个部门的信息安全且有效地整合在一个平台之上，各项政务服务通过一体化网络平台，实现了由"线下跑"到"网上办"、"分头办"向"协同办"的根本转变，行政效能得到了普遍的提升。与此同时，数字技术对驱动下创设的政务服务平台不仅覆盖了传统行政服务各项功能，而且该平台可以面向海量创新需求进行精准感知和深刻洞察，通过对政府服务创新资源的广泛链接、高效匹配和动态优化，不断构建起多主体协作、多资源汇集、多机制联动的创新生态，进而驱动政务服务平台规模扩散并且持续迭代。传统的政务服务是"政府能够提供什么服务"的规制性管理，而数字政府则是按照"人民群众需要政府提供怎样的服务"而不断优化政府过程的服务供给。政务服务正在从以政府供给为导向逐渐转向以群众需求、效率提升为导向。按照一体化思路构建的政务服务平台使传统政务服务发生了深刻的"物理"变化。近年来，我国各级政府按照一体化发展思路，积极推动政务服务平台建设，"一站式审批""最多跑一次""一云一网一平台""一网通办"等数字政府治理工具日趋成熟，数字民生服务不断得到优化，行政效能得到普遍提升，同时人民群众的获得感、幸福感、安全感得到普遍提升，数字政府效能转化为直抵民心的民生温度，转化为服务市场主体的"加速器"，转化为社会治理能力提升的"催化剂"。

另一方面，政府治理工具的数字化转型极大地提升了政府的公共价值。当前，我国各级政府在以人民利益为导向的价值引领下，按照不断满足人民对美好生活的向往创造政府的公共价值。一些发达地区提出了"人民算法""人民智治"等理念，并在治理体系和治理能力现代化建设中通过治理工具的数字化转型付诸实践。可以说，治理工具的数字化转型是治理体系和治理能力现代化建设的关键抓手。首先，政府治理工具的数字化转型促使政府运行程序更加规范，行政事项办理更加高效便捷，为公众提供更加公平普惠的政务服务，总体上提升了政府服务价值。其次，政府治理工具的数字化转型也将塑造政府过程更加公开透明、治理更加精准、决策更加科学、绩效得到普遍提高的行政价值。最后，政府治理工具的数字化转型将有助于共建共享、经济发展、社会稳定的政府社会价值的形成。当前，数字治理工具如何精准无感地识别人民需求；如何构建数据关系，让决策更加科学，对可能发生的各类事项及早作出预判；如何在提升行政效能的同时降低行政成本；如何将数字技术精准植入政府治理全过程场景，着力打造"情景式公共服务"；如何引导政府在数字技术创新驱动下，由传统治理模式逐渐向数字治理模式演进，进而引领政府进入智能治理新阶段，是当前及今后一段时期我国政府治理的一项重要任务。

二、构建数字治理新范式

第一，规范与发展并重的互联网反垄断的中国实践。垄断是市场经济的"天敌"，一旦行业出现垄断将严重破坏市场竞争秩序，严重影响市场在资源配置中的决定性作用，抑制创新，严重损害消费者利益和社会公共利益。近年来，随着我国数字经济的迅猛发展，部分互联网公司在"宽松监管"中逐渐产生了扰乱市场秩序、侵害用户权益、威胁数据安全、违反自愿和资质管理规定等方面的垄断行为，致使我国数字治理出现"失准、失度、失衡"的风险。为维护新业态竞争秩序，有效打击形成垄断地位的互联网平台损害公共利益的行为，一方面，我国深化国家行政体制改革，充实反垄断监管力量，成立国家反垄断局，自此国家机构形成了统一的反垄断执法体制。在强化数字领域反垄断的同时，中央明确提出"防止资本无序扩张"，资本短期强烈的逐利性将极大地遏制技术创新，在追求超额收益的过程中严重损害消费者和市场的整体利益。中央提出"防止资本无序扩张"就是要规避资本利用技术优势野蛮生长、无序扩张、限制竞争对我国社会主义市场经济带来的各种风险,同时也是对数字经济领域监管缺位现象及时有效的规范与整顿。中央明确指出,反垄断、反不正当竞争,是完善社会主义市场经济体制、推动高质量发展的内在要求,及时将监管模式由"宽松监管"调整到"包容审慎监管"。在此基础之上,针对互联网行业社会关注度高、影响面广、群众反映强烈的热点难点问题开展了一系列行之有效的专项整治行动,监管模式进一步调适到专项监管,并逐渐转向常态化监管模式。行政制度的改革、监管模式的适时调整,有效地维护了我国数字经济竞争秩序,切实保护了消费者和社会的整体利益。另一方面,根据我国数字经济发展客观实际,有针对性地修改相关法律制度,将新业态、新模式全面纳入法治化治理体制之中。为有效打击数字经济市场领域出现的垄断现象以及资本野蛮生长问题,全国人大颁布了《中华人民共和国反垄断法(修正草案)》,国务院出台了《国务院反垄断委员会关于平台经济领域的反垄断指南》。为确保平台经济健康有序发展,保障各类平台用户权益,维护经济社会秩序,国家市场监管总局出台了《互联网平台分类分级指南》《互联网平台落实主体责任指南》,在科学界定平台类别、合理划分平台等级的基础之上,积极推动平台企业主体责任落实,在规范中促进平台经济健康发展。

第二,安全与统一市场建设中的数据治理。随着数字经济的迅猛发展,数据已经成为一种全新的生产要素。与以往任何一次产业革命所形成的生产要素不同，数据具有极强的多样性、变异性、分布性和关联性。数据自身所具有的特性，为数据治理带来了前所未有的挑战。当前，全球数据治理关注的首要问题是数据安全。国际方面，中国发起了《全球数据安全倡议》，受到国际社会的普遍认可与广泛参与。国内方面，我国围绕数字治理制度建设，构建起包括《中华人民共和国数据安全法》《中华人民共和国个人信息保护法》《网络数据安全管理条例》在内的三大法律制度体系，有效地构建起科学合理的数据安全、网络安全制度规范，为统筹国内数字经济安全发展创造了良好的法治环境。在数据安全基石之上，富集着规模庞大的数据市场。党的二十大报告提出"构建全国统一大市场，深化要素市场化改革，建设高标准市场体系"[①]的重要任务，数据要素市场是全国统一大市场的重要组成部分，数据市场的公平竞争与创新发展是建成全国统一大市场的关键。因此，颁布了《中共中央 国务院关于构建数据基础制度更好发挥数据要素作用的意见》，要求完善数据要素市场体制机制，促进形成与数字生产力相适应的新型生产关系，探索有利于数据安全保护、有效利用、合规流通的产权制度和市场体系。与此同时，要求有效推动数据要素供给调整优化，促使数据要素供给数量与质量得到双重提升，在数据可信流通体系中，不断增强数据可用、可信、可流通、可追溯水平，实现数据流通全

---

① 《习近平著作选读》第1卷，人民出版社2023年版，第24页。

过程动态管理，在合规流通使用中激活数据价值。

第三，打破科技霸权主义的全球治理探索。科技创新是人类社会发展的重要引擎，是应对许多全球性挑战的有力武器。近年来，科技霸权主义强化国际金融资本的垄断地位，加速国际垄断资本主义扩张，极大地破坏了全球生产网络的协作关系，进而导致全球经济增长持续放缓。科技霸权主义严重地破坏了国际贸易规则，干扰了国际市场秩序，对全球治理造成了极大的影响。党的十八大以来，以习近平同志为核心的党中央着眼全球发展大势，洞察资本主义发展新趋势，深刻总结科技发展规律，形成了系统的全球科技治理思想。对内，我们坚持和加强党对科技事业的全面领导，充分发挥党对科技事业全面领导的政治优势，不断健全党对科技工作的领导体制；充分发挥社会主义制度和举国体制的优越性，明确了科技强国发展战略目标，加快了高水平科技自立自强步伐，一系列"卡脖子"问题得到了有效的解决。打破科技霸权对中国实现高质量发展的束缚，根本在于将制度优势转化为治理效能，进而促使我国科技在更高水平上自觉地实现自立自强。对外，中国始终践行"科技成果应该造福全人类"的理念，将科技输出融入"一带一路"建设中，通过技术成果互享、技术平台互建、技术资源互用等多种方式，形成新的技术产业联盟。近年来，中国与共建"一带一路"国家在基础设施建设、绿色能源技术、互联网技术等方面实现了高水平的互联互通。与此同时，我国长期致力于通过加强国际科技合作开展重大科技攻关，在共建联合实验室、国际技术转移中心建设等方面实现了突破，科技创新共同体意识在沿线国家深入人心。中国正在以实际行动打破科技霸权主义对全球发展的束缚，为科技成果更好地造福全人类提供中国方案、贡献中国智慧。

三、构建网络空间命运共同体

新一轮科技革命与产业变革催生互联网快速发展，网络技术突破了传统治理范式的束缚，在更宽领域、更深层次对全球治理产生日益关键的重要作用。网络技术标准由谁主导、全球网络资源怎样分配、全球网络安全如何保障、具有全球普遍约束力的相关法律法规由谁制定等一系列重大利益亟须在全球治理中得到权威分配。变局中的世界亟须一种全球网络治理方案，从根本上促使全球网络治理从无序走向繁荣。

党的十八大以来，习近平总书记敏锐洞察全球网络治理的历史性新变化，在多个国际重要场合向全世界发出了"加快构建网络空间命运共同体，携手创造更加幸福美好的未来"的号召。构建网络空间命运共同体思想蕴含于宏大的推动构建人类命运共同体思想体系之中，是习近平外交思想的重要组成部分，是中国为全球网络治理描绘的蓝图，提出的价值原则，更是全球网络利益权威性分配的中国方案。在此思想引领下，中国不断践行开放导向、发展导向、包容导向、创新导向、规则导向的全球网络治理新理念，不断拓展网络发展空间、促使网络不断增进世界人民福祉、促进人类文明在网络空间实现交流互鉴。诚如诸多海外媒体所言，中国为促进全球网络空间的公平正义与开放共享贡献了积极力量。具体而言，主要体现在以下三个方面：

第一，促进全球网络空间公平正义发展。维护国际秩序的公平、公正、合理是维护世界和平与稳定的重要基石。网络空间也不例外，同样需要在全球治理中维护网络空间的公平与正义。然而，当前，网络霸权主义是对全球网络治理构成的首要威胁。一些互联网技术发展的主导国家，以自身利益为导向，在向全球输出通信和信息设备的同时，不断寻求建设覆盖全球、标准统一的全球网络全球化治理格局。为达到上述目的，这些国家不惜以技术封锁、设置技术依赖、推行技术检查等手段，在构建一个深不见底的"网络黑洞"的同时，强迫他国无条件接受"单边透明"不平等条款。诸多网络霸权行为、科技霸权行为严重损害了他国核心利益，严重违背了人类理应遵守的道义，对世界和平与发展构成了严重的威胁。中国一贯主张"推动改革全球治理体系中不公正不合理的安排"[①]。习近平主席在国际舞台上多次提出"在制定新规则时都要充分听取新兴市场国家和发展中国家意见，反映他们的利益和诉求，确保他们的发展空间"[②]。为有效应对网络霸权主义对全球网络公平正义发展的严重影响与破坏，在中国主导

[①] 《习近平谈治国理政》第2卷，外文出版社2017年版，第448页。
[②] 《习近平谈治国理政》第3卷，外文出版社2020年版，第448页。

下，中国、俄罗斯、塔吉克斯坦等国家向联合国大会共同提交了"信息安全国际行为准则"，明确指出"与互联网有关的公共政策问题的决策权是各国的主权"。这一倡议，从本质上将网络技术迭代与各国国家主权、安全等核心利益区分开来，从根本上否定了网络技术、网络资源具有垄断特征的发达国家彻底掌握全球互联网治理公共议题的绝对话语权，遏制了网络霸权、科技霸权主导下国际网络治理不公平，违背正义现象的蔓延。这一倡议，不仅赋予了世界各国平等参与全球互联网治理的权利，而且有效地维护了各主权国家根据本国实际自主决定本国互联网发展的主权，是对"以互联网作为谋求军事优势的新战场"、大搞"数字铁幕'新战场'"等消极力量的有效打击。与此同时，随着中国自主信息、通信、数字技术日新月异的发展，中国已经成为数字技术和网络技术领域的全球重要引领者，中国在国际社会上不断倡导将网络空间打造成为"百花齐放的'大舞台'"的倡议，得到了广泛的认同，促进了全球互联网资源分配更加公平、治理体系更加民主，遏制了国家和地区间网络发展的不平衡趋势，缩小了各个国家的数字鸿沟，有效抵制了科技霸权、网络霸权对全球网络空间治理的破坏，为全球互联网共享共治，促进各国数字经济交流与合作提供了更多的新机遇。中国始终高度重视与世界共享互联网合作机遇，积极推动全球互联网治理法治化进程，主张世界各国共同应对数字文明时代产生的各种新机遇与新挑战，始终强调让互联网的发展成果更好造福人类的全球治理思想深刻地改变了美国所主导的全球互联网治理格局,而在主权独立、公正合理、平等互利、共商共建共享原则之下所建立的网络空间命运共同体极大地将全球网络治理体系变革的各方主张转化为多方共识,形成符合人类共同利益的一致行动。

第二,构建网络空间良好秩序。网络空间的安全稳定,直接关系全人类的共同福祉。当前,人类社会正加速迈进数字文明时代,新一轮科技革命与产业变革促使政治、经济、文化、社会、军事等各领域、全过程数字化、网络化、智能化转型不断深入发展。因此,网络安全的时空领域呈现出更加宽广、内外因素日趋复杂的深刻变化。网络安全已经成为全球治理面临的最复杂、最现实、最严峻的非传统安全问题之一。针对网络安全,习近平总书记曾指出"这对世界各国都是一个难题"[①]。如何破解这道难题,需要网络大国的担当作为与引领示范。一方面,作为网络大国、数字大国以及世界上计算机化程度最高的国家之一,中国在维护国家网络安全方面进行了大量卓有成效的探索,在不断强化网络安全技术有效应对复杂网络安全环境的同时,加快网络安全法律、法规体系建设,从制度的角度不断夯实国家网络安全基础。党的十八大以来,随着《中华人民共和国网络安全法》《关键信息基础设施安全保护条例》《中华人民共和国个人信息保护法》《云计算服务安全评估办法》《网络安全审查办法》等法律规

[①] 《习近平关于网络强国论述摘编》,中央文献出版社2021年版,第91页。

范陆续出台，特别是《数字中国建设整体布局规划》，明确将"筑牢可信可控的数字安全屏障"界定为强化数字中国的"两大关键能力"之一，并作出系统安排与周密部署。这些制度安排共同形成了支撑中国网络安全法规体系的"四梁八柱"，为全球网络治理法治化建设提供了宝贵的中国经验。近年来，中国在高度重视网络法治建设的同时，有效打击了网络空间存在的垄断和不正当竞争行为，不断健全数字规则，维护公平竞争的市场环境。与此同时，为促进中国网络经济规范健康发展，中国积极探索科学规范、公平有效的监管模式，出台了《国务院办厅关于促进平台经济规范健康发展的指导意见》，将数字经济监管模式由"宽松监管"调整到"包容审慎监管"，再调适到强化专项监管，进而形成常态化监管的科学监管模式。随着中国网络经济监管模式的不断创新，数据要素治理失效现象得到有效改善，数据安全，特别是数据跨境流动安全得到有效保障，数据垄断与不正当竞争行为得到有效遏制。与此同时，新业态治理不断规范，互联网医疗、互联网金融、灵活用工行业等新业态被有效纳入治理体系，特别是近期网络监管部门提出了面向 ChatGPT 等人工智能工具的监管规则，促使中国在互联网监管和全球网络治理领域走在了时代的最前沿。另一方面，全球网络安全需要国际社会共同"筑牢数字安全屏障"。中国历来将网络空间视作全人类的共同财富，维护网络安全符合国际社会共同利益，是国际社会的共同责任。在全球网络治理中，中国始终主张国际社会本着和平、主权、共治、普惠原则，通过有效的国际合作，建立多边、民主、透明的互联网治理体系，共同构建和平、安全、开放、合作的网络空间。党的十八大以来，中国积极同有关国家建立网络事务对话机制，参与多边网络对话与合作，推动在联合国框架下制定"信息安全国际行为准则"，帮助发展中国家弥合"数字鸿沟"，推动国际社会共同打击网络犯罪和网络黑客行为。中国在持续深入参与网络领域相关国际进程的同时，不断为维护全球网络安全作出重大贡献。

第三，拓展网络空间国际合作。互联网发展是无国界、无边界的，利用好、发展好、治理好互联网必须深化网络空间国际合作，携手构建网络空间命运共同体。当前，随着网络技术、通信技术的快速发展，如何更好地发展、运用、治理好国际网络空间，促使互联网更好地造福人类，已经成为世界各国人民的强烈意愿与普遍诉求，因此也成为国际社会需要共同承担的重要责任。党的十八大以来，中国秉持"构建网络空间命运共同体"理念，全面积极参与并有效推动和平、安全、开放、合作、有序的全球互联网治理新格局，不断拓展网络空间国际合作。一方面，我国积极推动《亚太经合组织促进互联网经济合作倡议》，将互联网经济纳入APEC合作框架，签署《二十国集团数字经济发展合作倡议》，发布《网络空间国际合作战略》，提出《全球数据安全倡议》，积极推动《金砖国家数字经济伙伴关系框架》等相关网络空间国际合作协定签署，为构建网络空间命运共同体作出了重要贡献。另一方面，中国深入参与数字领域、网络领域国际规则和标准制定，在拓展网络空间国际合作中日益彰显引领示范作用。中国积极推动全球网信基础设施建设，在积极推进全球光缆海缆建设的同时，不断优化北斗相关产品与服务，积极推动北斗系统进入国际标准化组织、行业和专业应用等标准化组织，使其产品与服务惠及全球。在与阿盟、东盟、中亚、非洲等国家和区域组织持续开展卫星导航合作与交流中分享科技红利，促进国际交流与合作。中国致力于提升全球数字互联互通水平，支持共建"一带一路"国家互联互通建设，不断加强"丝路电商"国际合作，已与29个国家建立双边电子商务合作机制、行业和专业应用等，与18个国家签署数字经济投资合作备忘录。与此同时，中国积极开展网络扶贫国际合作，采取多种技术手段帮助发展中国家提高宽带接入率，努力为最不发达国家提供可负担得起的互联网接入，消除因网络设施缺乏导致的贫困，支持发展中国家与世界同步，共享技术红利。在中国支持下，非洲建成首个5G商用网络和5G实验室。与此同时，中国建设性参与联合国信息安全开放式工作组与政府专家组，积极参与联合国教科文组织《人工智能伦理问题建议书》制定工作，深度参与联合国互联网治理论坛，对人工智能等前沿领域有效治理发挥着不可替代的引领作用。目前，中国在网络基础设施建设、网上文化交流、数字经济创新发展、网络安全保障以及网络空间国际治理五大领域全面参与并积极引领全球实践，在助力提升全球数字公共服务水平的过程中，推动全球网络文化交流与文明互鉴。

互联网真正让世界变成了地球村，让国际社会越来越成为你中有我、我中有你的命运共同体。面向未来，我们要同世界各国一道加强团结协作，加快推进全球网络基础设施建设，通过互联网架设国际交流桥梁，积极打造网上文化交流共享平台，推动构建更加公平合理、开放包容、安全稳定、富有生机活力的网络空间，让互联网更好地造福人类社会的发展。习近平总书记关于推动构建网络空间命运共同体的重要理念主张，是数字文明时代，全球实现数字资源共建共享，激发数字经济活力，提高数字治理效能，繁荣数字文化，夯实数字安全基石，促进数字合作互利共赢的康庄大道，为数字文明时代人类社会新领域实现善治提供了科学指引。

第九章
数字经济的发展基础

"十四五"规划和2035年远景目标纲要提出,加快数字化发展。纵观经济社会数字化发展现状与趋势,可以清晰看到,加快数字化发展关键是要筑牢"两个基础",即筑牢数字技术基础,通过加快关键数字技术攻关、实现数字技术自主可控,夯实数字经济发展的基础;筑牢数据资源基础,通过制度建设充分释放数据资源价值,拓宽数字经济发展的前景。此外,还要加快构建数字产业集群,扩展经济发展新空间,打造经济发展新动力。

一、关键数字技术创新

核心技术是国之重器。习近平总书记多次提到要掌握核心技术,并强调指出"互联网核心技术是我们最大的'命门',核心技术受制于人是我们最大的隐患"[1]。数字经济领域核心技术关系国计民生、国家安全和国家综合竞争力,是经济社会发展的

---

[1] 《习近平关于网络强国论述摘编》,中央文献出版社2021年版,第108页。

重要基石。

（一）数字技术攻关的重点领域

一是围绕国民经济主战场确定数字技术突破重心。当前，我们在先进制程集成电路、操作系统、工业机器人等数字技术的掌握上与发达国家还存在较大的差距，要在较短时间内实现缩短差距，甚至弯道超车，就必须立足我国国情，面向世界科技前沿，面向国家重大需求，面向国民经济主战场，确定数字技术攻关方向和突破重心，集中资源和精力打好攻坚战。面向服务战略性新兴产业和先进制造业，要大力推进高端装备制造、智能网联汽车、工业互联网等重点领域数字技术，为构建产业竞争新优势、培育新的经济增长点提供技术支撑。面向服务现代信息技术产业，要集中突破高性能集成电路、芯片等关键电子元器件、数据库和操作系统等基础软件的核心关键技术，不再重蹈关键技术受制于人的覆辙，全面提升产业核心竞争力。面向新的工业革命发展趋势，要重点推动新一代移动通信、下一代互联网、移动互联网、云计算、物联网、人工智能等领域核心技术突破，充分发挥高精尖技术对国家经济社会发展的支撑能力。

二是围绕补齐发展短板确定数字技术突破重点。关键数字技术的突破，既要着眼于强基础，也要着手于补短板，让人民群众能够分享技术革新和进步的红利。要适应人民期待和需求，加快核心数字技术研发，降低产品成本，为老百姓提供用得上、用得起、用得好的信息产品，让亿万人民在共享数字技术成果突破上有更多获得感。要围绕服务实体经济，围绕做好信息化和工业化深度融合，发展智能制造领域数字技术，带动更多人创新创业。要围绕促进保障和改善民生，集中优势资源突破大数据核心技术，加快构建自主可控的大数据产业链、价值链和生态系统，推进"互联网＋教育""互联网＋医疗""互联网＋文化"等，让"百姓少跑腿、数据多跑路"，不断提升公共服务均等化、普惠化、便捷化水平。

三是围绕保障国家安全确定数字技术攻关难点。关键数字技术关系产业命脉，关系民生福祉，更关系国家安全。只有站在维护和保障国家安全的角度上，掌握关键数字技术，才能"操之在我"，才能给企业、人民营造安全的发展和生存环境。当前，我们同世界先进水平相比，同建设网络强国战略目标相比，在很多方面还有不小差距，其中最大的差距在关键数字技术上，这也是核心技术攻关难点所在。要加强对基础技术和通用技术、非对称技术和"杀手锏"技术、前沿技术和颠覆性技术的研究与突破，超前部署、集中攻关，力争实现从跟跑并跑到并跑领跑的转变，努力尽快在关键核心技术上取得新的重大突破。

（二）坚持创新驱动发展战略推动数字技术突破

一是发挥科技创新对数字技术的引领作用。科技是国家强盛之基，创新是民族进步之魂。要突破自身发展瓶颈、解决深层次矛盾和问题，根本出路就在于创新，关键要靠科技力量。要坚持自主创新、重点跨越，努力实现优势领域、关键技术的重大突破，尽快形成一批带动产业发展的数字技术。要加强基础研究，强化原始创新、集成创新和引进消化吸收再创新。围绕世界科学前沿方向和国家战略需求建设一批具有国际先进水平的科研基地，推进有特色高水平大学和科研院所建设。实施一批国家重大科技项目，在重大创新领域组建一批国家实验室，加强大科学装置等重大科研基础设施建设。要坚持前沿导向，采取差异化策略和非对称性措施，强化重点领域关键环节的重大技术研发，突破关系发展全局的重大技术。要着眼战略导向，加强信息安全领域的战略高技术部署，在量子通信等领域部署启动一批重大科技项目，力争在国家战略优先领域率先跨越。

二是强化企业创新对数字技术的主导作用。创新型企业是创新驱动发展的主要载体，企业创新能力是国家竞争能力的重要体现，也是提升国家竞争力的重要基础。一方面，拥有核心技术、实现关键核心技术突破，是衡量一个企业核心竞争力的最重要指标。另一方面，企业是创新的主体，只有发挥企业的积极性、创造性，才能实现核心技术突围突破。因此，要千方百计激发企业内在创新动力，使企业真正成为数字技术创新决策、研发投入、科研组织的主体。要引导企业加大数字技术研发投入力度，加强与市场对接，支持企业推进重大科技成果产业化。鼓励企业选择走符合企业比较优势的自主创新道路，支持行业领军企业构建高水平研发机构，鼓励企业开展基础性前沿性数字技术创新研究，培育具有国际竞争力的创新型企业。充分发挥企业科技人员在数字技术研发、引进、运用方面的作用，激发科技人员创新创业活力，以增强企业在市场竞争中的核心竞争力为目标来提高企业数字技术创新水平。

三是重视成果转化对数字技术的检验作用。实践是检验真理的唯一标准，市场也是检验数字技术和关键产品成熟与否的唯一标准。数字技术研发的最终结果，不应只是技术报告、科研论文、实验室样品，而应是市场产品、技术实力、产业实力。数字技术脱离了产业链、价值链、生态系统，上下游不衔接，就可能白忙活一场。要建设共性技术平台，加快数字技术成果转化。共性技术是介于基础研究和应用研究之间的基础技术，具有通用性、关联性和系统性等特点。加快数字化共性技术的研发，是推动数字技术从理论走向实践、从实验室走向市场的关键所在。支持在具备条件的行业和企业探索新一代数字技术应用和集成创新，加大对共性开发平台、开源社区、共性解决方案、基础软硬件的支持力度，鼓励相关代码、标准、平台开源发展。加强政府对数字化共性技术研发的资金支持，推动平台的研究成果向行业企业公开，促进中小企业低成本应用和融通创新。加快建立主要由市场评价核心技术创新成果的机制，打破阻碍核心技术成果转化的瓶颈，使创新成果加快转化为现实生产力。

（三）坚持开放与自主并重战略开展数字技术突破

一是坚持开放创新兼容并蓄。推动数字技术攻关，要正确处理开放和自主的关系。我们不拒绝任何新技术，新技术是人类文明发展的成果，只要有利于提高我国社会生产力水平、有利于改善人民生活，我们都不拒绝。要开放创新，就要学会站在巨人的肩膀上发展自己的数字技术，否则永远难以追上先行者。中国企业要以全球视野谋划和推动数字技术创新，学会整合全球资源，通过向高手学习，与高手竞争，提高本国的数字技术创新能力。要紧跟世界科技发展趋势，加强科技外交和科技国际化布局的顶层设计，统筹国内国际两个市场两种资源，全面提升国际科技合作水平。要支持企业面向全球布局事关数字技术的创新网络，鼓励建立海外研发中心，按照国际规则并购、合资、参股国外创新型数字企业和研发机构。支持外资在中国设立数字技术研发机构，实现引资、引技、引智相结合。

二是立足自主创新自立自强。核心技术、关键技术、国之重器必须立足于自身。市场换不来核心技术，有钱也买不来核心技术，必须靠自己研发、自己发展。近年来，美国针对中国科技企业的打压和制裁反复说明，核心技术受制于人随时可能会被人反制。要有"十年磨一剑"的定力，坚持不懈地深入研发，在芯片、操作系统等关键数字技术领域，下定决心，保持恒心，找准重心，咬紧牙关，攻坚克难，形成一批拥有自主知识产权的数字技术和产业，把竞争和发展的主动权牢牢掌握在自己手中。要形成新型举国体制下技术突破的有效机制。通过对人才、资金等资源的全局配置，在充分激发市场主体活力的同时，平衡利益分配，不断完善组织管理制度，有力发挥在科技创新领域中"集中力量办大事"的制度优势。以新型举国体制为抓手，筛选若干关键数字技术创新对象，对重点项目进行持续跟进，切实提高关键领域自主创新能力，提升国家创新体系整体效能。

三是推动强强联合协同攻关。关键核心技术作为科技领域的重器，也要坚持"引进来"和"走出去"相结合，积极推动强强联合和协同创新。要打好数字技术研发攻坚战，不仅要把冲锋号吹起来，还要把集合号吹起来，把最强的力量积聚起来，组成攻关的突击队、特种兵。我们同国际先进水平在核心技术上差距悬殊，一个很突出的原因，是我们的骨干企业没有形成协同效应。在数字技术突破上，要彻底摆脱部门利益和门户之见的束缚，心往一处想，劲往一处使，气往一处聚，形成合力干大事。积极组建技术联盟、产业联盟等，加强战略、技术、标准、市场等沟通协作，协同创新攻关。积极探索"揭榜挂帅"制，把需要的关键数字技术项目张出榜来，谁有本事谁揭榜。积极推动国有企业、民营企业联手攻关数字技术，重点发挥龙头企业带动作用，调动一切可以调动的资源，形成上下左右齐心协力协同攻关的局面和机制。

四是坚持安全与发展并重。安全是发展的前提，发展是安全的保障，安全和发展要同步推进。一方面，要站在维护国家安全的高度保障数字技术安全。树立正确的安全观，加强数字技术研发过程中的安全防护，确保研发和实验过程始终在安全环境下进行。要增强网络安全防御和震慑能力，确保关键信息基础设施、关键数据安全可控，不断增强技术对抗能力。另一方面，要积极推动数字技术的推广和应用，提高数字技术服务经济社会发展的能力和水平。还要积极培育公平的市场环境，强化知识产权保护，反对垄断和不正当竞争，保护数字技术研发者的基本利益。

二、数据要素价值释放

以数据为关键生产要素的数字经济成为推动全球经济增长和科技创新的重要引擎，数据在赋能经济社会高质量发展方面的重要作用得到充分彰显。习近平总书记指出："大数据是工业社会的'自由'资源，谁掌握了数据，谁就掌握了主动权。"[①]中共中央、国务院《关于构建更加完善的要素市场化配置体制机制的意见》明确将数据纳入生产要素范畴，并提出加快培育数据要素市场，提升数据资源价值。2022年12月，中共中央、国务院发布的《关于构建数据基础制度更好发挥数据要素作用的意见》提出，

---

① 《联播＋｜赋能新时代　习近平的大数据之道》，《中国青年报》2020年10月10日。

数据基础制度建设事关国家发展和安全大局。要充分释放数据要素价值，关键是尽快建立健全数据要素基础制度，加快数据要素市场化配置，实现数据资源的保值增值。

（一）数据要素价值释放的内涵

一是数据要素的价值释放事关国家发展。数据作为产业转型升级的关键原料，已经完全具备生产要素的属性，在各项变革中展现出令人瞩目的价值潜能，影响着人们生产生活的方方面面，数据要素价值的释放，对服务国家发展全局具有重大意义。其一，数据成为生产要素是适应时代发展的需要。随着数字技术与算力算法的飞速发展，数据的获取与传播更加便捷，且数据具有非竞争性、规模效应显著等特征，引导数据要素参与生产，能够极大改善劳动效率，为生产力的发展提供强大助力，是适应时代发展的需要。其二，数据要素为经济社会建设赋予强劲动能。数据技术带来了生产模式的革新，生产者依据市场数据分析，可以精准把握消费者的个性化需要，提供定制服务。消费者借助数据技术，也可以参与商品的生产、设计与研发等过程，更好地满足自身需求，实现双方的互动和共赢。数据要素还能够提高信息传播效率，有利于构建现代化经济体系，降低生产资源消耗，优化产业资源配置，在价值创造中发挥倍增效应，全面驱动产业效益的提高。数据的合理开放也有利于改进政务工作方式，提高宏观调控的效率与社会治理的现代化水平。

二是数据资源具有鲜明的经济属性。从经济学视角看，数据资源所提供的数据产品、数据服务可以被看作公共物品或私人物品，具有一般物品普遍具有的经济属性。其一是具有稀缺性。萨缪尔森等人认为，经济学的精髓在于承认稀缺性的现实存在。在数据资源稀缺性问题上，很多研究者认为数据资源具有海量特征和非排他性，不存在稀缺性问题。但从稀缺性定义来看，稀缺性包括绝对稀缺和相对稀缺，而数据资源由于存在资源分布不均衡、资源管理不规范和资源质量普遍不高等问题，其在满足社会需求方面存在有限性，从这个角度看，数据资源符合稀缺性特征。其二是具有有价性。数据资源是当前和今后人类生产生活不可或缺的重要物质，其使用价值体现在多个方面，如可作为消费品，满足各类市场主体所需；可作为生产原料，直接或间接作用于产品生产。数据资源所具有的使用价值，决定了其价值可衡量化和价格可度量化。其三是具有增值性。数据资本是数据资源经济化的最终形态，资本能够使资源保值增值，带来未来收益。我国第一家大数据交易机构——贵阳大数据交易所在成立伊始就明确采用增值式交易服务模式，以更好地反映数据交易的乘数价值。既然数据价值呈现增值趋势，我们就可以进行数据投资，推动数据资本的增值。其四是收益性。数据资源的收益是数据资源所有者权益的体现。只有形成合理的数据收益分配机制，激发数据所有者的积极性，才能提高数据配置效益和效率。数据资源的收益性也决定了数据定价机制和数据参与分配机制的重要性。综上，数据资源价值释放是数据要素经济属性得以充分彰显的必要途径。

三是数据基础制度对数据要素价值释放至关重要。当前，数据作为生产要素的作用尚未充分发挥，主要原因之一是数据基础制度还不健全。新一轮机构改革，党中央组建国家数据局，主要职能包括协调推进基础制度建设。深刻理解数据基础制度的内涵，构建适应数据特征、符合发展规律的数据基础制度，对促进数据要素作用有效发挥、充分释放数据要素价值意义重大。其一，推进数据产权制度。产权是市场交易的基础，完善的数据产权制度，是数据要素实现高效流通的必要前提。数据权属的确定，有利于明确数据交易主体的责任和权利，保护各自的合法权益，形成良好的数据交易秩序。数据所有者在相关法律的保护下，可以自主积极、创造性地挖掘数据价值，将各类沉积的数据变为资产。其二，推动数据流通交易制度。数据和土地、资本、劳动力等生产要素一样，只有流通才能发挥作用。让数据作为生产要素在更广范围、更高效率、更深领域流通，是决定数据要素市场发展进程的关键一环。其三，推动数据收益分配制度。建立完善数据收益制度，引导数据要素参与生产分配，是实现财富再分配、社会公平有效的重要手段，是完善我国收入分配格局、规范收入分配秩序的重要举措。数据要素按贡献参与分配是激励多元主体参与数据要素市场发展的有效举措，可以充分激发不同主体挖掘数据要素的热情。

（二）积极探索数据基础制度建设

一是加快构建数据产权制度，夯实数据要素市场基础。一方面，在现行法律的基础上，加快制定数据产权制度。根据个人、企业和政府等不同主体的类型，针对不同主体对数据的持有权、使用权、经营权、收益权等权利进行分类，加快形成公开、全面、迭代的数据产权制度，明确数据产权的正确界限。促进公共数据、企业数据、个人数据分级分类授权使用，在数据资源持有权、数据加工使用权、数据产品经营权等产权分置运行机制基础上，对数据收集、处理等各个环节中不同主体的持有权、使用权和收益权等权利予以明确。另一方面，根据不同数据类型，构建相应的数据权益保护机制。对于公共数据，强化行政法领域公共数据开放、信息公开等制度的设计与衔接，明确其他主体申请获得公共数据的权利。对于企业数据，在坚持公司自治的基础上，应当维护合法高效的数据要素市场秩序，防止因数据滥用引发整体竞争秩序混乱。对于个人数据，在民事一般法范围内依个人数据敏感程度进行层次化的权益保护，并适当改进相关侵权行为认定与评价规则，从正反两方面构建个人数据权益民事法规范。

二是加快构建数据流通交易制度，激发数据要素市场流通活力。其一，研究制定公共数据授权运营管理办法，从授权管理主体、授权对象资质、授权运营场景、授权管理程序、收益分配机制、运营评估标准、授权期限及退出机制等方面作出要求和进行规范。其二，研究制定数据交易场所管理办法，明确国家数据局作为数据统筹管理机构对数据交易进行统一管理，引导场内外数据交易合规发展。统一数据交易规则，规范数据交易流程，建立数据交易登记、数据定价、数据交付和使用、结算等配套机制，提高数据交易效率。其三，通过减免会员费、中介费等手段，吸引龙头大数据技术厂商、数据服务供需方、金融机构、高校科研院所、第三方机构等相关主体开展数据交易探索，繁荣发展数据流通交易市场。其四，围绕数据采集、清洗加工、增值服务、交易流通等方面需要，集聚一批优质企业，孵化培育数据服务生态。其五，积极开展数据跨境流动国际规则的研究和实验，探索数据跨境流通合作新途径、新模式。

三是加快构建数据收益分配制度，保障数据要素市场主体合法权益。我国分配制度的发展方向一般为：完善市场初始分配机制，在初次分配中提高劳动报酬所占比例，提高我国中等收入人群比例；调整再分配机制，提高税收、转移支付和社会保障的精度和强度；创新三次分配机制，从道德意愿出发，开展慈善捐赠。国民收入分配和再分配理论表明，社会分配关系来源于生产关系。中国特色社会主义的数据要素参与分配的分配机制应当反映数据要素市场生产关系的特点。根据"三次分配"理论，数据要素收入分配机制主要包括一次分配、二次分配以及三次分配。其中一次分配为主，二次分配和三次分配为辅。一次分配机制的关键在于分配主体的选择，分配多少以及如何分配问题。二次分配机制应在政府的主导下，以税收、监管、公共数据收益分配等为抓手，保障数据要素机制分配公平，激励各主体参与要素市场建设。三次分配机制的关键在于鼓励企业和个人以慈善的形式参与数据要素市场建设。

四是加快构建数据治理制度，形成数据治理新格局。数据治理是一项系统工程，需要党和政府、各行业组织、各企业主体等协同治理。通过数据治理实践，让各方真切体会到数据的潜力和活力，刷新数据理念和认知模式，引导公众树立数据治理意识，减轻政策执行阻力。其一，应当建章立制，创新数据治理工作的领导机制，明确"一把手"责任制，并纳入政府绩效考核体系。其二，充分发挥国家数据局和各级数据管理机构的作用，建立统一的数据管理制度，制定规范化数据管理流程。其三，从产业角度看，数据产业的利益主体囊括政府、企业、个人及其他社会组织，应当充分发挥政府、企业、社会组织等多元主体的积极作用，强化各主体的服务型思维、创新性思维和共享性思维，构建全社会数据治理共同体。

（三）积极推动数据要素市场化

一是加快推动数据要素资本化。资本化就是通过将土地、资产、劳动者未来收入、数据等要素资源，以产权化、证券化等形式转变成可以流通的资本。数据要素资本化就是通过一定手段，将数据要素盘活，使之成为能增值的数据资产，进而成为数据资本，通过资本运营实现其价值，这一过程就是数据要素资本化。一方面，资本化有利于规范管理数据。数据要素资本化要求数据治理要在阳光下进行，数据交易要按照公开、透明的市场化机制开展，数据经营要接受法律、市场和公众的监督。另一方面，资本化有利于数据保值增值。资本化更强调利益分配，在市值考核、分红激励的驱使下，利益相关方更有动力推动实现数据要素价值最大化，进而实现数据的保值增值。数据要素资本化一般遵循"数据要素资产化—数据资产资本化—数据资本交易化"的路径发展。从数据要素资产化来看，数据要素资产化意味着将数据要素及其附属产权作为一种资产，建立以产权保护、产权约束为基础的管理体制，进而实现数据从虚拟形态的资源管理到价值形态的资产管理的转化。数据要素资产化的核心是数据产权的确定和保护。从数据资产资本化来看，数据要素转化为数据资产并进入经济社会领域，通过市场化经营和运作产生增值效益，才能转化为数据资本。数据资产资本化意味着具有相对明晰产权的数据要素完成资产化后，以数据资产及其附属产权形式进入市场，从而实现资本增值属性，提升数据要素价值。从数据资本交易化来看，数据要素的生产价值通过数据资本的运营转化到数据产品或服务中，经过市场交易、金融创新实现价值升值和价值交换。数据资本交易化要重点解决两个问题：市场化定价机制和市场化交易机制。

二是加强数据安全保护与利用。数据要素市场化是将数据要素不断推向市场的过程,市场关注效率,要求加快数据开发利用,但市场也会失灵,需要加强规制和治理。一方面,加强数据安全管理。数据要素市场化绝不意味着效率至上、效益至上,数据的安全使用、合规使用仍然是需要关注的重点。要根据行业类别、数据类型、数据规模和主要用途等要素,合理确定数据敏感程度和安全级别,有效做好数据安全保护;加强涉及公民个体和市场主体的数据隐私保护,坚持非必要不收集隐私数据、非必要不使用隐私数据的原则,努力打消数据生产者的顾虑;发挥区块链技术在防止数据篡改、实现数据溯源等方面的作用,解决市场主体之间的数据信任问题。另一方面,推动数据高效利用。既要加强数据标准体系建设,有效降低数据流通和二次开发的成本,又要提高数据开放的频次和质量,特别是针对政务数据、社会公益性公共数据,要增加市场主体反馈机制,助推数据主体提升数据开放质量。可以说,在统筹数据保护和利用的制度供给方面,既要坚持防止数据过度采集、非法滥用,也要避免数据过度保护,从而抬高市场主体合规成本并进而抑制市场创新活力。

三是创新数据投资运营模式。数据要素市场离不开金融支持与金融创新,如发展与数据要素相关的股票、证券、基金、保险、期货、期权等资本市场,这是市场主体投资于数据资产而获取收益的主要方式。其一是鼓励银行规范开展数据质押。数据质押是指,银行向市场主体提供贷款的前提条件是将市场主体产生的有关真实数据授权给银行使用,银行通过评估数据真实价值以及隐含风险，实现对贷款主体的风险评估。要在已经开展数据质押业务的基础上，进一步规范数据质押管理。例如，建立数据质押风险预警模型，利用大数据技术分析质押客户的消费和投资偏好、社群影响力等，进而合理确定风险利率；建立数据交叉验证机制，通过收集外部数据验证质押数据的真实性。其二是建立数据资产证券化机制。数据资产证券化是以数据为基础资产，以数据资产经测算后预计产生的现金流为偿付来发行证券。建立健全数据资产登记、评估机制，率先推动权属无疑义、安全有保障、预期有收益的数据资产直接参与股权融资，实现真正意义上的数据证券化。其三是加强数据资产金融产品创新。重点围绕工业大数据、服务业大数据等领域开发相关保险产品和信贷产品，提升金融对数据要素市场的服务水平。

三、构建数字产业集群

党的二十大报告提出，"加快发展数字经济，促进数字经济和实体经济深度融合，打造具有国际竞争力的数字产业集群"[①]。数字产业集群则是数字经济发展的高级形态，是经济体向"群体合作共赢"转换的全新模式，是推动我国经济转型升级、提升产业国际竞争力的有力举措。从广义上来讲，数字产业集群是通过

---

① 《习近平著作选读》第1卷，人民出版社2023年版，第25页。

数字化方式对集群活动进行管理，并以此吸引更多的技术、数据等要素资源以及企业、机构等主体参与集群建设。数字产业集群作为数字经济发展到特定阶段的产物，即遵循一般产业集群的发展规律和特点，又有其自身的特征和发展路径。

（一）构建数字产业集群的理论和实践逻辑

一是从产业集群理论看，建设数字产业集群有利于产业集群理论的丰富和完善。产业集群理论是以地理空间为基础的产业组织理论，其基本内涵是：在一个特定的区域或领域，聚集着一组相互关联的企业、供应商和专门化的行业组织，通过区域聚集形成资源聚集和市场竞争，使企业共享区域公共资源、基础设施和外部经济，降低企业经营成本，提升特定区域或产业的综合竞争力。产业集群理论特别强调两点：形成物理空间聚集，相关资源、企业和机构要在一定区域内有实体存在；锚定特定产业聚集，在一定物理空间内形成特定产业链上各类供应商的汇集。数字产业集群一般理解为从事数字产品制造、提供数字产品服务、开展数字技术应用、通过数字要素驱动的企业主体及相关机构组成的企业集群。一方面，数字产业集群更强调技术、算法、知识产权等无形要素的集中，对传统意义上的土地、设备等有形要素的依赖性下降，这就决定了数字产业集群在一定程度上打破了传统产业集群必须形成物理空间集聚的特质。另一方面，数字产业集群具有典型的数字化、智能化、融合性特征，这就决定了其可能不再拘泥于某个产业、某类产品，而是聚焦某类应用、某类服务，如人工智能数字产业集群可能作用于无人驾驶、智能翻译等多个产业，扩大了传统产业集群对特定产业的限定。因此，建设数字产业集群有利于丰富和完善产业集群理论，是对产业集群理论内涵和特征的再认识、再扩展。

二是从产业集群实践看，建设数字产业集群是实现数字经济高质量发展的必然举措。数字经济和数字产业的发展需要创新和合作，而数字产业集群可以提供一个创新和合作的平台。数字产业集群高度依赖信息网络、互联网平台开展协同设计和制造，通过数字化方式对集群内的资源、实体和活动进行管理，并以此吸引更多的资本、人才、数据等要素资源以及企业、机构等主体参与集群建设，既提高了集群的效率，也提升了产业的价值。从国内外来看，数字产业集群的实践已经取得了显著成果。例如，北京、深圳、广州、杭州等城市已经形成了以互联网、电子商务等数字产业为核心的数字产业集群，成为数字经济和科技创新的重要基地。世界知识产权组织发布的2022年版《全球创新指数报告》显示，我国的"深圳—香港—广州"位列全球科技集群第二名，美国旧金山的硅谷是世界最为知名的电子工业和数字产业集中地，印度科技之都班加罗尔也被誉为"亚洲的硅谷"，这些地方的经济活力、科技创新能力、发展潜力都处于世界前列。从世界发展格局看，全球数字经济正在飞速发展，围绕数字经济的国际竞争不断加剧，数字产业集群能够带动区域经济的快速发展，提高地区的综合竞争力。特别是随着我国数字经济发展和演进，涌现出一批数字产业集聚区和数字产业集群，有力支撑了我国经济高质量发展。

三是从数字经济特征看，建设数字产业集群是破解传统产业"集群病"的有效举措。一般认为，产业集群是工业尤其是制造业的重要空间特征。虽然现代产业集群包含的范围已经不再局限于制造业，也包括服务业、文化产业和科技产业等，但制造业仍然是产业集群的主要内容。制造业产业集群在发展初期通常都表现出比较强的经济带动、资源汇聚和产业聚集效应，产业规模在集群内扩张速度比较快。但随着市场需求逐渐趋于饱和、同质产业竞争态势加剧、集群内企业生产经营惯性等因素，制造业产业集群一般都不可避免地陷入市场占有率变小、创新能力变弱、环境污染突出等困境，我们将其称为"集群病"。比如，曾经辉煌的美国汽车制造业产业集群所在地底特律，就是因为日本等汽车产业的崛起和竞争，以及在回应自动化技术应用方面比较迟缓，导致需求持续减少，产业持续萎缩，陷入难以逆转的衰退。而数字产业集群本身具备先进的信息技术和通信设施，能够为集群企业提供数字化转型的技术支撑；此外，数字产业集群还具有共享资源、协同创新、提高效率、降低成本等优势，能够为集群内外的企业和机构创造产业联动效应，从而实现产业创新链、产业链和价值链的深度融合，形成具有数字化特征的集群生态系统，推动集群内企业向产业高端迈进，协助传统产业集群跳出"集群病"

魔咒。

四是从要素市场发展看，打造数字产业集群有利于发挥数字技术和数据要素的价值。根据加尔布雷思的权力转移理论，人类社会的"最重要的生产要素"在经济中的重要性会随着社会形态、社会阶段的变化而不断发生变化。在不同的社会和同一社会的不同时期，谁掌握了最重要的生产要素，谁就掌握了权力。在农业社会阶段，最重要的生产要素是土地和劳动力，因此权利掌握在封建主手里；在工业社会阶段，最重要的生产要素是劳动力和资本，因此权利掌握在资本家手里；在信息社会阶段，最重要的生产要素是资本和技术，因此技术性组织掌握大量社会财富；当前，人类社会进入以数字技术、数据要素为主要特征的数字社会阶段，最重要的生产要素是技术和数据，谁掌握了这两种要素，谁在一定程度上就具备了引领经济社会发展的基本能力。而数字技术、数据要素如果孤立存在是很难发挥价值的，两者必须走产业之路、与产业结合，才能实现价值化、商业化。数字产业集群可以为数字技术、数据要素的共享和交流提供平台，为数字技术、数据要素的整合和应用创造条件，有利于这两种新型生产要素充分释放价值。同时，技术和数据运用到产业集群中，也能够推动产业集群的创新和升级，提高集群和集群企业的效率和竞争力。

（二）构建数字产业集群要处理好的关系

一是处理好集群的"实体化"与"虚拟化"的关系。众所周知，产业集群的核心是产业集聚，是同一产业在某特定地理空间内的高度集中和产业资本要素在特点空间范围内的不断汇聚。产业集聚的过程一般伴随着区域内基础设施、生产设施、服务设施等配套设施的建设，并在集聚机制的作用下，区域内实体经济企业不断汇聚，区域内生产链分工不断细化，企业一对一的对接联系更加精准，企业群劳动生产率不断提高，产业集群"实体化"运行的特点比较突出。而数字产业集群主要是通过网络平台实现网络化协同研发、协同生产，而提供数字技术、数据要素、算法支持的企业不一定在同一区域内，在某种程度上摆脱了地理空间的束缚，呈现"虚拟化"运行的特征，这是数字产业集群与传统产业集群的主要区别之一。集群"虚拟化"相比"实体化"有两个明显优点：其一，减少产业集聚的成本。实体企业的聚集涉及企业迁入成本的计算，以及企业迁移后对迁出地经济影响的计算，迁入地还要配套很多基础设施，具有一定的"不经济性"。相较而言，"虚拟化"集群不存在这种成本投入。其二，减少产业走向单一化的风险。早在1890年，马歇尔就在产业区位理论中提出，产业专业化能够带来集聚外部性的同时，也会造成集聚区内劳动力和产品等要素需求的单一化，最终导致集聚区内所生产的产品不被市场所需求甚至需求减少，产区发展将受到损害。迈克尔·波特在《簇群和新竞争学》一文中也指出，集群产生后就处于动态演化中，可能由于外部的威胁或者内部的僵化而失去竞争力。"虚拟化"产业集群则因为数字化所天然具备的融合性、渗透性、流动性等特点，能够便捷地吸收新知识、新技能，使得集群呈现动态发展、多样化发展的趋势，自然也更具活力和竞争力。

二是处理好"数字化集群"与"集群数字化"的关系。数字产业集群的概念有狭义和广义之分。我们通常理解的数字产业集群是指围绕提供数字产品而从事生产、服务活动的企业集群。从狭义范畴看，数字产业集群主要是依靠数字技术、数据要素和数字平台而发展起来的，其产品具有高度的智能化特征。在这类集群中，数字要素是战略性支撑资源，数字消费品是集群最终产品，因此集群表现出强数字化特质，一般称为"数字化集群"。从广义范畴看，随着数字技术的不断发展和渗透，其与经济社会发展特别是生产消费环节的融合越来越深，传统产业集群也在向数字化、智能化、协同化方向快速发展。这时，数字化虽然不是集群核心特质，但已经渗透到集群中的每个企业、每个机构和每个业务流程，是集群维持产业利润、保持产业竞争力不可或缺的重要组成部分，我们将传统产业集群表现出来的这种数字化特征称为"集群数字化"。应该说，"数字化集群"是推动数字技术和数字要素发展、培育数字产品和数字设备的重要生产方式，是推动"数字产业化"的主要途径。而"集群数字化"是推动数字产品和数字技术广泛应用、实现传统产业集群转型升级的重要方式，是实现"产业数字化"的主要途径。从"数字产业化"和"产业数字化"的关系来看，数字产业化是基础，产业数字化是目标，经济发展最终还是要走向全产业数字化，发展"数字化集群"在一定程度上也是为了推动实现"集群数字化"。因此，建设数字产业集群既要注重发展"数字化集群"，也要注重推动"集群数字化"。

三是处理好数字产业发展和数字产业安全的关系。从近几十年的发展来看，在经济全球化的背景下，产业集群表现出很强的竞争力，也出现了很多成功集群的案例。然而，也要看到，并不是所有的产业集群都是成功的或者能够持久保持竞争优势的，有的只是昙花一现，有的则陷入发展困境直至衰落。现有研究表明，导致集群老化或消亡的原因包括结构性风险、周期性风险、制度性险、竞争性风险以及政策性风险等。数字产业集群相比传统产业集群虽具有较强的创新性，但同样存在上述风险，而且其面临的安全风险更具特殊性，也更难以把控。其一，网络安全的风险。数字产业集群高度依赖互联网、大数据等技术，比如智能驾驶产业集群、智能语音产业集群等，这类集群企业极易受到网络攻击和噪声数据干扰，产品的安全风险更高。其二，技术自主可控性不足的风险。数字产业集群涉及通信技术、算法技术和高精度制造技术等，这些技术具有高度的标准性、排他性和动态性，且进入壁垒比较高，往往被全球为数不多的实体机构所掌握，一般的企业集群很难控制这些技术的走向。因此，建设数字产业集群要格外关注其安全性问题，否则集群的发展难以持久。

（三）数字产业集群的构建路径

根据国家竞争优势理论，影响产业发展的主要因素包括生产要素、需求条件、辅助行业、市场竞争、政府作用和发展机遇。发展机遇可遇而不可求，这里不作为制定政策建议的研究内容，主要从其他五个方面来探析如何建设数字产业集群。

一是从生产要素看，要充分发挥技术和数据等要素的竞争优势。国家竞争优势理论认为，要素包括初级要素和高级要素两大类，前者包括自然资源、地理位置，后者包括通信设施、复杂劳动力、科研设施以及专门技术等，而高级要素对产业竞争优势具有更重要的作用。对数字产业来说，高级要素包括数字技术、数据要素和人力资本。其一，加强数字技术研发。要发挥市场活力与制度优势，加强对基础技术、关键共性技术的研发创新支持，促进"政产学研用"协同创新，加快突破数字领域的技术瓶颈，推动新一代数字技术在数字产业的集中应用。其二，加快推动数据要素价值化。加快推进全国一体化大数据中心体系建设，充分发挥国家算力枢纽节点和国家数据中心集群的作用。激活数据要素价值潜力，实现数据要素红利向产业发展能力的转化。其三，加强数字人才要素支撑。以国家实验室、重点企业研发机构等为平台载体，以引进人才、留住人才的各项制度和政策为基本保障，增强对全球数字化优秀人才的吸引力。同时，重视基础教育，为数字经济发展储备后备人才，加快人力资本积累。

二是从需求条件看，要积极推动生产和消费场景的数字化。国家竞争优势理论认为，国内需求市场是产业发展的动力，如果本地的顾客需求领先于其他地方，将为本地产业发展带来优势，因为先进的产品需要前卫的需求来支持。这里的客户，从狭义角度看主要是终端消费者，从广义角度看也包括产业链上的非终端产品供应商。中国是人口大国和消费大国，构建适度超前的数字化生产和消费场景，有利于数字技术、数字产品的不断成熟，也有利于数字产业的持续发展。从有利于企业生产的角度看，要系统梳理共性问题和需求，以共性场景作为突破点，将数字化转型场景贯穿产前、产中和产后不同环节及企业内部的组织管理，由点及面将共性需求转变为系统解决方案和产品。从有利于用户消费的角度看，要创新消费场景，如鼓励发展定制消费、体验消费、智能消费等新型消费，加快云零售、云商超等新场景建设，发展"无接触交易服务""无人化服务"等服务模式，通过创新消费场景带动数字技术和数字产业向新应用领域不断渗透。

三是从辅助行业看，要重点推动数字产业化和产业数字化发展。国家竞争优势理论认为，一个优势产业不是单独存在的，它是同国内相关强势产业一同崛起的。产业要形成竞争优势，就不能缺少世界一流的供应商，也不能缺少上下游产业的密切合作。因此，推动数字产业集群发展，还必须从数字产业本身和上下游产业的数字化上发力。在数字产业化方面，围绕打造战略竞争优势，加快推动代表国家战略方向、创新密度高、市场潜力大的产业集群化发展，如下一代通信技术、先进制程集成电路、智能网联汽车等，增强产业链供应链竞争力，形成全局带动效应；围绕抢占新兴领域发展先机，鼓励推动云计算、大数据、工业互联网、区块链、人工智能等新兴产业集群化发展，通过规模集聚、优势互补促进新兴产业高速成长。在产业数字化方面，持续推动数字技术、数据要素与实体经济深度融合，打造以智慧农业、智能制造、智慧物流、数字金融等为代表的新产品新业态新模式；推动数字技术向传统产业渗透拓展，积极探索各类数字化应用场景；加快传统产业数字化转型，培育发展一批数字化转型技术、产品、服务和解决方案，逐步引领产业集群向更高质量、更高水平演进。

四是从市场竞争看，要坚持对内发展龙头企业和对外扩大开放合作并重。推进企业竞争关键是要有一定动力，这种动力可能来自国际竞争，也可能来自本土竞争，而最佳的国内竞争状态是有两到三家影响力和实力较大的企业，用规模经济和域外企业抗衡，并促进内部运作的效率化。一方面，要积极培育国际标杆数字企业。培育一批具有资源配置力、生态主导力、国际竞争力的龙头企业和细分领域"专精特新"企业，发展壮大现有科技头部企业，加快引导以流量为核心的平台企业向价值型平台进化升级。同时，积极构建头部企业协同中小企业和创新企业蓬勃发展的"雁阵式"格局。另一方面，要扩大数字产业对外开放合作。推动集群优势数字产品、数字技术、数字企业"走出去"，开展与国际标准衔接的技术标准、监管规定等制定。继续推动加入《全面与进步跨太平洋伙伴关系协定》和《数字经济伙伴关系协定》，促进产业升级和服务贸易、数字经济的协同发展；积极参与有关数字技术领域的国际治理体系变革，为国内数字技术研发和应用争取更大的空间。

五是从政府作用看，要积极为产业集群数字化发展创造政策环境。虽然从事产业竞争的是企业，而非政府，但政府能够为企业经营提供所需要的资源，为产业发展创造好的市场环境。其一，制定产业集群数字转型的路线图。合理界定各方职责，联合集群生态内的各类机构，统一产业集群数字化转型的目标，达成产业集群数字化转型的共识，分步骤有序推进集群数字化转型发展。其二，加大对中小企业的数字化转型支持。推动园区平台、产业服务平台和工业互联网平台等对中小企业延展服务边界，加强数字化转型培训、直播等数字载体建设、标准化服务供给等，为中小企业创新发展赋智赋能。其三，加强数字产业集群基础设施建设。新基建是数字产业集群的最重要的基础设施，也是数字经济的"大动脉"。要完善数字技术基础设施，集约高效建设5G、卫星互联网等新型信息基础设施，为产业集群数字化转型提供基本支撑。此外，还要继续优化数字经济营商环境，以公平的市场竞争保障数字企业健康发展。

第十章
数字经济的发展现状

世界经济数字化转型是大势所趋，主要国家均把加快发展数字经济作为抢占未来制高点、重塑国家竞争力的战略举措。近年来，数字经济快速发展，已成为主要国家的支柱产业，增加值占国内生产总值（GDP）的比重在6%~10%。数字经济在美国是第四大行业（2021年），在我国是第五大行业（2020年），在加拿大（2020年）和澳大利亚（2021年）均是第七大行业。其中，中美欧是全球数字经济三强，三者各有特点，分别在市场应用、技术创新和监管规制方面具有突出优势。

一、美国数字经济发展状况

美国数字经济的领先主要是因为技术原生优势、强大创新能力和政府的大力推动。1993年，美国出台信息高速公路战略，从而掀起了数字经济发展的新浪潮。美国商务部出台了《数字经济日程》，成立了数字经济咨询委员会，发布多份报告。美国还成立了数字贸易工作组，推出数字专员制度，以快速识别数字贸易壁垒，帮助美国企业拓展全球市场。

（一）数字经济规模持续扩大

美国是全球数字经济"领头羊"，总体规模位居首位，且保持高速增长。根据美国商务部经济分析局（BEA）数据，2016—2021年，美国数字经济（本章提及美国数字经济时，引用数据为数字经济核心产业）实际增加值年均增长率高达6.7%。2021年实现强劲增长，增加值规模为2.41万亿美元，按不变价增长9.8%，远高于同期GDP增速的5.9%；数字经济核心产业增加值占GDP的比例达到10.3%，是继房地产和租赁业（12.6%）、政府（12.1%）、制造业（10.7%）之后的全美第四大行业。

美国数字经济由基础设施、电子商务、收费的数字服务和联邦非国防数字服务四部分组成。2021年增加值情况如下：一是基础设施的增加值规模为9107亿美元，占数字经济总体的37.8%。其中，软件增加值为6005亿美元，占比24.9%，是数字经济中最大的二级子行业，且保持快速增长。二是电子商务增加值为5585亿美元，占比23.2%；同比增长6.9%，不及数字经济整体增速。电子商务发展呈现一快一慢结构，B2C部分增长迅猛，B2B部分相对较慢。三是收费的数字服务增加值为9386亿美元，占比39.0%。其4个二级子行业呈现"大者慢，小者快"的特征。电信服务是最大的子行业，占比17.8%；但增速也是最低的，仅为6.3%；云服务是最小的子行业，但增速最快，高达19.3%，也是所有二级子行业中增长最快的。四是联邦非国防数字服务的增加值仅为2.58亿美元，占数字经济的0.01%。不仅规模小，而且是唯一负增长的领域，降幅达9.3%。按不变价，它从2014年的2.77亿美元一路连续下跌，已有7年。

（二）美国数字经济的突出优势

美国数字经济发展的优势十分突出，相较而言，主要体现在技术、国际化和人才三个方面。

一是技术优势，美国长期引领着数字技术发展方向。学者普遍认为，现代计算机源于战争。第二次世界大战中，同盟国为满足快速计算需要，在艾伦·图灵和冯·诺依曼等科学家的指导下开始研发数字计算机。1946年2月14日，埃尼阿克（ENIAC）经过三年研发，在宾夕法尼亚大学宣布诞生，这是世界第一台通用数字计算机，被认为数字时代到来的标志。凭借先发优势和长期技术积累，美国引领着数字技术方向，作出了多数重要发明，如阿帕网、晶体管、集成电路、微处理器、移动电话和PC等。当下，生成式人工智能浪潮席卷全球，这是由美国OpenAI公司开发的自然语言处理工具ChatGPT所开启的。美国还在全球率先提出并塑造了多数数字理念，引领着数字经济舆论方向，如人工智能、共享经济、电子政务、电子商务、大数据、物联网、云计算、智慧城市、工业互联网、元宇宙等。

二是国际化优势，美国企业的国际化能力突出。对很多国家而言，国际化是企业走向成功的重要标志之一。企业需要克服语言、文化和资源等方面的不足，还要提供优质的产品和专业的服务，才能和东道国企业开展市场竞争。因此，国际化的难度较大，一般只有有实力的大企业才能走出去。而美国企业国际化具有很强的优势，它们天然是国际化公司，面向全球提供服务。美国企业平均有35.9%的收入来自美国之外，其中科技行业国际收入占比最高，达55.86%。头部科技巨头企业中，苹果、Meta、Alphabet和微软的国际收入占比均在一半以上。美国很多创业公司也是国际化公司，例如，金融科技独角兽Spoton成立于2017年，业务早已拓展到墨西哥和波兰两国；人工智能创业公司Typeface于2022年5月才创立，目前已在印度设立办公室。

三是人才优势，移民撑起美国数字经济"半边天"。美国高等教育发达，是一个多元化的移民国家。根据国际移民组织（IOM）发布的《2022年世界移民报告》，美国是迁入移民的最大目的地国，规模超过第二至第五名（德国、沙特阿拉伯、俄罗斯和英国）之和。根据美国人口普查局数据，2021年美国有4530万名移民，占总人口的13.6%。其中，加州的移民比例最高，达27%；加州也是全球数字经济最发达的地区。移民更具冒险意识和创新精神，他们撑起了美国数字经济的"半边天"。根据凯鹏华盈（KPCB）数据（2019），在美国市值最高的25家科技公司中，有15家是由第一代或第二代美国人创建或参与创建。雅虎、eBay、Google、Meta、PayPal、Zoom、Uber、Snowflake、Palantir、Slack等众多数字公司是由第一代移民创建（或联合创建），苹果公司创始人乔布斯是第二代移民，亚马逊创始人贝索斯的继父是古巴移民。美国数字公司还聘请了众多外国人担任重要岗位，微软、Alphabet、Adobe、IBM等公司的CEO都是印度裔，他们在印度出生并读完本科。

二、欧盟数字经济发展现状

欧盟数字经济发展重视制度建设，近年来取得了一定成绩，数字化转型加快推进，科技独角兽迅速崛起。但发展不平衡的问题依然存在。

（一）成员国间数字经济发展不平衡

根据中国信息通信研究院对47个国家数字经济规模的测算，2021年欧盟26国（马耳他未纳入测算）数字经济规模总计达63539亿美元，接近我国70576亿美元的规模。其中，德国、法国和意大利位居前列，规模分别为28767亿美元、13637亿美元和4285亿美元，依次居全球第3位、第6位和第11位。由于成员国大小不一，数字经济规模差距较大。大者如德国和法国，规模在1万亿美元以上，跻身世界前列；小者如斯洛文尼亚、爱沙尼亚、拉脱维亚和塞浦路斯，规模尚不足100亿美元。

欧盟委员会发布的《2022年数字经济和社会指数（DESI）

报告》，从人力资本、数字基础设施、企业数字化和公共服务数字化四个方面对欧盟数字经济进行了评估。通过指数的方式，可有效规避经济规模上的差异，但结果显示不同成员国之间的差距仍然较大。其中，芬兰、丹麦、荷兰和瑞典位居领先地位，得分在65分以上；罗马尼亚、保加利亚和希腊三国排名最低，得分不足40分；法国和德国位于中游水平，得分分别为53.3分和52.9分。欧盟近年大力推动数字单一市场建设，数字化转型取得了积极进展，但成员国数字化进度不一、发展不平衡的问题仍然存在。

（二）加快推动产业数字化转型

欧盟是工业4.0和第四次工业革命思想的发源地，长期以来十分重视数字化发展，积极倡导并大力推动数字化转型，取得了显著成效。根据欧盟委员会（2016）数据，欧洲近1/3的工业总产值增长归功于数字技术的采用。欧盟委员会先后出台《数字单一市场战略》（2015年）、《欧洲工业数字化战略》（2016年）、《欧盟人工智能战略》（2018年）。2019年上任的冯德莱恩委员会将数字提升为主要施政重点，全面布局数字化转型。

2020年，欧盟密集发布用于指导欧洲适应数字时代的总体规划——《塑造欧洲的数字未来》《欧洲新工业战略》《欧洲数据战略》《人工智能白皮书》，旨在对欧盟数字化进行总体规划，重新定义并扩大其数字主权，建立基于规则和标准的数字空间框架。

2021年，欧盟委员会发布《2030数字罗盘计划：数字化十年的欧洲道路》纲要文件，提出未来10年欧盟推动数字化转型的具体目标与实施路径，确定了"提升整体人口的数字技能，扩大数字专业化人才规模""构建安全、高性能和可持续的数字基础设施""加速推动企业数字化转型""加速公共服务向数字化转型"四个方面的具体目标，提出了完善欧盟内部数字化治理、推进多国项目、构建数字十年国际伙伴关系等实现路径。

2022年，欧盟委员会发布《芯片法案》，旨在减少欧盟对外国制造商的脆弱性和依赖，同时加强欧盟的芯片工业基础，提高欧盟在芯片领域的供应安全性、弹性和技术主权。法案要求，到2030年，欧盟芯片产量占全球的份额从目前的10%提高至20%。该法案已于2023年7月由欧洲议会通过。

（三）科技独角兽迅速崛起

近年，欧盟的创新水平进步很大。欧盟发布的《2023年欧洲创新记分牌》对框架条件、投入、创新活动和影响4个要素下12个创新维度的32个指标进行测度。结果显示，2016—2023年欧盟的创新绩效增长了8.5%。与纳入测度的11个竞争对手相比，欧盟的创新绩效表现位居第5位，落后于韩国、加拿大、美国和澳大利亚，领先于日本、中国、巴西、智利、印度、墨西哥和南非等7个国家。

进入21世纪以来，欧洲的数字科技逐步从全球竞争的"局外人"成长为重要参与者。根据Dealroom发布的《2023年欧洲科技优势》，2022年，欧洲吸引了全球20%的风险资金，而20年前（2003年）仅有5%；吸引了全球36%的种子资金，而20年前仅有8%。2022年，欧洲共获得920亿美元风险投资，20年增长100倍。其中，金融科技、医疗健康和企业软件三个领域在近20年获得投资额位居前三，分别占17%、13%和12%。

长期以来，美国和中国的独角兽遥遥领先。近年，欧盟快速追赶，独角兽数量大幅增加。根据CB Insights数据（截至2023年9月26日），欧盟共有104家独角兽，位居世界第3。其中，巴黎和柏林分别有20家和19家独角兽，跻身十大城市之列。而且欧盟的独角兽十分年轻，有71.1%的独角兽（不包括已退出部分）诞生于2021年以后，比全球平均水平高4.4个百分点；有29.8%的独角兽（不包括已退出部分）诞生于2022年以后，比全球平均水平高5个百分点。

（四）监管规制走在全球前列

欧盟比较缺乏本土数字企业，广大市场被美国公司占领，数字经济总体实力要弱于我国。欧洲议会《欧洲数字主权》（2020）指出："欧洲的大部分数字生活都依赖海外公司。许多欧洲公民的数字身份取决于外国电子邮件地址，西方世界92%的数据存储在美国。"而在监管规制方面，欧盟先后发布了一系列法规文件，对全球产生了深刻影响。欧盟是国际数字规则话语权的重要掌控者，是数字经济中举足轻重的一极。

在个人数据方面，欧盟2018年出台的《通用数据保护条例》（GDPR）规定了个人数据处理的操作规范以及个人数据流出欧盟的基本条件，被称为"史上最严"的个人数据保护条例。GDPR几乎成为全球数据隐私保护的通行标准，已有约120个国家受其影响。

在企业数据方面，2023年11月欧洲议会通过《数据法案》。该法案旨在明确数据访问、共享和使用的规则，规定获取数据的主体和条件，使更多私营和公共实体将能够共享数据，充分释放数据价值。预计到2028年，《数据法案》将使更多数据重新被使用，并创造2700亿欧元的额外GDP。

在数字服务方面，欧盟委员会于2020年12月提出《数字市场法》和《数字服务法》两项法案。《数字市场法》为大型在线平台（即"看门人"）明确了权利和规则，确保它们不会滥用自己的地位。《数字服务法》规范了作为中介机构将消费者与商品、服务和内容连接起来的数字服务的法律责任。两部法案已分别于2022年和2023年正式生效，被视为欧盟在数字领域的首次重大立法。

在数字税方面，欧盟积极配合推动OECD数字税改革方案，于2018年3月率先提出了"数字服务税提案"，拟调整对大型互联网企业的征税规则。奥地利、法国、匈牙利、意大利、波兰、西班牙、土耳其等国家积极实施征收数字税。这在全球产生了强烈反响。

在人工智能方面,《人工智能伦理罗马宣言》(2020)讨论了如何规范人工智能的社会影响,其签署是欧盟推动全球数字经济监管新标准的标志性事件。2023年12月,欧盟成员国及欧洲议会议员就全球首部《人工智能法案》达成初步协议。法案提出发展"可信赖的基于欧洲价值观和规则"的人工智能,为不同风险程度的人工智能系统施加不同的要求和义务,提出了风险分类、价值链责任、负责任创新和实验主义治理等。这标志着全球人工智能治理从伦理原则等软性约束,迈向全面且具有可操作性的法律规制阶段。

我国和欧盟处于不同的发展阶段,生产力水平和产业结构也有极大不同。对欧盟的数字法规需要辩证看待,积极吸纳适应我国国情的条款。而不宜盲目照搬照抄,杜绝"欧规中随"。

三、我国数字经济发展现状和建议

我国十分重视数字经济发展,取得了显著的成就,日益成为高质量发展的重要驱动力,但也存在有待补齐的短板。

(一)我国数字经济发展成就显著

近年来,我国数字经济蓬勃兴起,加速与国民经济各行各业深度融合,提高了全社会资源配置效率,有利于贯通国民经济循环各环节、促进形成新发展格局。2022年,我国数字经济增加值规模达到50.2万亿元，占GDP的比重达到41.5%，相当于第二产业占国民经济比重。根据《"十四五"数字经济发展规划》，2020年我国数字经济核心产业增加值占GDP比重为7.8%，并提出2025年达到10%的发展目标。数字经济已成为我国最核心的增长极之一，在经济社会发展全局中的作用日益突显。

根据联合国贸发会议（UNCTAD，2019）报告，中国和美国共同领导着全球数字经济发展。两国占全球70个最大数字平台市值的90%，占区块链技术相关专利的75%，占物联网支出的50%。根据上海社科院发布的《数字经济蓝皮书：全球数字经济竞争力发展报告2020》，我国数字产业竞争力总得分为65.31分，居世界第一位，远超排名第二位的美国（46.76分）。根据中国信息通信研究院数据，我国数字经济规模连续多年位居世界第二位。

在人工智能领域，我国越来越成为一支不断壮大的力量。根据斯坦福大学《2021年人工智能指数报告》，2020年我国在学术期刊上有关AI的论文引用率占比为20.7%，首次高过美国（19.8%）。哈佛大学肯尼迪学院《中美技术争锋》（2021）认为："在很多领域，中国已经超越美国成为无可争议的世界第一。"谷歌公司原CEO埃里克·施密特（2020）把我国看作美国人工智能的"全方位竞争对手"。

（二）我国发展数字经济的主要经验

经过近30年的发展，我国数字经济总量稳居全球第二位，网络零售交易额、移动支付交易规模稳居全球第一位，为数字经济发展作出了中国贡献、提供了中国经验。

一是党和政府高度重视。特别是党的十八大以来，我国不断完善从顶层设计、战略部署到具体措施的政策支持体系，先后颁布了《关于积极推进"互联网+"行动的指导意见》《网络强国战略实施纲要》《数字经济发展战略纲要》《"十四五"数字经济发展规划》等一系列政策文件，将数字经济上升为国家战略，为数字经济发展提供了政策保障。

二是适度超前布局建设数字基础设施。我国数字经济赶超发达国家，还得益于多年来政府在数字基础设施领域的适度超前布局。党的十八大以来，我国加快推动"宽带中国"战略，全面启动"东数西算"工程，着力打通经济社会发展的信息"大动脉"，加快建设高速泛在、天地一体、云网融合、智能敏捷、绿色低碳、安全可控的智能化综合性数字信息基础设施。我国坚持系统完备、高效实用、智能绿色、安全可靠的导向，不断提升信息基础设施规模、质量和效益，网络强国发展根基不断夯实。

三是坚持创新驱动。创新是数字经济发展的第一动力。我国始终把创新摆在首要位置，坚持科技自立自强，强化核心技术攻关，鼓励商业模式创新，加快打造支持技术和产业发展的创新体系，为数字经济高质量发展提供重要战略性支撑。根据国家发展和改革委员会数据，截至2022年底，我国5G标准必要专利数量占全球比重超38%，量子通信领域专利申请量占全球50%以上，数字经济核心产业发明专利有效量达160万件，授权量年均增速超18%。

四是不断优化数字营商环境。数字经济发展需要良好的营商环境来鼓励技术创新和业态模式创新，并有效引导和规范企业行为，自觉形成合理的市场竞争秩序。营商环境优不优，直接决定着数字经济发展的速度、质量、水平和空间。近年来，我国努力构建开放、公平、非歧视的数字营商环境，提高市场准入便利性，建立公平竞争的市场秩序，加强网络安全和用户权益保护，这成为数字经济快速发展的有力保障。

五是稳步拓展数字经济国际合作。依托双边和多边合作机制开展数字经济交流合作，积极参与联合国、世界贸易组织（WTO）、二十国集团（G20）、亚太经合组织（APEC）、金砖国家（BRICS）、上海合作组织（SCO）等机制下数字议题磋商研讨，推动达成《金砖国家数字经济伙伴关系框架》《"中国+中亚五国"数据安全合作倡议》等，申请加入《数字经济伙伴关系协定》。积极推进构建网络空间命运共同体，与共建"一带一路"国家开展数字基础设施、跨境电子商务和数字服务贸易等方面合作。

（三）我国数字经济存在尚待补齐的短板

习近平总书记指出："同世界数字经济大国、强国相比，我国数字经济大而不强、快而不优。"[①]我国数字经济领先全球，但

---

① 习近平：《不断做强做优做大我国数字经济》，《求是》2022年第2期。

与主要发达国家相比仍存在诸多短板和弱项,也暴露出一些发展中的问题,需要在不断规范中继续鼓励和支持发展。

一是基础研究薄弱,关键核心技术受制于人。习近平总书记深刻指出:"核心技术是国之重器。要下定决心、保持恒心、找准重心,加速推动信息领域核心技术突破。"[①]近年来,我国数字领域核心技术创新呈现出跟跑加快、并跑增多、领跑涌现的新局面。然而与欧美发达国家相比,我国的基础研究和自主创新能力仍然比较落后。高端芯片、工业软件、底层操作系统、关键材料和零部件等基础软硬件基本被国外垄断,面临"卡脖子"困境或风险;生物基因、人工智能、类脑计算、量子计算、新一代通信网络等未来产业在与美国等发达国家的竞争中也不占优势。国内自主技术标准缺乏市场应用,处于竞争劣势;高端市场拥有自主知识产权的技术和产品较少,专利布局多为外围应用类。企业与高校、科研院所的合作机制不完善,尚未形成研发合力;踊跃积极从事基础研究的社会环境尚未形成,相关激励和保障措施有待完善。

二是传统产业数字化转型动力和能力不足,产业互联网有待补齐。我国的产业类型和企业类型十分丰富,存在多种生产力水平。总体而言,传统企业的数字化水平参差不齐,中小企业的数字化转型能力不够、成本偏高、阵痛期较长,面临"不会转""不

---

① 《习近平谈治国理政》第3卷,外文出版社2020年版,第307页。

能转""不敢转"的问题。产业互联网是推动数字技术和实体经济深度融合的有力抓手。在欧美发达国家，数字经济是消费互联网和产业互联网"双腿跑"。我国则是消费互联网一枝独秀，产业互联网刚刚起步，数字经济"单脚跳"跛行发展。我国产业互联网的发展潜力和市场空间极大。我国有1.5亿户市场主体，还有众多政府部门、学校、医院、事业单位、社会团体等组织机构，它们对利用数字技术提高生产经营效率有着强烈的需求，但这个市场远未得到有效开发，仍属空白。国家发展和改革委员会和中央网信办等部委十分重视产业互联网发展，2020年4月联合印发文件，把"构建多层联动的产业互联网平台"作为推进"上云用数赋智"行动的主要方向。建议加快制定实施产业互联网国家战略，加快推进互联网和国民经济各行各业的深度融合。

三是数据要素市场尚在孕育，规则缺失制约发展。数据是数字经济发展的关键要素。经过近年的试点探索，我国数据要素市场得到了初步发展。在数据产权界定争议较大且短期内难有进展的情况下，数据要素市场的核心是可交易数据和不可交易数据的清晰界定，而我国对此尚未明确。尽管《中华人民共和国网络安全法》对个人信息使用作了相关规定，但语义概念存在模糊性和不确定性，实践中难以执行，亟须制定专门的数据流通利用法律法规。数据交易涉及市场监管、公安、工信、网信等多个部门，由于监管责任不清，系统性和专业性不足，数据交易监管事实上处于缺位状态。市场准入、交易纠纷、侵犯隐私、数据滥用等

"无人管理",非法收集、买卖、使用个人信息等"灰""黑"数据产业长期存在,数据交易市场秩序不佳。

四是国内市场日渐饱和,国际化面临遏制打压。国际化是我国数字经济的短板。我国拥有全球最大的互联网市场,仅国内市场就足以支撑起一批大型数字企业发展,这导致互联网公司在设立之初主要面向华人提供服务,加之国内市场竞争激烈,因此国际化的紧迫性不强、意愿不足。待国内市场日趋饱和后再发力海外业务,则力不从心、进展不尽如人意,特别是当前技术保护主义不断抬头,我国数字经济国际化面临重压。

(四)我国数字经济发展建议

数字经济是看得见的未来,是国家核心竞争力的重要组成部分。我们要不断做强做优做大我国数字经济,建议重点从以下方面入手,出台政策举措,推动新时代数字经济高质量发展。

一是加强基础研究,加快突破关键核心技术。建议在"基础研究十年行动"中,加大对数字科技的支持力度。对于战略性强、带动作用大的数字技术及产业,可考虑采取新型举国体制的方式给予全过程的集中支持。出台支持关键核心技术发展的相关配套财税政策,适度降低集成电路、电信业增值税税率。支持关键核心技术产业链上下游企业、高校、科研机构构建专利联盟和"专利池",探索联合规划布局,共同应诉模式。支持科研机构向关键企业专利授权。落实国产化"首台套"政策,开辟国产化设备优先采购渠道，培育立足国内循环、面向国际循环的产业新生态。继续加大专业海外人才引进力度，不断完善个税、安居等配套人才激励政策。充分发挥科学家和企业家的创新主体作用，进一步推进产学研用一体化，提升科研人员的福利待遇，改变高校院所以论文为指挥棒的科研评价体制，鼓励科研人员在科研院所和企业之间实现双向高效流动，推动企业研发费用加计扣除。

二是大力推进数字化转型，补齐产业互联网短板。建议加强引导和政策扶持，积极推动传统企业稳妥有序上云。充分借鉴疫情防控期间发放消费券的成功经验，调动各方积极性，政府贴一点、企业出一点、服务商让一点，面向实体企业发放"用云券"。通过释放"用云券"的乘数效应，加快数字化转型步伐。搭建网络化协同平台。积极培育产业互联网领军龙头企业，打造数字虚拟产业园和产业集群，充分发挥企业间的协同倍增效应。提升对产业数字化转型升级的服务供给能力，激发企业数字化转型的内生动力，发挥数字技术对经济发展的放大、叠加、倍增作用，为推动经济高质量发展提供新动能。

三是积极培育数据要素市场，尽快完善相关规则。数据资源持有权、数据加工使用权、数据产品经营权等分置机制是加快数据要素流通、释放数据要素价值的重要制度基础，建议进一步通过落地实践探索完善。建议明确可交易数据的范围，将"来源合法的非个人数据"作为可交易对象，为市场提供充足、合法、可交易的数据源。制定数据流通利用管理办法，明确数据保存、转移、去识别处理、再识别、再转移限制等规则，以及数据处理"无法识别特定个人且不能复原"的法律标准。明确数据交易各参与方的权利、责任和义务，保障数据流通安全和使用可控，做到"责任可追溯、过程可控制、风险可防范"。建立全国统一的数据标准体系，包括数据主体标识、数据维度、数据使用约束等。明确数据交易监管部门及其监管的法律依据和职责范围，建立数据流通利用安全风险防控和数据交易维权投诉机制，打击非法数据交易。将数据服务业纳入现有高新技术企业、科技型中小企业优惠政策的支持范围，引导政府参股的创投基金适度增加对数据服务的投资。

四是规范数字经济发展，推动科技始终向善。近年来，数字经济汹涌而来，其积极作用和社会价值无需赘述。但也难免泥沙俱下，产生一些风险和隐患，涌现出一些负面问题，扰乱正常的市场秩序，甚至给人们的生命财产和国家经济安全造成影响和冲击。习近平总书记明确指出："我国数字经济在快速发展中也出现了一些不健康、不规范的苗头和趋势，这些问题不仅影响数字经济健康发展，而且违反法律法规、对国家经济金融安全构成威胁，必须坚决纠正和治理。"[1] 对这些发展中的问题，我们必须予以规范，使数字经济在规范中行稳致远。对发展中出现的问题要及时加以纠正，保障人民群众的合法权益，不断满足人们对美

---

[1] 《习近平著作选读》第2卷，人民出版社2023年版，第536页。

好生活的向往。科技发展是一把"双刃剑"。我们要大力发展新一代数字技术，积极培育新动能，推动经济社会向前发展；也要以人为本，提升包容性，避免"技术的贪欲"，让技术更有温度。数字企业要秉持科技向善的理念，常怀敬畏之心，深入研究新技术影响，建设更加成熟的科技伦理和商业伦理。行业协会要加快职能转变，发挥好政府和企业之间沟通桥梁的作用，培育积极正向的行业价值观，切实做好行业自律。

五是加强制度建设和国际协调，推动数字企业"走出去"。与货物贸易主要追求商品本身的物美价廉不同，互联网业务往往涉及文化、价值观和生活方式等软性因素。因此，相较于制造业，互联网的国际化对自身的要求更高，也更难。加快推进互联网企业"走出去"，我们必须把文化软实力建设摆到更突出、更重要的位置，全面提升国民素养，加强国际友好交流。我们要更加重视国际规则的协调，对认识上、利益上的分歧，力求细致耐心解决，求同存异，实现最大公约数。唯有这样，我国互联网公司实现整体"走出去"才能成为现实。建议在联合国、世贸组织、G20、APEC等国际组织中倡导"数字多边"，高举碳中和、科技向善等新议题，为数字经济发展争取更好的国际环境。一方面，要斗争与合作相结合。对发达国家有所孤立、有所争取，重点加强与欧盟、日本、韩国的合作，鼓励民间科技交流。在互利共赢的前提下，积极和共建"一带一路"国家开展数字经济合作。另一方面，建立完善数字治理规则，加强国际规则的协调，推动签订多双边和区域数字经济合作协定。抓紧数字技术国际标准制定的窗口期，巩固提升5G、量子通信、芯片、区块链等领域的国际标准研究布局，开展国际标准研究合作。向互联网出海集中的国家和地区派驻"数字经济参赞"，了解派驻地数字经济政策异动，为我国企业海外利益提供外交保护和纠纷处理协助。坚决反对"筑墙设垒""脱钩断链"，共同维护国际产业链供应链安全稳定，努力建设开放包容、互联互通、共同发展的网络空间。

六是加强教育培训，全面提高全民数字素养。民众数字素养水平直接关系一国的数字鸿沟情况及相应的结构性失业和贫富差距问题，更关系一国整体的数字经济发展水平。为了提高全民的数字素养水平，一方面，政府要与各方合作，开展面向全民的数字素养教育。例如，欧盟发布了《2015欧盟数字技能宣言》《欧洲新技能议程——通力合作强化人力资本、就业能力和竞争力》等政策，为提高欧洲全民数字技能提出了方案。针对下岗失业人员等特定人群，可通过提供相应的数字素养培训和职业技能培训，协助其转岗就业。另一方面，要全面强化学校的数字素养教育，提高学生的数字能力。尤其是针对在校学生，可借鉴国外经验，在中小学，甚至幼儿园普遍开设网络和计算机课程，使数字素养成为年轻一代的必备素质，并通过在大学举办竞赛、集训营、校企共建课程等方式培养数字技术高端人才。

第十一章
引领数字经济健康发展

2022年1月，习近平总书记在《求是》杂志发表署名文章《不断做强做优做大我国数字经济》，深入分析了我国发展数字经济、把握新一轮科技革命和产业变革机遇的重大战略意义，指明了关键技术攻关、新型基础设施建设、数实融合发展、重点领域数字产业发展、规范数字经济发展、数字经济治理体系、积极参与国际合作等七个方面的任务，为推动数字经济健康发展指明了方向和路径。引领数字经济健康发展，既要注重夯实数字经济发展基础，做强数字经济产业，又要营造有利于数字经济发展的制度环境和国际环境，构建规范有序的数字经济治理体系。

一、坚持党对数字经济的领导

网信事业已经成为党和国家事业发展全局的重要组成部分，作用和影响越来越突出。习近平总书记指出，"必须旗帜鲜明、毫不动摇坚持党管互联网"①。党的十八大以来，习近平总书记多次围绕数字经济相关主题主持召开中共中央政治局集体学习，并化理念为行动，制定切实可行的方针与政策。党的二十大报告强调，"加快发展数字经济，促进数字经济和实体经济深度融合，打造具有国际竞争力的数字产业集群"②。坚持党对数字经济的领导，既是为企业数字化转型提供方向指引和政策支持，也是为人民群众谋福祉，让数字技术惠及千家万户。

（一）建立健全党对数字经济领导体制

2014年2月，党中央成立中央网络安全和信息化领导小组，统筹协调各个领域的网络安全和信息化重大问题，制定实施国家网络安全和信息化发展战略、宏观规划和重大政策，包括数字中国的顶层设计。党的十九大之后，中央网络安全和信息化领导小组改为中央网络安全和信息化委员会（以下简称中央网信委）。同时，成立中央网络安全和信息化委员会办公室（以下简称中央网信办），作为中央网信委的办事机构。在宏观管理层面，中央网信办负责统筹网络安全与信息化建设工作，指导协调数字经济、数字政府和数字社会建设工作。在具体管理层面，中央网信办主要负责统筹协调产业数字化建设，统筹协调数字政府建设和电子政务发展工作，统筹协调网络安全、网络数据安全和个人信

---

① 《习近平关于网络强国论述摘编》，人民出版社2021年版，第10页。
② 《习近平著作选读》第1卷，人民出版社2023年版，第25页。

息保护工作及相关监督管理工作。①党的二十大之后，成立国家数据局，划入中央网信办和国家发展改革委承担的部分职责，负责协调推进数据基础制度建设，统筹数据资源整合共享和开发利用，统筹推进数字中国、数字经济、数字社会规划和建设等。从职责侧重点上看，国家数据局的职责在于加强宏观管理，例如推动国家大数据战略的组织与实施，推进数据要素基础制度、数字基础设施布局建设等，重点在于强化对数字中国建设的战略规划和统筹协调。①

在中央网信委的领导下，中央网信办、国家数据局以及省级大数据局协同发力，共同推进数据基础制度与数字基础设施建设，统筹协调数字中国建设工作，为数字经济的稳步发展保驾护航。

（二）加强党对数字经济的领导

一是加强各领域企业的基层党组织建设，确保党的领导得到有效落实。截至2023年6月30日，《中国共产党党内统计公报》显示，我国企业基层党组织基本实现应建尽建。以阿里巴巴为例，早在2000年，阿里巴巴就已经成立了党支部，并于2008年5月升格成为党委。

二是坚持"党管人才"原则，培养数字技术与管理人才。重

---

① 张克：《从地方数据局到国家数据局：数据行政管理的职能优化与机构重塑》，《电子政务》2023年第4期。

点增强领导干部和公务员数字思维、数字认知、数字技能。统筹布局一批数字领域学科专业点,培养创新型、应用型、复合型人才。比如,早在2018年湖南工商大学就启动了"一流本科教育三年行动计划",将人工智能、大数据、区块链等新兴技术融入经管类学科专业当中,推动经管类专业转型升级。

三是坚持党的群众路线,推动数字经济惠及更多人民群众。依托数字技术,一些地方的党组织书记带头直播、党员创设自媒体账号等新模式不断涌现,在推动乡村振兴、助力农产品稳产保供、促进乡村文化传播等方面发挥了重要作用。一些地方积极探索"党建+新媒体"的发展模式,用好自媒体平台,打造深入浅出、群众喜爱的理论作品,切实增强理论阐释的实效性。着力推动物联网、人工智能等信息技术与农业产业深度融合,加速农业农村现代化发展进程。

二、营造数字经济发展环境

《"十四五"数字经济发展规划》(以下简称《"十四五"规划》)指出,规范健康可持续是数字经济高质量发展的迫切要求。我国数字经济规模快速扩张,但发展不平衡、不充分、不规范的问题较为突出,迫切需要转变传统发展方式,加快补齐短板弱项,提高我国数字经济治理水平,走出一条高质量发展道路。各级政府既要贯彻中央顶层设计,维护市场秩序,又要加强对知识产权的保护，激发创新活力，以良好的网络舆论环境，引导数字经济良性发展。

（一）贯彻中央顶层设计，制定促进数字经济健康发展的政策体系

一是出台有利于数字产业发展的优惠政策，降低中小型企业数字化转型成本。目前，大型企业具备较强的数字化转型意愿，转型速度快、效果好，而中小型企业转型意愿弱，成效也不显著。究其原因，对中小型企业来说，当前数字化转型门槛较高，因而不敢转、不会转。2022年，工业和信息化部发布《中小企业数字化转型指南》（以下简称《指南》），为中小微企业数字化转型提供政策与资金支持。《指南》提出，加强中小企业数字化转型相关政策衔接，结合当地实际出台配套措施，加强分类指导和跟踪服务，确保政策落地见效。结合当地重点行业和关键领域，遴选中小企业数字化转型试点示范，培育推广中小企业数字化转型案例标杆，鼓励中小企业"看样学样"。培育和遴选一批可复制的产业链供应链上下游协同转型的典型模式，推广大中小企业融通创新模式，有效支撑产业链供应链补链固链强链。

二是加大财政支持力度，引导社会资本投入数字经济领域。《指南》提出，发挥地方政府专项资金作用，支持对中小企业转型带动作用明显的"链主"企业和转型成效突出的"链星"中小企业。鼓励金融机构研制面向中小企业数字化转型的专项产品服

务，设立中小企业数字化转型专项贷款，拓宽中小企业转型融资渠道。以云南白药为例。近年来，云南白药深耕数字技术领域，打造数字化三七平台，确保药材从种植到配送的全流程可追溯。消费者能够知晓自己购买的药材来自哪一条生产线，有哪些企业经手生产，甚至是来自哪一块田地的哪一株植物，真正做到传统中药业的可视化、数字化管理。

三是优化税收政策，鼓励企业加大研发投入和技术创新。2023年，财政部、国家税务总局发布多则公告，为激励企业加大研发投入、更好地支持科技创新，企业开展研发活动中实际发生的研发费用，未形成无形资产计入当期损益的，在按规定据实扣除的基础上，自2023年1月1日起，再按照实际发生额的100%在税前加计扣除；形成无形资产的，自2023年1月1日起，按照无形资产成本的200%在税前摊销。[①] 逐渐完善的税收政策为企业创新研发增添底气，尤其是对于以科技立身的中小型企业来说，越是加大研发投入，越能减税，省下的钱又能用于产品研发、人才引进、设备采购等环节，进一步增强企业竞争力。

（二）加强对数字产业的监管，维护市场秩序

一是建立健全数字产业准入制度，规范市场秩序。《"十四五"规划》明确指出，加快健全市场准入制度、公平竞争审查机

---

① 《多项税费优惠政策将延续优化　政策红利助力稳预期增信心》，人民网，2023年3月28日。

制。首先是采用负面清单管理模式,即根据《市场准入负面清单（2022年版）》（以下简称《清单（2022年版）》），列出禁止准入事项和许可准入事项。各企业需要依据《清单（2022年版）》，明确可进入的行业、领域、业务及其资质要求、技术标准等。其次是健全清单实施机制，确保《清单（2022年版）》平稳落地。各级政府应遵循"一案一核查、一案一通报"原则，排查违背清单的市场主体并进行归纳整理，以季度为单位通报典型案例，并将其录入全国城市信用状况监测系统，向社会公开。最后是逐步推进放宽准入试点工作。例如，2021年发布的《关于支持海南自由贸易港建设放宽市场准入若干特别措施的意见》，2022年发布的《关于深圳建设中国特色社会主义先行示范区放宽市场准入若干特别措施的意见》，在科技、医药、农业、航天等领域推出适配度更高的政策举措，激发企业创新活力。

二是加强对数字产业的反垄断监管，促进市场公平竞争。自2020年底以来，中央明确了反垄断态度。2021年《国务院关于落实〈政府工作报告〉重点工作分工的意见》明确提出，强化反垄断和防止资本无序扩张，坚决维护公平竞争市场环境。在反垄断执法工作中，一方面是要坚持规范与发展并重，在政府监管与企业创新发展中寻求平衡点，通过常态化、分级分类监管模式，结合相应法规的权威司法解释，为企业发展营造一个稳定的政策环境。另一方面是要强化事前监管，引导平台企业建立完善的管理制度，明确其主体责任。在垄断问题出现苗头时，执法机构也要先通过约谈、行政指导等形式，协助企业摆正发展方向，防患于未然。

三是打击不正当竞争行为，保护消费者权益和企业合法权益。2016年4月19日，习近平总书记在网络安全和信息化工作座谈会上指出，"当前，我国互联网市场也存在一些恶性竞争、滥用市场支配地位等情况，中小企业对此意见不少。""只有富有爱心的财富才是真正有意义的财富，只有积极承担社会责任的企业才是最有竞争力和生命力的企业。"[①]中央在强化顶层设计、健全相应法律法规的同时，也要引导媒体、公众等社会各界人士参与数字治理工作。鼓励平台企业建立在线反馈与举报渠道，明确相关规则，引导消费者积极反馈意见，举报不正当运营行为，平台企业及相关部门应当及时回应，积极整改，以此规范网络广告、宣传促销等运营活动。

（三）加强知识产权保护，激发创新活力

专利发明不是凭空产生的，源于企业发展，也应服务于企业发展。知识产权是企业创新发展的"催化剂"，对于提升我国国际竞争力有着至关重要的作用。加强知识产权保护能够为企业研发创新增加底气，让技术成果转化为企业长足发展的动力。

一是完善知识产权法律法规体系，提高知识产权保护水平。《"十四五"国家知识产权保护和运用规划》明确指出，创新是引

---

① 《习近平关于网络强国论述摘编》，中央文献出版社2021年版，第36、20页。

领发展的第一动力,保护知识产权就是保护创新。一方面,推进专门法的修改与完善,如商标法、专利法、电子商务法等。推进"商业秘密保护工程",行政、民事、刑事司法审判需协同配合,划清举证责任界限,提升司法鉴定水平。同时,加强行业自律,开展相应的法律培训,培养市场主体尤其是中小微企业的商业秘密保护意识。另一方面,推进新兴领域知识产权保护政策的修改与完善,如人工智能、区块链、大数据等。推进"数据知识产权保护工程",开展数据知识产权保护领域的立法研究,从数据生产、流通、共享的全流程各环节出发,分级、分类保护数据知识产权。

二是加强知识产权执法力度,打击侵权行为。一方面是加大刑事打击力度。行政确权、执法、调解、仲裁等环节的相关部门与司法部门要打破"信息孤岛",及时沟通,统一行政执法与司法裁判标准。制定适用于知识产权案件的民事诉讼规范,完善刑事法律。对于知识产权领域移送至刑事司法的案件,司法工作人员应当准确运用立案、追诉标准。这就要求我国重视培养和遴选知识产权领域的司法工作人员,建设优质的知识产权司法保护队伍。另一方面是加大行政处罚力度,开展重点区域、重点领域的行政执法专项行动,重点查处假冒专利、商标侵权、侵犯著作权、地理标志侵权假冒等违法行为。[①]强化侵权纠纷行政裁决,打

---

① 《国务院关于印发"十四五"国家知识产权保护和运用规划的通知》,国家知识产权局,2021年10月9日。

击恶意、重复和群体侵权行为。强化行政执法及裁决人员队伍建设，为其配备智能化执法装备。打通投诉举报渠道，鼓励人民群众提供侵权线索，提升打击效率和精准程度。

三是建立知识产权激励机制，鼓励创新和技术成果转化。一方面是完善知识产权转移转化体制机制。[1]对于高校、科研院所等重点科研机构，要赋予其知识产权处置自主权，落实转化奖励、报酬制度，建设知识产权运营机构，培养专业化机构运营人才。关于专利技术的供给、对接及转化标准流程，要建立并完善相关制度及运行机制。另一方面是提升知识产权的转化效能，让知识产权融入企业创新。引导企业、高校、科研院所等创新主体梳理知识产权资产信息，建立健全相应的管理制度。建立健全财政资助科研项目形成知识产权的声明制度和监管机制。健全专利密集型产业增加值核算与发布机制，加强专利密集型产业培育监测评价[1]，进而培育专利密集型产业。

（四）营造良好的舆论环境，引导数字经济良性发展

新媒体时代，网络舆论呈现圈层化发展趋势。"圈"是空间概念，即具有同质化缘由的众多网络人群所构成的区域；"层"是时间概念，即聚合人群在虚拟社会阶层中的"等级"地位，或一种舆论在某个舆论圈内或某种舆论发展序列中所处的历史位置。[1]

---

[1] 吴洁、许向东：《网络舆论圈层化：逻辑生成、发展深化与生态治理》，《新闻春秋》2022年第4期。

就其底层逻辑来说，社交媒体的迅猛发展使现代社会呈现"虚拟+现实"的双重圈层结构。个体用户打破时间、空间的限制，在不断交流中扩展自身的关系网络，获得群体认同，并对解决社会问题产生一定的促进作用。与此同时，作为传播过程中的重要中介，算法成为网络舆论圈层化的关键性技术推动力。通过个体用户的浏览数据分析其阅读偏好，推荐同质化内容，在加深圈层凝聚力的同时也带来了谣言滋生、"信息茧房"等问题。由此可见，身处多元化、圈层化的网络环境中，我们必须加强网络舆论治理，为数字经济的良性发展营造良好的舆论环境。

一是建立健全网络舆论治理体系，强化基础管理。一方面，坚持系统治理、依法治理。所谓系统治理，就是贯彻党管媒体原则，增强党的领导力，建立健全党对网络舆论治理的领导机制，对传媒相关从业人员实行准入管理，尤其是自媒体网络的相关从业人员，更要加强党的领导，避免"舆论飞地""舆论特区"。所谓依法治理，就是依托完善的法律制度，形成一套标准化的网络舆情治理行动准则，该准则应涵盖网络信息生产与利用、网络安全保护以及网络社会管理等方面的内容。同时，加强法制宣传，提升人民群众对互联网立法的认知度与认可度。另一方面，建立健全网络舆论的引导机制。互联网与新媒体的迅猛发展使网络舆论呈现出分众化、个性化的传播趋势。因此，党中央和各级政府既要完善官方网站的舆论信息发布机制，及时回复人民群众关心的热点信息，又要敢于"亮剑"，在政治性、原则性问题上彰显领导力，将网络舆论引导至事实的方向。此外，平台企业的重要性不容忽视。各级政府需引导网站平台健全社区规则和用户协议，优化算法推荐机制，坚决杜绝利用负面、低俗信息炒热度、博眼球的行为，引导平台完善内部管理机制，提升自我约束能力。

二是开展网络舆论专项治理行动，强化行为管理。2023年，公安部网安局部署开展为期100天的网络谣言打击整治专项行动。依法打击一批恶意编造、传播网络谣言的组织者、策划者和主要实施者，借热点事件造谣引流、非法牟利的"网络水军"团伙，以及网络谣言问题突出的互联网企业，清理关停一批违法违规网络账号。[①]信息仅是表象，更重要的是追踪行为过程。要强化对网站平台的监督，及时发现并纠偏平台违规行为及对应主体。网站平台要加大对违规账号的处置力度，将网络舆论治理重心从事后追责转向事前防范与监督。

三是引导多元主体协同合作，共同维护和引导网络舆论。网络舆论治理是一项长期的工作，需要汇集政府、企业、群众等多方力量共同参与到网络舆论的治理工作中。各级政府应率先响应，利用大数据技术搭建网络舆论信息系统，打破"部门墙"，实现政府横向部门间的信息共享。紧接着，推动纵向传导，从主要领导到班子成员，从市、县到乡镇、街道、社区、村庄，确保

[①]《公安部部署开展网络谣言打击整治专项行动》，中华人民共和国公安部网，2023年4月14日。

网络舆论治理责任层层递进。加强网络舆论治理的宣传力度，引导公众树立"人人有责"的网络舆论治理意识，拓展多种网络舆论监督与举报渠道，共同营造良好的网络舆论环境。

三、统筹数字经济发展与安全

习近平总书记指出："没有网络安全就没有国家安全，就没有经济社会稳定运行，广大人民群众利益也难以得到保障。"[①]数字经济以数据为关键要素。作为引领新一轮科技革命的核心生产要素，数据要素不仅具备有用性、稀缺性、生产成本较低及大规模的可获得性等一般特性，还具备非竞争性、非排他性、规模经济性与外部性等特点。[②]这决定了我国构建数据安全治理体系的重要意义。一方面以总体国家安全观构建数字经济安全体系；另一方面从法律法规、技术水平、参与主体等方面入手，构建强技术力、强协同力的数据安全治理体系。

（一）立足总体国家安全观构建数字经济安全体系

一是政治安全。习近平总书记指出："政治安全涉及国家主权、政权、制度和意识形态的稳固，是一个国家最根本的需求，

[①] 《习近平关于网络强国论述摘编》，中央文献出版社2021年版，第97—98页。
[②] 郑霖豪、许潆方、任羽卓：《构建国家数据安全治理体系：理论、挑战与对策》，《价格理论与实践》2023年第9期。

是一切国家生存和发展的基础条件。"①数字经济潮流浩荡，我们既要充分运用数字技术，建设数字中国，更要警惕数字技术对政治安全的冲击。从根本上来说，要深化党的领导体制改革，强化党的领导力，完善相应的法律法规体系，以适应数字技术去中心化、多中心化的发展趋势。

二是科技安全。数字技术是数字经济的核心支撑，科技安全的重要性也就愈发凸显。一方面，科技安全处于动态发展之中，系统、产品、管理等方面的漏洞也在不断升级，这就要求我们树立动态的防护理念，不要妄想一劳永逸，而是要及时监测科技发展趋势，将维护科技安全作为常态化工作。另一方面，网络空间具有开放性，只有立足开放环境，提升开放水平，吸收先进技术，网络安全水平才能不断提高。②

三是经济安全。从内部环境来看，国家对以平台经济为代表的数字经济的"强监管"将呈现长期化的趋势，反垄断和防止资本无序扩张的政策取向不会变。从外部环境来看，根据国际货币基金组织发布的《世界经济展望报告》显示，预计2024年全球经济增速将放缓至2.9%，发达经济体放缓幅度更为明显，新兴市场和发展中经济体表现出的韧性强于预期。一些守成大国的态度从期待演变到意图遏制我们的发展。全球碳中和运动兴起，安全

---

① 《坚持把政治安全放在首要位置——学习〈总体国家安全观学习纲要〉系列谈⑥》，中国军网，2022年6月29日。

② 中央网络安全和信息化委员会办公室：《习近平总书记关于网络强国的重要思想概论》，人民出版社2023年版，第89页。

和可持续发展理念初具共识，而我国现有能源结构高度依赖化石能源，火电退出成本和其他转型成本较高。我们应抓住机遇，以"双碳"目标促进改革、能源结构转变和共同富裕。

四是社会安全。党的二十大报告强调，夯实国家安全和社会稳定基层基础。社会安全关系千家万户，与人民群众的切身利益密切关系。一方面，要立足"大安全"理念，将公共安全的治理重心从事后处置转向事前预防，提升公共安全治理的主动性和前瞻性。另一方面，加强信息网络、生物安全、食品药品等领域的监管工作，守住安全生产底线，降低安全风险。此外，要运用现代化技术，完善基层治理平台，打通人民群众诉求表达与利益协调的通道，保障人民权益。

（二）建立健全数据安全法制体系

一是制定《中华人民共和国数据安全法》（以下简称《数据安全法》），明确数据安全的基本原则和责任主体。在基本原则层面，《数据安全法》第三条规定，数据安全，是指通过采取必要措施，确保数据处于有效保护和合法利用的状态，以及具备保障持续安全状态的能力。第四条规定，维护数据安全，应当坚持总体国家安全观，建立健全数据安全治理体系，提高数据安全保障能力。在责任主体层面，第六条规定，工业、电信、交通、金融、自然资源、卫生健康、教育、科技等主管部门承担本行业、本领域数据安全监管职责。公安机关、国家安全机关等依照本法和有关法律、行政法规的规定，在各自职责范围内承担数据安全监管职责。国家网信部门依照本法和有关法律、行政法规的规定，负责统筹协调网络数据安全和相关监管工作。

二是完善《中华人民共和国网络安全法》（以下简称《网络安全法》），强化网络安全监管和执法力度。一方面，《网络安全法》强调，国家网络安全机构应当强化网络安全监管工作，及时监测、预警并处理网络安全事件，降低网络安全风险。网络运营者承担保护网络安全的义务，自觉配合相关部门进行网络安全检查和评估，提供相关信息与技术支持。另一方面，一旦出现网络安全事件，网络运营者应当及时采取补救措施，最大限度减少事故危害。针对网络安全违法行为，《网络安全法》规定了警告、罚款以及吊销许可证等不同力度的行政处罚，情节严重可追究其刑事责任。

三是制定《中华人民共和国个人信息保护法》（以下简称《个人信息保护法》），保障公民个人信息安全。首先，《个人信息保护法》明确了处理个人信息的基本原则，即合法、正当、必要和诚信。其次，《个人信息保护法》以"告知—同意"为核心，明确了处理个人信息的基本规则，针对向他人公开、跨境转移、共同处理、委托处理等多种个人信息的处理情形给出了清晰规定，严格保护敏感个人信息。最后，《个人信息保护法》立足互联网时代，规范个人信息处理者以及大型网络平台的义务，严禁"大数据杀熟"，使公民个人信息安全得到法律保护。

（三）提高数据安全防护能力

一是加强数据安全技术研究，提升数据安全防护水平。《规划》强调要筑牢数字安全屏障。其关键在于对数字安全技术的研究与掌握。一方面，我国要加快构建数据安全防护体系，确保数字安全技术自主可控，进一步研发维护数字安全的产品和服务，提升软硬件综合技术能力。另一方面，鼓励和引导企业共同创新，在实时监测数据、追溯外部攻击等领域加强技术研发。立足大数据时代，提升数据存储、传输、保护以及数据滥用分析等方面的技术水平，扶持一批能够提供数字安全综合解决方案的优质企业。

二是建立数据安全风险和应急响应机制，确保数据安全风险可控。习近平总书记指出："维护网络安全，首先要知道风险在哪里，是什么样的风险，什么时候发生风险。感知网络安全态势是最基本最基础的工作。"[1]2017年1月，中央网信办印发《国家网络安全事件应急预案》（以下简称《预案》）。2021年9月，施行《关键信息基础设施安全保护条例》（以下简称《条例》），再次强调数据监测与应急响应能力的重要性。一方面，国家网信部门统筹协调，各行业、领域运营主体制定网络安全事件应急预案。其在事件分级上需要与《预案》保持一致，在事件处置流程、

---

[1] 《习近平关于网络强国论述摘编》，中央文献出版社2021年版，第93页。

指挥机构上与《预案》做好衔接，从而完善国家网络安全应急预案体系。另一方面，明确各部门网络安全应急响应职责。《预案》分别对国家网信部门、国务院电信主管、公安及保密部门的职责作出明确规定，《条例》则对保护工作部门及运营者的职责进行明确划分。

三是加强国际合作，共同应对跨境数据安全挑战。首先，建立国际合作机制，例如，制定跨境数据监管合作协议，以加强跨境数据安全协作。国际合作机制能够为各国数据监管机构提供一个统一的平台，便于国家间紧密合作。其次，推动跨境数据共享，使监管机构打破"信息孤岛"，更准确地了解全球市场风险和趋势，检测其稳定性，防患于未然。最后，制定统一的数据监管标准，包括但不限于数据隐私保护、风险管理、合规要求等，使各国监管机构互相适应，减少合规成本，规避监管漏洞，提升监管效率。

（四）保障网络空间安全稳定

一是加强网络安全基础设施建设，提升网络安全防护能力。首先是物理层面，主要是加固机房安全，防止不法分子在机房内部、外部篡改网络设备，分层设置安全管理机制，控制访问人数和范围，以确保物理环境的安全可控。其次是网络层面，建立网络安全隔离机制，进行适当的网络分段，限制不必要的横向通信，设置合理的防火墙策略。同时，做好网络设备的日常监控、运维工作，及时发现并制止网络攻击。再次是应用层面，加强各类应用系统的安全管理，定期检测病毒、木马、恶意程序等危害应用系统运行的内容，保障其安全运行。最后是操作层面，确保安全管理制度落到实处，各单位、部门要定期进行安全审计，检查设备与系统中的安全漏洞，定期进行网络安全事件演练，提高网络安全防御能力。

二是完善网络安全监管体系，打击网络违法犯罪活动。公安机关要切实履职担当，做好网络安全监管工作。一方面，公安机关建成部、省、市三级联动的网络与信息安全信息通报预警体系，实现网络安全全时空、多维度监测，及时发现并处置危及国家安全、损害群众权益、扰乱社会秩序的网络攻击威胁事件，将风险扼杀在摇篮中。同时，公安机关坚持多措并举，定期开展网络安全监督检查工作，确保网络运营主体明确自身责任，指导其优化网络安全应急处置预案，将应急演练纳入常态化工作之中。另一方面，公安机关坚持斩链条、铲源头、除危害，深挖实施黑客攻击活动以及提供工具、洗钱等服务的团伙、个人，追溯木马病毒制售、攻击软件平台开发团伙，严厉惩处了一大批不法分子。2022年，公安机关深入推进"净网2022"专项行动，侦办案件8.3万起，抓获一大批犯罪嫌疑人，以实际行动坚持对网络违法犯罪"零容忍"的态度。

三是加强网络安全宣传教育，提高全民网络安全意识。一方面，创新线上宣传形式，利用微博、微信公众号、抖音等社交媒体平台，以漫画、短视频等形式讲解网络安全隐患及规避方法，抓住群众碎片化的时间，在潜移默化中提升群众网络安全意识。另一方面，做好线下宣传工作，各级政府制作网络安全宣传海报、手册，走访社区、企业，开展网络安全知识竞赛、讲座，做好相关内容的分发与宣传工作。此外，重视对未成年人的网络安全教育工作，学校应开设相应课程，对不同年级的学生进行有针对性的网络安全教育，提高未成年人对网络安全的防范意识。

四、正确应对数字经济现实挑战

（一）客观看待发展差距，提高数字技术和数字经济的国际竞争力

一是中美数字经济产业实力差距正在拉大。在数字技术层面，我国在核心算法、软件等领域与美国的差距依旧明显。随着人工智能大模型技术的不断发展，以OpenAI公司为代表的美国企业加快研发脚步，美国人工智能公司OpenAI的产品ChatGPT已更新至第四代。2023年11月，OpenAI在首届开发者大会上宣布，ChatGPT的周活跃用户数达到1亿人，已经有200万名开发者正在使用OpenAI的API（应用程序接口），92%的财富500强公司正在使用OpenAI的产品搭建服务。此外，还推出了一系列新功能，包括推出了新模型GPT-4 Turbo、可以定制个人版本ChatGPT的平

台、如同苹果App商店一样的GPT Store（GPT商店）。我国虽然也有阿里巴巴"通义"大模型、百度研发的"文心一言"大模型、华为研发的盘古大模型等，但整体上还有不小差距。其关键在于我国芯片设计和制造技术自主性还不够。大模型技术的应用场景日渐多元，如果不能及时跟上，我国极有可能在国际竞争中处于劣势。在数字规则层面，美国、欧洲依旧占据着主要制定者的地位。美国数字治理规则的重点在于数据的跨境流动、非本地化存储以及数据服务市场准入。欧洲数字治理规则的重点在于个人隐私数据保护。2022年，美国、欧盟达成最新的《跨大西洋数据隐私框架》，两大数字流通圈继续加强合作。如果我国不能在数字规则上实现突破，与国际规则衔接，就很有可能被美国、欧盟数字流通圈合围封锁。

二是生成式人工智能的迅猛发展将带来新一轮产业革命。对于制造业来说，生成式人工智能在优化产品设计、提升生产效率、优化物流供应等方面能够发挥积极作用。例如，通过大规模的数据学习生成预测模型，协助企业预测市场变动，调整生产与营销策略；与传感器、无人机等设备相结合，处理大量的流程性工作，节约人力成本；通过机器学习和预测能力优化产品配送路线，监测路况，提升物流安全性和配送效率等。对于服务业来说，生成式人工智能在提升客户满意度、培训员工等方面发挥积极作用。例如，通过自然语言处理技术，快速为客户答疑解惑；利用图像生成技术为客户展现产品外观，为客户定制个性化的服务方案;通过模拟真实的工作场景,帮助员工快速适应服务环境,提高反应能力,从而更好地为客户服务等。

(二)关注数字垄断问题,促进市场竞争活力

一是加强平台经济反垄断监管,防止市场垄断现象发生。平台经济是由互联网平台协调组织资源配置的一种经济形态。平台经济使多个主体通过互联网平台实现资源优化配置,促进跨界融通发展,共同创造价值,是数字经济时代新的生产力组织方式。[1]2021年2月7日,国务院反垄断委员会印发《关于平台经济领域的反垄断指南》(以下简称《反垄断指南》),对平台经济垄断协议作出明确的概念界定,即经营者排除、限制竞争的协议、决定或者其他协同行为。徐远、李惠璇指出,平台反垄断的理论基础是行为主义,其重点在于企业行为而非产业结构。换言之,企业规模庞大、市场份额较高并不意味着其垄断市场,关键在于其行为是否妨碍社会公平,有损社会福利。现如今,数字平台因其强大的网络效应呈现"滚雪球式"的扩张现象。垄断企业一旦形成"赢家通吃"的局面,其他企业就很难进入竞争市场,更难以打破这一局面。因此,在平台经济反垄断领域,我们需要更加强大的行为主义,禁止平台企业反竞争行为,维护市场公平。

---

[1] 《"十四五"规划〈纲要〉名词解释之86 | 平台经济》,中华人民共和国国家发展和改革委员会官网,2021年12月24日。

2021年10月18日，在中共中央政治局第三十四次集体学习中，习近平总书记强调，要规范数字经济发展，坚持促进发展和监管规范两手抓、两手都要硬，防止平台垄断和资本无序扩张，依法查处垄断和不正当竞争行为。近年来，我国反垄断法律法规频繁出台，执法力度不断加强。2021年11月初，阿里巴巴、腾讯、百度等多家互联网企业与研究机构联合起草《平台经营者反垄断合规管理规则》。2021年11月18日，国家反垄断局成立，专设2个数字经济执法司，分别负责并购审查、垄断协议和滥用行为调查。2022年8月1日，《中华人民共和国反垄断法（2022年修正）》正式施行，标志着我国针对平台企业尤其是超大平台的反垄断监管不断深化。

二是鼓励多元化投资和竞争，打破市场壁垒。投资主体与对象的多元化需要政府投资的科学引导。一方面，明确政府投资的支持范围，坚持公共导向，将资金投向农业农村、社会公益、公共基础设施等公共领域项目。完善责任清单、绩效管理、项目全生命周期管理等多项制度，提高政府投资的精准度。另一方面，发挥政府资金的撬动与引导作用，以《清单（2022年版）》为依据，合理放宽社会资本准入，引导各类主体加大资金投入。政府投资基金要起到带头作用，引导各类社会基金支持新基建、数字经济等重点产业领域发展。

三是保障中小企业发展空间，促进产业链协同发展。2023年1月，国务院促进中小企业发展工作领导小组办公室印发《助力中小微企业稳增长调结构强能力若干措施》（以下简称《若干措施》），强调加大对专精特新中小企业的支持力度。一方面，加大金融支持力度，利用多种货币政策工具，简化贷款流程，引导金融机构对中小企业投放信用贷款。另一方面，加大中小企业知识产权的运用与保护力度，引导专精特新中小企业将科技成果应用至企业数字化转型之中，提升企业竞争力。此外，在人才培养、品牌塑造、产业集群发展等方面，《若干措施》也给出了相应指导，助力中小企业站稳脚跟，协同发展。

（三）缩小数字鸿沟，促进社会公平正义

数字鸿沟即不同地区、社会群体和个人之间在数字技术的接触、使用和受益方面存在的差异和不平等现象加剧，如互联网接入和基础设施差距、数字技能差距、数字内容和应用差距、数字政府和公共服务差距等。[1]近年来，随着数字技术的迅猛发展与数字贸易规模的逐步扩大，国内、国际数字鸿沟问题不断凸显，从有形的"信息鸿沟"发展至无形的治理壁垒[2]，进一步影响区域贸易协定（Regional Trade Agreement，RTA）框架下数字贸易规则网络的发展。在真实分层的社会结构中，数字鸿沟的不断扩大对我国数字普惠提出更高层次的要求。我们必须思考不同群体与数字

---

[1] 杨辰凌、左佐卉、赵振江：《关于数字技术引发"数字鸿沟"问题的研究》，《新型工业化》2023年第11期。

[2] 张天顶、龚同：《"数字鸿沟"对RTA数字贸易规则网络发展的影响：从"信息鸿沟"到治理壁垒》，《中国工业经济》2023年第10期。

技术之间的关系,以切实有效的举措弥合国内社会的数字鸿沟,提升国际竞争力。

一是加大对基础设施建设的投入,提高网络普及率和覆盖范围。根据第52次《中国互联网络发展状况统计报告》显示,截至2023年6月,我国互联网普及率达76.4%。提高网络普及率与覆盖范围,关键在于加大农村网络基础设施建设的投入。以新基建为切入点,加快布局农村5G网络,提高农村基站密度,以提高偏远地区的计算机普及率和宽带入户率。通过税收优惠、政府奖励等措施鼓励和动员社会资本积极参与有关农村数字基础设施建设的投资。[①]完善仓储、物流、冷链网络等配套设施,增加农村网络基础设施的服务场景,为农村智慧农业、智慧物流等产业奠定基础。

二是推广数字技术在教育、医疗、社会救助等领域的应用,提高公共服务水平。在教育层面,要加快完善教育新基建,推动5G、人工智能等技术与教学场景深度融合,建设智能交互教室。优化资源配置,让优质教育资源惠及更多学生,进一步优化"国家智慧教育公共服务平台",丰富小学、中学、大学、职专等不同阶段、多种类型的课程,为在校学生和社会学习者提供针对性的学习内容。学校可利用VR、AR、元宇宙等技术建立社会化数字空间,让学生沉浸式感受难度较高的知识内容,强化学习体

[①] 谢德城、涂明辉:《数字经济推进乡村振兴高质量发展的思考——学习党的二十大报告》,《农业考古》2023年第3期。

验。在医疗层面，数字技术要在提升医疗服务效率、提高患者满意度和促进医学科研发展等方面发挥积极作用。例如，加快建立电子病历系统，管理患者医疗数据，借助人工智能、大数据等技术分析数据信息，协助医生准确诊断。同时，人工智能技术还可应用于远程医疗服务中，通过自然语言交互技术了解患者情况并准确记录，降低医护人员负担，提高医院的响应速度。此外，通过大数据技术建立医疗数据共享平台，大规模挖掘并分析医疗数据，从中发现部分疑难杂症的规律和趋势，为药物研发、治疗方法创新提供可靠依据。

三是开展数字技能培训，提高全民数字素养。各级政府领导班子要起到带头作用，加强数字技术、数字政府等方面的线上培训，熟练掌握相关系统的使用方法，利用网络了解民意并积极反馈。各地中小学、高校、职业院校要将数字素养培育纳入教学活动当中，设立必修课程，坚持理论与实践相结合，开展数字技术实践课程、课外活动等。提高农民数字素养，持续优化全国农业科教云平台，引导互联网、电商企业和公益组织开展新媒体应用、直播带货、电商销售等方面的培训课程，帮助农民熟练掌握相关技能。

（四）打破数据壁垒，优化资源配置效率

随着市场各领域、各主体数据规模的不断扩大，数据要素在价值发挥方面出现"九龙治水"的问题。在全国两会上，有代

表委员提出"在数据流通层面,存在'有数据的单位不愿开放、有需要的单位拿不到数据'现象,数据资源的开放共享有待加强"[①]。促进数字经济发展,就需打破数据壁垒,降低数据运营成本,从而挖掘更多数据的价值。

一是加强政策协调,推动数字经济各领域融合发展。习近平主席在致2023中国国际智能产业博览会的贺信中指出:"中国高度重视数字经济发展,持续促进数字技术和实体经济深度融合。"[②]一方面,各级政府要提升数字化治理水平,优化数据资源管理系统,制定涵盖数据资产、数据交易等领域的基础制度和配套政策,引导数据要素在市场中有序流通。另一方面,各级政府要鼓励并引导企业融合发展,活用数字技术实现企业数字化转型,例如,运用AI技术赋能生产制造,运用物联网技术赋能物流运输,运用区块链技术赋能供应链金融等。培育各行业具有引领作用的生态主导型企业,使其连通供应链上下游企业,形成创新联合体。

二是推进数据资源共享,提高数据利用效率。关键在于加强数据资源体系建设,创新管理机制。一方面,厘清数据来源,对于来自公共服务机构、企业、第三方平台等主体的数据信息进行统筹管理,绘制市场主体画像,建立多主体、多层次的数据协同共享机制。另一方面,保证数据质量,以精细化思维管理数据。

[①] 《人民财评:打破壁垒,让数据潜能得到充分释放》,人民网,2023年3月19日。
[②] 《习近平向2023中国国际智能产业博览会致贺信》,《人民日报》2023年9月5日。

以数据全生命周期为依据,从归纳、应用、共享到归档,明确各环节相应部门职责,确保数据真实、准确、完整。此外,针对政务数据要建立全量覆盖、互联互通的高质量全国一体化政务数据目录,实现全国政务数据"一本账"管理,保障数据按需共享、有效利用。

三是鼓励跨行业、跨地区合作,促进数字经济区域协调发展。目前,我国东、中、西部数字经济发展水平不一,需要深度挖掘各区域资源潜力,明确现实基础,取长补短,提高发展质量。中、西部地区需要加大新基建建设力度,建设超大数据中心,减轻东部地区的数据处理负担。东部地区要发挥人才、技术、政策等方面的优势,勇于攻坚克难,推动政府、高校、企业以及科研机构深化技术交流与合作,创新数字产品与数字化商业模式、组织架构,为中、西部地区提供宝贵经验。

附录
打造数字经济新质生产力地方经验

在数字经济时代下,数据作为全新的生产要素,日益成为重要的生产资料和战略资源,深刻影响产业发展格局,重塑国家竞争优势。如何发挥数据要素作用、强化高质量数据要素供给、构建新型生产关系、促进数据要素市场化流通与应用及建立全球数字治理规则标准话语权,成为各国和地区以数据为关键要素带动社会经济发展以及政府治理能力迫切需要解决的问题。作为数字经济发展的重要基础,国家数字经济公共基础设施将在维护国家数字安全、推动数字经济高质量发展、提升人民群众数字幸福感、推动构建数字经济共同体等方面发挥重要作用。随着数字中国建设上升到国家战略,数字经济越来越受到政府、市场和社会的广泛关注,这为推动国家数字经济公共基础设施建设提供了有利环境。但是受限于基础理论欠缺、现有实践不足、尚无经验可循等因素,实现以数据作为生产要素构建新型生产关系与打造数字时代下新型政府治理模式,仍面临数据归集难度大、数据真实性难确保、数据开放度不高等问题。

调研组经深入调研发现,广州南沙正打造立足湾区、协同港澳、面向世界的重大战略性平台,改革开放创新,全国首创打造了数字经济公共基础设施，为上述问题提供了"南沙方案"。全方位主体参与体系解决了数据归集来源问题；共建共享、真实安全、开放便利的数据管理和流通原则确保了数据的真实性、开放度与可确权性；数据价值理念与多场景数据运用模式，确保了数据向生产要素转化，确保数据生产要素的可运用、可流转、可持续。

推动国家数字经济公共基础设施建设，南沙经验值得重视和借鉴。建设国家数字经济公共基础设施、特别是围绕数据建设的数字经济公共基础设施，需要以作为生产要素的数据为核心，注重数据节点、生产关系、产业模式、场景应用的多元开发与多点利用，充分发挥公共基础设施的公益性和共享性；全面推动将商品信息经由溯源、确权、标化后转化为数据生产要素与生产资料，积极探索基于数据生产要素的生产关系与生产制度建设；抢占全球数字标准制定与规则衔接高地，横向开拓数字经济公共基础设施的应用场景；提升政府治理的数字化水平与数字时代背景下政府的数字治理能力，促进数字经济新质生产力发展。

一、全球溯源中心的背景与意义

（一）建设数字经济公共基础设施具有时代必要性

1.数据高质量供给是充分释放数据要素潜力、有效发挥数字经济驱动力的基础和关键

党的十九届四中全会明确指出，数据是土地、劳动力、资

本、技术之外的新型生产要素。当前，以数据要素为核心的数字经济，不但成为我国经济发展的新动能，而且正成为"重组全球要素资源、重塑全球经济结构、改变全球竞争格局的关键力量"。随着人类步入以"算力、算法、数据"为核心的数字时代，数据的高质量供给和利用将成为中国发展新质生产力、赢得第四次工业革命的基础和关键。党和国家高度重视数据要素的市场培育和价值释放，陆续出台了"数据二十条"、"数据要素×"三年行动计划和"要素市场化""统一大市场"等相关重要政策法规，引导以数据为核心的制度和市场建设。但客观地看，系统构建数据基础制度仍处于理论探讨和共识达成的初级阶段，成熟、有价值的地方实践极为匮乏，存在以信息化建设代替数字治理体系建设误区，政府数据治理的有效工具和手段严重缺失，形式各异的数字治理呈现"九龙治水"，缺少以"治理思路、体系建设、规则引领"为依托的前瞻性布局，进而难以形成能够有效引领国际规则制定的数据治理标准和话语体系。

2.政府建设新型数据基础设施是破解数据高质量供给和高效利用困境的必然要求

数据高质量供给和有效利用是释放数据要素价值、促进数据流通交易的前提，也是加快培育统一数据要素大市场的关键抓手。当前，面临各类主体缺少数据供给积极性、数据质量普遍不高的困境，大量地方数据交易面临数据供给不足、场外交易多于场内交易的困境等问题，无法解决数据要素安全有效流通和价值释放。因此，由地方主导的新型数据基础设施建设，有针对性构建完善数据确权、流通、交易、收益分配等制度和标准体系，引导协同多方主体共同扩大数据资源库，逐步带动企业数据等的广泛归集和高质量供给，牵引扩大"数据×"产业应用场景，为共建方高效利用数据提供便利可能，应当成为破局关键。

3.数字经济公共基础设施是构建数字经济生产关系和发展数字经济新质生产力的必要基座

塑造数字经济生产力和生产关系的三个核心在于算力、算法与数据，但目前我国数字经济公共基础设施建设多集中在算力、算法等配套硬件方面，数据相关公共基础设施建设尚处于起步期，导致我国对数据的归集、确权、转化、流转等仍存在实践欠缺。数据公共基础设施的缺失，使得数据归集难度大，真正开放、共享和使用的数据量少，导致可用数据不足问题；使得数据生产过程数据真实性不高、标准不一致、碎片化、分散化，导致数据质量不高问题；使得数据难以清晰界定权属，难以进一步释放数据要素扩展价值，导致数据产权不明确问题。简而言之，数据相关公共基础设施的缺乏极大限制了数据向生产资料的转化效率，难以发挥数据作为新的生产要素参与社会生产的优势，不利于国家在数字经济浪潮中抢占数据发掘与使用、标准制定与主导的引领地位。

需要指出的是，这些问题在全球领域亦尚未得到解决，但是已经被日益重视。如何构建完善以数据作为生产要素条件下的生产力与生产关系，如何在数字时代背景下提升政府治理能力，需要我国发挥自身体制优势，给予解决数据制度与数字治理问题的中国答案，加快占领数字经济发展高地。

（二）南沙建设全球溯源中心数字经济公共基础设施的背景与内涵

数据作为驱动经济社会发展的关键生产要素，已快速融入生产、分配、流通、消费和社会服务管理等各环节。为更好地释放数据潜能，筑基新质生产力，中共中央、国务院先后印发《关于构建数据基础制度更好发挥数据要素作用的意见》《数字中国建设整体布局规划》等重要文件，明确数字中国已上升为国家战略。国家数据局相关负责人首论数据基础设施时，提出数据基础设施建设要适应数据要素特征、促进数据流通利用、发挥数据价值效用，是面向社会提供一体化数据汇聚、处理、流通、应用、运营、安全保障服务的一类新型基础设施。2024年全国两会上，政府工作报告提出"适度超前建设数字基础设施"。

广州南沙地处粤港澳大湾区地理几何中心，是集国家级新区、自贸试验区、粤港澳全面合作示范区等多重国家战略于一身的重大战略性平台。中共中央、国务院印发的《粤港澳大湾区发展规划纲要》《广州南沙深化面向世界的粤港澳全面合作总体方案》，国家发展改革委、商务部、国家市场监管总局三部门联合发布的《关于支持广州南沙放宽市场准入与加强监管体制改革的意见》以及广东省地方立法文件《南沙深化面向世界的粤港澳全面合作条例》等，要求南沙依托全球溯源中心开展数字经济公共基础设施建设，加大全球溯源中心应用推广力度，积极探索数据资产的确权、用权，参与构建全球溯源国际规则。南沙牢记使命任务，围绕数字经济发展积极改革创新，切实践行数据基础制度关于数据产权、流通交易、收益分配、安全治理的要求，在全国率先打造数字经济公共基础设施——全球溯源中心。

全球溯源中心是贯彻习近平总书记对于数字中国建设的基础制度安排的具体实践，也是推动区域发展、高效服务区域产业数字化和数字产业化、促进新质生产力的公共基础设施。作为治理工具和公共服务基座，全球溯源中心以物品信息转化为数据生产资料为核心，支持数据要素在全球高效有序流通、共治共用，通过创新构建"物到数"的数据规则体系、法律保护体系、标准体系，建设形成溯源公共技术、信息化工具、实体中心、运营团队，为数据要素确权、流通、应用等核心突出问题提供标准化、工具化的集成式解决方案，服务于政府构建数字时代的全新治理能力，以市场化、法治化、国际化的制度规则，推进数字产业发展。

（三）全球溯源中心数字经济公共基础设施建设意义重大

全球溯源中心契合数字经济发展趋势，立足数字经济公共基础设施的定位，致力推动要素链、产业链、价值链、规则链深度耦合，促进数字经济和实体经济深度融合，创新数字治理和国际规则新优势，服务于中国数字经济能力升级，创造数字经济时代国际规则制定的中国方案。

1. 为数字经济时代社会治理体系提供全新规则

全球溯源中心构建了数据资产管理、数字治理集成性创新工具，促进数据要素价值释放。供给侧围绕商品全生命周期数据采集、识别、处理，实现"从物品信息到数据价值"的突破。需求侧打造数字治理、产业数字化、数字产业化等领域示范场景，提升各类主体管理数据、应用数据、开发数据的能力，激发数据要素流通需求。制度侧围绕数据权属、流通规则等开展实践探索，保障数据要素市场规范有序发展，全面服务于数字经济高质量发展。

2. 为数字经济发展提供数据基座，筑基新质生产力

数字化对经济发展的放大、叠加、倍增作用显著，数字产业化是未来产业的重要支柱。全球溯源中心在制度层面和理论实践上实现数据有序流通、高效流转、广域触达、广泛应用，通过开放应用的架构设计，搭建产业共建的数字生态，面向全球各地、各行业全面赋能应用，可促进数字产品制造、数字技术应用、数字产品服务等数字产业发展，通过技术和应用创新激活新业态、新模式，促进新质生产力形成，为高质量发展注入新动能。

3.为构建开放型经济新体制提供抓手

全球溯源中心能够实现全球贸易商品价值的真实传递,快速链接贸易主体各方、各环节,同时实现商品与数字的转化,聚集服务要素、金融要素、物流要素、信息要素等要素资源,通过发挥溯源在"制度创新"与"技术创新"方面的双动力,形成基于"全生命周期溯源""价值传递"与"风险可控"的高端价值链服务产业新生态,激发经济增长新动能,建立中国创新商业模式的优势地位,形成一种全新的输出和商业模式,为国家开放型经济新体制探索制度经验和实践经验。

4.为实现全国统一大市场提供基础支撑

全球溯源中心通过建立健全数据安全、权益保护、数据跨境传输管理、流通使用、开放共享、安全认证等基础制度和标准规范,所有参与方秉持"共建共享、真实安全、开放便利"的基本原则,平等参与溯源共建,数字经济公共基础设施面向社会全面开放,推动市场公平竞争,形成全国统一大市场,促进数据要素在更大范围内畅通流动,形成全国市场数据大循环。

5.为构建新型国际规则提供中国方案

全球溯源中心构建以"开放、协同、确权、自治"为原则的数据规则,通过各双/多边合作协议,形成多维主体的"规则共识、价值共识、行为共识",创新了数据要素流通的底层逻辑,充分发挥我国贸易体量、制造体量、消费体量、电商体量、社会制度等优势,推动数据溯源标准规则应用、推广和国际输出,推动与国际组织和相关国家在数字经济领域的各类交流与磋商应用，推动在数字经济合作与发展方面，形成中国实践方案和发出中国声音。尤其是，面对国际上欧美势力逆全球化下出现的碎片化，全球溯源中心用数字规则这根针线将它缝合，应对全球治理碎片化挑战，重构世界数字治理的规则体系。

二、全球溯源中心的理论基础

全球溯源中心作为数字经济公共基础设施，支撑着数字经济发展，核心在于其拥有一套严谨、科学的理论体系，这套理论体系就是全球溯源体系。全球溯源体系是一套理论规则体系，全球溯源中心是全球溯源体系的落地载体。

（一）全球溯源体系的核心内涵

全球溯源体系是各国政府部门、企业和消费者共建共享的价值传递体系。通过对商品生产、流通、分配和消费全生命周期的数据采集、科学分析与精准识别，实现风险可识别、可控制、可处置，服务于货物流通、贸易便利、权益维护，以最低成本实现商品价值的真实传递。全球溯源体系以价值替代价格、以品质替代品牌、以溯源公证替代人为干预、以信息透明替代信息闭锁，使商品会说话，还原事物本质，形成商品的数字画像，让生产好产品的企业"站"出来，让商品真实价值"裸"出来。

全球溯源体系图

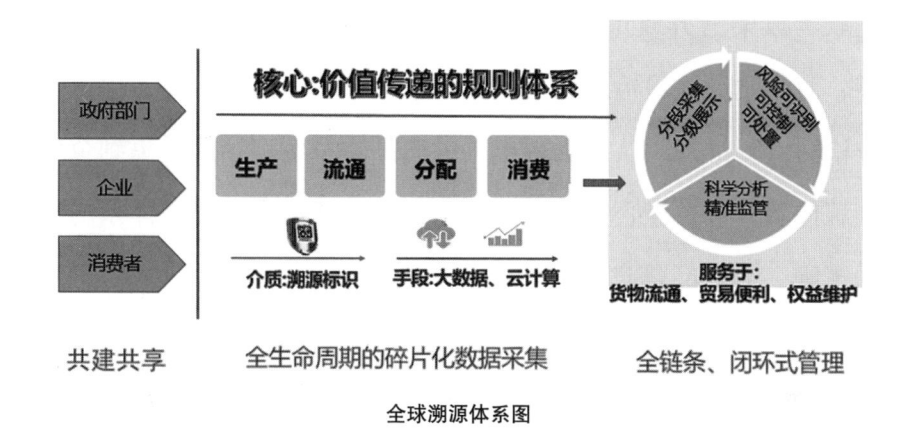

（二）全球溯源体系的演进历程

全球溯源体系自2015年在南沙自贸区上线以来，经过了4个版本的迭代。

起源：跨境电商监管模式创新

2013年4月，广东检验检疫局决定在南沙口岸率先采用智检口岸公共服务平台来提高检验效率。生产商、采购商和物流企业、认证机构等将出口商品信息统一提交至平台，口岸监管人员根据这些信息进行对比检验，审核及商品查验无误后方可放行。进出口商品信息平台雏形由此形成，除了可向口岸监管人员开放之外，其中部分信息也可向消费者开放，供后者对商品进行溯源查询。

1.0版本——质量管理工具

2015年6月，全球溯源体系1.0版在南沙自贸区正式上线。该版信息化系统将境外检验检疫、认证机构与口岸检验检疫机构互联，以第三方质量信息互认为原则，将原产地证书、中文标签、商品质量检验检测证书、认证证书、装运前检验等，由第三方检验检测机构、认证机构出具的商品质量鉴定结果采集到全球溯源体系，再结合企业自主声明的信息，通过全球溯源体系的数据规则，对商品信息进行漂洗，去伪存真，传递商品价值信息，辅助口岸治理管理。同年，该模式入选了首批国家商务部制度创新案例。

2.0版本——口岸监管工具

2016年9月，全球溯源信息化系统升级到2.0版，2.0版根据实际诉求开发了"一平台、三系统"的溯源运行架构，以原"智检口岸"平台为主依托平台，支持接入信息采集系统、溯源标识管理系统、溯源信息查询应用系统，实现对不同维度用户不同维度溯源信息的采集、应用和服务，实现全球溯源体系在口岸监管应用。

3.0版本——多维应用工具

2017年12月，可实现全球溯源体系多维应用的3.0版系统上线，以区块链思想开放规则和去中心化的分布式架构，实现了公共基础设施与不同行业和领域溯源的应用分离。在这阶段，全球溯源信息化系统通过服务集群的方式，满足各区域应用的个性化需求。

4.0时代——数字治理工具

2021年开始打造全球溯源信息化系统4.0版，包含全球溯源中心管理系统和全球溯源公共技术组件，构建数字经济公共基础设施，服务于全领域，其他地区可以通过复制全球溯源中心管理系统来快速复制推广，实现全球互联。2023年6月，4.0版信息系统上线应用。

从2016年至2023年，全球溯源体系从最初的1.0迭代至4.0版本，不仅是要解决行政监管层面问题，而且要让溯源应用在数字世界更加普适。全球溯源体系从监管创新工具，到贸易便利化辅助手段，再到全新的数字治理工具，功能越来越丰富。

（三）全球溯源体系的价值创新

依托全球溯源体系作为理论支撑，全球溯源中心形成了一系列集成创新实践成果。

1.规则创新，构建了高效的商品数据化的规则

一是形成全球溯源体系理论规则，秉持"共建共享、真实安全、开放便利"的原则，以最低成本实现商品价值的真实传递。二是构建全球溯源体系标准体系。编制形成155份标准，涵盖国家标准、地方标准、团体标准，其中6份纳入首批湾区标准，全球溯源中心服务标准化建设获评国家标准委试点并验收通过。三是探索构建全球溯源体系法律保护体系，围绕全球溯源体系内关于数据权益、数据保护、数据流通、权益分配以及平台基础设施建设等方面进行探索研究，已形成12份系列法律保护协议。

2.技术创新，形成了数字采集、处理和应用的多种技术理论和方法

一是创新多维校验数字画像。创造性提出链段分类、数字画像、自我学习等技术理论。通过对数字的多维数据核验，包括第三方专业机构、监管部门等多重识别，物品信息转化为溯源数据，实现数据闭环。二是搭建形成全球溯源中心4.0版信息化公共基础设施。通过建设中心管理系统和四大产业公共服务平台，全面实现全球溯源中心技术的公共性，为在各地快速复制推广奠定技术基础。三是搭建了一套公共基础设施公共技术。形成以"去中心化、分布式存储、公钥密钥、开放应用"为特征的技术架构，支持多中心互联互通、数据高并发访问。

3.工具创新，构建了一套具有公共基础设施属性的信息化工具

一是公共基础设施开放应用，面向全社会、全行业全面开放应用，对行业、监管部门、新技术、新场景等均实现开放便利使用，充分发挥数字经济公共设施属性。二是构建了监管辅助新工具，建设海关溯源辅助信息系统、市场监管溯源辅助信息系统、搭建"信易+"信易通场景，为监管部门"风险可控、来源可究、去向可查"提供闭环监管新工具。

4.产业创新，依托数字经济公共基础设施，创新产业链和产业集聚产业生态

一是孵化形成溯源产业集群。搭建溯源标识服务、知识产权保护、检验检测、公证法律服务等公共服务平台，形成溯源产业

集聚生态。二是产业应用稳步推进。母婴用品、保健品、食品、药品、农特产品（南沙青蟹、清远桂花鱼、清远鸡、甘肃定西马铃薯等）、非遗产品（香云纱）、文创产品（星际熊、画家画作等）、预制菜等产业应用成熟，围绕数字化品控管理、品牌建设、数字化营销应用溯源，以点带面促进产业数字化转型应用。三是推动"溯源+"产业模式不断形成，"溯源+基于多方安全计算溯源认证的跨境结算服务"成为广州首批金融科技创新监管试点应用试点项目；"溯源+金融服务"创新数字风控模式、对传统金融产品进行升级和创新，服务实体产业高质量发展；"溯源+数据资产入表"依托全球溯源中心数据合规支撑，创新数据资产入表新模式，促进数据价值变现；数据融合应用方面，"溯源+服务贸易"服务于企业贸易运营管理数字化，"溯源+数字创意"创新数字创意作品知识产权保护，"溯源+人力资源"创新人力资源数字化管理模式，"溯源+可信认证"便利内地与港澳数字身份认证等，新产业、新模式不断孵化，以场景为突破，进一步释放数据要素潜能，筑基新质生产力。

三、全球溯源中心的建设内容

（一）中心定位

全球溯源中心是由地方政府主导、监管部门共建共用、社会组织共同参与建设，以"共建共享、真实安全、开放便利"为基本原则，以物品信息转化为数据资产为目标，服务于区域数字治理、产业数字化和数字产业化发展的数字经济公共基础设施。

（二）基本原则

共建共享。政府、企业和消费者共同遵循和维护全球溯源中心数据规则体系，共同参与数据资产共建和收益分配，共同建设数字产业生态，共同享用数据要素流通便利和数据资产价值化成果。

真实安全。分段采集物品全生命周期各环节信息并有效整合、验证，建立声明公证、依约履责制度，对虚假声明责任高效追责。数据安全贯穿数据要素价值创造和实现全过程，所有溯源数据的使用以数据共建方的授权为前提，"我的数据我做主"。

开放便利。基于统一的规则标准，面向各国政府、企业、消费者、第三方服务机构全面开放应用。推动数字经济领域高水平对外开放，促进数据跨境有序流动。

（三）建设目标

全球溯源中心的目标可归纳为打造区域数字治理新工具、构建全新数字产业新生态、探索全球数字治理新规则这三点。

1.打造区域数字治理新工具

伴随着数字经济成为推动经济高质量发展的新引擎，数据要素日益成为经济发展的"基础资产"。全球溯源体系通过多维度数据的采集、分析识别，去除干扰，实现商品价值信息真实传递，打造区域数字治理新工具，一是助力政府部门提升区域社会经济治理的数字化水平，二是助力企业进行数字化进程改造，实现数字资产管理能力在"技术与价值"层面双进阶。

2.构建全新数字产业新生态

全球溯源中心定位为数字经济公共基础设施，将溯源理论具象化为实践，建立动态实时可控的全物品数据库，充分发挥海量数据作用，促进数字技术与实体经济深度融合，赋能传统产业转型升级，促进相关产业集聚，催生新产业新业态新模式，不断推动当地数字经济发展，形成新的经济增长动力与可持续发展着力点。

3.探索全球数字治理新规则

通过全球溯源中心的建设，进一步形成数字时代下科学系统的数字治理新方案，实现现实物体在数字世界立体全面如实反馈。全球溯源中心的高质量建设，为国家开放型经济新体制探索经验和实践经验，促进与国际组织和相关国家在经贸往来中的各类交流与磋商，在探索数据要素资源流通的高标准规则方面，形成中国话语权和发出中国声音。

（四）建设思路：整体架构设计

全球溯源中心建设基于三层架构开展：底层是溯源理论、规则、标准层，包含全球溯源中心理论支撑、数据管理规则、标准体系、法律体系等。中间层是公共基础设施层，包含全球溯源中心信息化工具、公共技术、公共服务平台及区域运营中心，全球溯源中心采用去中心化布局、分布式存储方式，各个区域全球溯源中心既自主管理、独立运营，又互联互通、规则标准统一。上层是开放应用层，全球溯源中心充分发挥数字基座功能，在新应用、新技术领域开放应用，全面赋能，服务于全球溯源体系的共建方。新应用领域包括面向政府治理、监管应用、行业应用开放，新技术领域包括面向人工智能、区块链、云计算、大数据及其他先进技术开放。

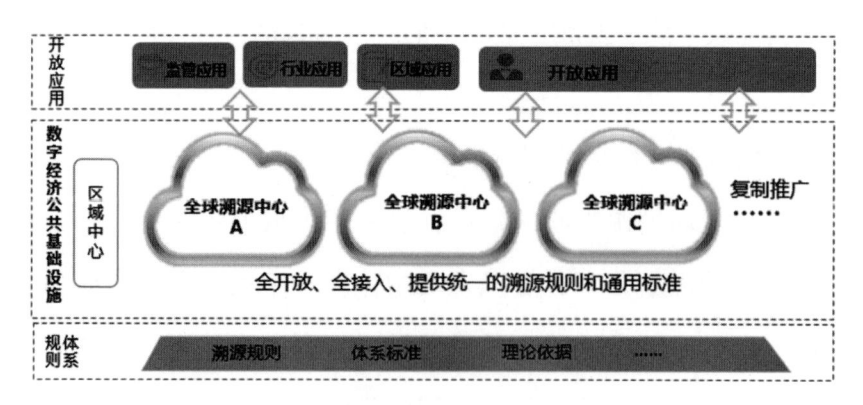

全球溯源中心整体架构设计图

（五）主要内容

全球溯源中心致力于实现全球商品基础数据库可视化及其应用，基于全球溯源体系，面向全球实现规则输出、规则应用、规则互联。按照"1个理论体系+1个运营中心+1套公共技术+N个功能平台"的建设思路，打造"1+1+1+N"全球溯源中心模式。

"1个规则体系"指全球溯源规则体系，包括全球溯源体系数据规则、行为规则和运营规则，是全球溯源中心运行的基础。全球溯源中心的规则体系从标准体系和法律保护体系两方面进行具体约束。其中：

（1）全球溯源中心的标准体系。全球溯源体系已形成了完整的理论体系和运行规则，通过总结提炼制定全球溯源体系标准体系，旨在以统一技术要求、服务要求和管理要求等标准化手段，实现全球溯源体系推广和全球溯源中心建设运营有章可循。

（2）全球溯源中心的法律保护体系。全球溯源中心创设数据权责制度，并围绕溯源中心内各共建方之间的数据规则、行为规则和共建规则搭建了完整的法律协议体系，构筑全球溯源中心法律保护体系。

"1个运营中心"指全球溯源中心的实体运营中心，建设集展示体验、应用推广、培训交流、公共服务等功能于一体的实体化运营场馆，配备专业的运营管理团队，是全球溯源体系规则具象化的重要载体，以及中心应用创新的孵化平台。

"1套公共技术"指全球溯源中心管理系统和公共技术组件。依托全球溯源中心理论和规则而建设，是以多源异构数据采集、链段信息分类、数据画像为手段的去中心化信息系统，是实现数据要素汇聚、处理、确权、流通、应用等的信息化工具载体，涵盖了在各区域落地运营的全球溯源中心管理系统、提供底层支撑的全球溯源公共技术组件、面向全行业全领域全开放的各类溯源应用系统等。

"N个功能平台"指基于全球溯源中心公共基础设施，创新应用打造的多个功能性服务平台。全球溯源中心首期已打造检验检测服务、知识产权保护、消费者权益保护、溯源产业服务四大公共服务平台，后期结合浑南区实际拓展更多应用平台。

（六）复制推广

在技术上，全球溯源中心信息系统采用去中心化架构，各个区域全球溯源中心管理区域内的数据资产，通过分布式部署保障了各个全球溯源中心数据管理的独立性，满足了各个节点对大数据高效处理、数据高并发快速访问的需求。同时，使用公约密钥进行数据加密，保障数据在存储状态或传输过程中不被窃取、解读和利用，确保数据安全。

在全球布局上，为提高全球溯源体系对地方的服务能力，各地方政府均可复制南沙经验，在全球溯源体系规则标准支撑下，建设当地的全球溯源中心。各地建设的全球溯源中心地位平等，均是基于全球唯一的全球溯源公共组件，服务于各区域节点运营管理。基于去中心节点化布局，以技术手段实现区域节点互联互通、自治管理、数据资产属地存储，以标准化手段推动统一的规则、标准向国际复制推广，建立数字治理体系中国方案的话语权。

四、全球溯源中心的应用实践

（一）全球溯源中心的核心能力

作为数字经济公共基础设施，全球溯源中心具备公共性、技术性与开放性。通过提供高效低成本数字治理方案，有效解决数字经济时代社会痛点，能够有效承载商品贸易、数据交换、机制互认等领域的体制机制创新，特别是在强化跨境交流与合作能级方面，提供了开源平台与广泛深层的互动机制。

在全球数字化经济背景下，数据成为继土地、劳动力、资本、技术之后的第五大生产要素。数据资产催生了新的生产关系、新的交换规则。以数据规则为基础，搭建完善的物品信息数据库，推动数据的共建共享、真实安全、开放便利，让数据有序流通使用，才能充分实现数据的价值。

1.将物品信息转为数据生产资料的能力

全球溯源中心具有将物品在现实世界的信息转为数字经济下数据生产资料的能力。首先，全球溯源中心通过其信息化建设，为商品数据采集、识别和处置，提供了一套高效低成本的工具，实现跨区域跨行业跨平台的多源异构数据的快速采集，完成碎片化数据的识别和整合，实现"物到数"的转化，形成趋真的数字画像。其次，全球溯源中心通过数据制度安排，明确了企业或个人拥有数据的发布权、控制权以及收益权，明确了数据依约授权流通的规则，构建了数据生产要素与之关联的生产关系安排。最后，通过构建法律契约体系，通过数字合约技术，以信息化系统为载体实现相应制度安排的工具化实现，实现数据资产的自主可控、高效流动，并支撑数据资产开发应用。

2.构建全球物品数据集的能力

依托全球溯源中心，各国政府、企业和消费者共同参与数字共建，将现实世界的物品在全生命周期中来自各关联方的碎片化信息汇集整合，形成多来源主体、跨时间跨地域的多维物品描述数据集，向相关各方传递全面有效、科学权威的价值信息，实现合作共赢。并且，全球溯源中心的建设实现标准化、工具化，可快速复制、独立部署，全球各地可快速布局、互联互通，形成去中心化的网络结构。全球溯源中心支持全球统一规则、统一标准、统一工具使用，共建共享全球物品数据集，实现数字世界物品数据集的开发应用。

3.聚合全行业全产业生态链的能力

全球溯源中心作为数字经济公共基础设施，本质上为支持数据要素流通使用的公共服务产品，面向政府、企业、个人开放应用。围绕企业数据资产化，各行各业均可应用全球溯源中心实现高效低成本数字化转型、数据资产保护与数据价值化等，面向加工制造、贸易流通、民生服务、社会治理等领域开放，具有聚合全产业生态的能力。围绕数据资产流通使用，全球溯源中心聚合各类专业服务机构，如知识产权、金融、法律、数据交易等创新服务模式，形成全方位、多层次的高价值产业链服务生态。围绕数据资产开发应用，催生"溯源+"新业态、新模式，数据要素与各行业融合创新不断深化，形成经济高质量发展新动能。

（二）全球溯源中心的应用价值

全球溯源中心作为数字经济公共基础设施，面向政府、企业、个人等社会各界免费开放。基于"共建共享、真实安全、开放便利"原则，参与者自愿遵守全球溯源中心规则标准，均可加入并应用全球溯源中心。

1.辅助政府数字治理

所有政府部门均可直接加入全球溯源中心，通过构建数字经济公共基础设施，获得数字治理能力、实现政府治理的数字化、促进区域产业数字化和数字产业化发展。

（1）获得数字时代的治理能力。全球溯源中心为政府提供了一套数字治理工具，通过规则制度和基础设施来实现数据有效管理，核心围绕数据生产要素作为生产资料进入流通使用、价值创造建立全新治理模型和治理模式。全球溯源中心赋予政府数字治理能力，有效解决政府在数字治理过程中的数据来源、数据汇聚问题，解决政府对于数据资产在市场化配置流通过程中的基础性制度性安排问题，解决数据资产安全可控与持续发展问题，从而推动数据生产要素真正转化为生产资料，形成新质生产力。

（2）提升治理的数字化水平。在政府获得数字治理能力的基础上，全球溯源中心可以全面应用于政府治理的数字化，实现政府各类监管和服务的数字化，快速完成原有治理能力的数字化水平提档升级。通过全产业链数据的有效汇聚、多维比对校验、科学分析，形成以溯源数据为内核辅助决策、管理与创新的机制，助力政府看清产业发展动态并预判趋势，洞悉产业链、供应链，优化政府管理和决策机制，推动政府数字治理能力的全面提升，提升政府公共治理与服务效能，改善区域营商环境。

（3）促进区域产业数字化。全球溯源中心为区域产业数字化发展提供了高效低成本的工具，有助于降低区域产业数字化转型成本，促进区域产业集约化发展。各地围绕地域特色和优势，利用全球溯源中心数据要素汇聚功能，实现资源调配、生产、销售、仓储、物流运输等全环节数据集成，减少各环节信息化重复建设，打破数据孤岛，促进产业链上下游的融合互动性，提升供给侧与需求侧的信息对称性，以及产品和服务的适配性。更重要的是，能够帮助企业实现降本增效、有效配置资源，带动传统产业高效低成本数字化转型并向价值链高端延伸。

（4）促进区域数字产业化。全球溯源中心建立起一套数据"供得出、流得动、用得好"的可用、可信、可流通的机制，助力培育数据要素市场，创新数据交易模式，促进数据要素资源开发应用，有助于形成"溯源+"数字产业融合创新生态。通过数据要素资源开放应用，数据要素产业动能将全面释放，与制造、科创、金融、贸易、绿色低碳等领域将加速融合创新，数字经济产业规模将快速跃升，有助于构建区域数字产业发展高地。

2.助力企业数字化转型

所有企业均可加入全球溯源中心，以标准化手段接入即用，快速低成本实现产业数字化转型，深度融入产业数字化。全球溯源中心以法律法规为基础构建的法律保障体系，有效保障数据资产权益，高效参与数字经济建设。溯源数据广域触达、即时互动，帮助企业洞察市场新机遇和风险、提升生产经营效率、创新生产经营模式。

（1）为企业提供数字化新工具。全球溯源中心定位为数字经济公共基础设施，面向全社会免费开放，为数字时代的商品数据采集、识别和处置提供了一套高效低成本的工具。企业可通过企业业务系统与全球溯源信息化系统对接，无需自行搭建相关基础功能的信息系统，大幅降低企业数字化建设成本。全球溯源中心为企业搭建数字生态，满足企业数据分析需求，提高企业对数据的挖掘应用能力，实现关键业务流程数据可视化，有效提升生产经营效率，助力传统企业加快数字化转型升级。

（2）为企业提供数字资产新保障。全球溯源中心围绕数据权益、数据保护、数据流通、权益分配等方面进行探索研究，形成系列保护协议，构建了全球首个以法律法规、标准体系的方式，为企业提供法制保障的数字资产法律权责新方案。全球溯源中心不仅为企业提供数字资产全方位保护，强化数字资产管理，解决企业数字化过程中面临的数据权益纠纷和法律关系问题，更是为全球数字立法提供了可操作、可复制的实践案例，并在一定程度上填补了数字法治立法领域的空白。

（3）为企业提供消费端触达新能力。依托全球溯源中心打造的公共服务平台，溯源商品相关上下游企业作为溯源共建方，均可便捷获取全渠道商品消费信息，直接聆听消费者真实声音，快速响应消费者反馈，实现与全球消费者的高效实时互动。全球溯源中心汇集以商品为核心的消费者反馈信息，企业可直接了解消费者实际需求，基于用户体验优化产品质量，改进生产经营方式，打造具有全球竞争力的产品服务，促进企业高质量发展。借助全球溯源中心商品价值的传递能力，企业可实现商品价值信息向全球消费者快速触达，提升品牌知名度与美誉度。

（4）为企业提供产业链协同新优势。借助全球溯源中心商品价值的传递能力，企业可实现商品价值向产业链上下游企业快速延伸，助力企业降本增效、有效配置资源。依托全球溯源中心，企业可与产业链上下游企业实现数据共享共用、互联互通，整合产业生态资源，形成完整贯通的数据链，实现产业链上下游高效联动、协同发展，提升供给侧与需求侧的信息对称性及产品和服务的适配性，引领产业协同融合发展。

（5）为企业提供业务拓展新动力。全球溯源中心构建了开放、便利、透明的公共服务平台，通过不断集聚各行业类别服务共建方，可以为企业提供溯源标识服务、检验检测认证服务、知识产权保护服务、公证法律服务等专业性公共服务，推动溯源服务相关产业集聚。全球溯源中心在提供公共服务的同时，面向全行业开放应用,通过培育新产业新业态新模式,催生"溯源+金融""溯源+技术""溯源+物流协同""溯源+辅助监管"等产业模式,为企业开拓新业务提供广阔平台和发展空间,激发企业创新活力和内生动力。

3.助力个人权益维护

全球溯源中心聚焦个人权益保护,形成完整的个人权益保护机制,全方位保障个人的合法权益。

(1)知情权。全球溯源中心通过多维数据采集,多方比对验证,形成无限趋真的商品数字画像,改变了过去买方信息不对称的弱势处境。个人作为消费者,通过"一键扫码"即可便捷获取溯源商品在生产、贸易、流通、消费全生命周期过程中产生的信息,有效保障了消费者的知情权。

(2)反馈权。全球溯源中心构建了以消费者发起反馈、企业跟进处理反馈、监管部门全程监督反馈的消费者权益保护机制,打破了传统商品价值的判定规律,实现消费者真实声音有效触达企业和监管部门。个人作为消费者,通过"一键反馈"即可表达对商品的真实看法和消费体验,保障了消费者的反馈权。

(3)消费维权。全球溯源中心通过构建消费者权益维护公共服务平台,引入公证法律机构,为消费者提供法律追责服务,形成消费者权益维护的闭环。个人作为消费者,可以便捷快速维权,降低维权成本。

(4)数据权益。个人自主自愿共建共享数据,将个人碎片化信息转化为数据资产，获得数据资产保护，数据权益回归个人。个人对其数据资产的处理享有知情权、决定权，自主控制数据资产流通使用，在数据开放应用中获得数据资产收益回报。

（三）全球溯源中心的应用场景

全球溯源中心作为数字经济公共基础设施，打破了传统意义上只能赋能某个行业、某个产业的赋能方式，以标准化的方式全面实现一中心赋能产业数字化、数字产业化和政府数字治理，真正将数据转化为了生产要素，全面降低重复建设成本，降低资源浪费。通过以下几个场景案例，体现全球溯源中心在新产业、新模式和监管创新方面的应用价值。

1."溯源+服务贸易"

全球优品分拨中心是企业依托全球溯源中心在国际贸易行业孵化成型的产业互联网项目，创新了数字服务贸易平台模式。作为全球溯源中心的首个协同共建方，全球优品分拨中心依托全球溯源体系建立的溯源数据公共规则、标准和法律框架，在企业自主掌控数据资产、自主授权管理下，提供数据集成服务。并帮助企业集成贸易生态数据资源，形成多维度、可视化的数据运营控制塔，构建全面感知、主动预警、科学决策的数字化运营管理体系；同时，推动贸易生态数据在数字商贸、数字物流、数字金融、数字税务、数字结算、数据交易等领域进行应用场景创新，助力企业实现数据资产的应用和增值。

2."溯源+金融服务"

全球溯源中心构建了企业可信数据资产流通应用生态，实现数据的真实性、数据闭环与数据开放应用，为金融机构实现风险识别控制提供数据基座支撑。企业在全球溯源中心构筑数据资产，并应用至金融风控体系，有效还原企业贸易真实性，提升了金融机构风险管控能力。该模式创新极大促进银行等金融机构服务数据实体经济发展。目前已有16家金融机构依托全球溯源中心创新数字风控模式，对传统金融产品进行升级和创新，比传统融资成本整体降低30%以上，形成高效率、安全可靠、风险可控的金融应用示范。

3."溯源+数据资产入表"

全球溯源中心构建了以数据资产合规为支撑的数据资产入表新模式，助力企业数据价值变现。全球溯源中心从制度层面实现数据资产可视可控、权责认定和权益维护，为数据管理制度、数据采集、数据存储等五个环节提供了合规支撑，避免传统数据入表的繁琐手续，同时解决合规认证界定的难题，大大降低数据资产入表成本。此外，为企业数据资产提供公共服务并开放数据资产融资、交易等应用新场景，便利企业入表后的数据价值变现。2024年5月，广州建采供应链管理有限公司联动北京市隆安（广州）律师事务所基于全球溯源中心完成数据资产入表，打造全国首个以数据公共基础设施为底座的数据资产入表模式。

4."溯源+二手车出口"

依托全球溯源中心，探索构建二手车出口的全新模式。通过全球溯源中心全面采集二手车全生命周期各类生产、流通、消费信息、零配件标准、服务网络等各类信息，打破二手车市场因为信息不对称导致的柠檬效应，畅通供需双方信息，让供需各方清楚掌握二手车真实情况。依托全球溯源中心，打造我国二手车出口标准，降低交易成本，形成国际影响力，促进我国二手车出口产业的发展壮大。

5.海关溯源辅助

以全球溯源中心采集比对校验各方共享的商品溯源数据，作为海关监管数据的有力支撑，帮助海关获得其监管商品更全面的信息，看清商品本源全貌、看清贸易链条和贸易场景，实现对商品全链条信息闭环掌握和管理。全球溯源中心辅助海关可以更好实现风险研判和拒止、商品查验审核放行、调离召回等事前事中事后日常监管，辅助海关更好保护国门安全，降低日常监管成本。目前，已搭建海关溯源辅助信息系统。

6.市场监管溯源辅助

依托全球溯源中心采集识别比对的商品全生命周期溯源数据，实现对商品的辅助市场监管。国家市场监督管理总局高度认同全球溯源中心服务市场监管的能力，国家市场监督管理总局信息中心与南沙区政府签订战略合作协议，共同推动溯源在市场监管领域的应用，以一中心辅助全商品监管，减少不同商品不同监管系统重复建设问题，降低社会管理成本。

7."溯源+信用建设"

依托全球溯源中心以溯源数据有效补充企业信用数据，助力企业信用体系监管。目前，南沙依托全球溯源中心正在构建"信易通"平台，将溯源数据纳入信用建设，减少了信用体系重复建设信息采集系统的成本。

（四）全球溯源中心的应用成效

1.社会踊跃参与

目前全球溯源体系应用涵盖一般贸易、跨境电商、市场采购出口等全贸易方式。截至2024年5月，全球溯源中心累计赋码1.12亿个，溯源商品货值607亿美元，全球15517家企业参与溯源，涉及的商品品牌达8873个，已有约1704万人次进行溯源查询。

2.国际国内认可

广东南沙全球溯源实践已得到美国、澳大利亚、西班牙、意大利、泰国等多个国家相关机构、行业协会和企业积极响应，并被亚太示范电子口岸网络纳入亚太经济合作组织第二批复制推广项目。全球溯源中心实践成果获评第八届中国管理科学奖、全国社会治理创新案例、国务院全面深化服务贸易创新发展试点第三批"最佳实践案例"、南沙区2022年度"十大法治创新实践案例"、2024世界互联网大会跨境电商实践案例等荣誉奖项，获得社会各界的高度认同。

3.稳步推进复制推广

立足数字经济公共基础设施的定位，全球溯源中心建立了一套共建共享、开放应用的理论规则标准体系，以及一套支持在全球各地各行业快速复制推广的全球溯源公共技术，各地可基于共同的理论基础和统一的信息化架构在当地建设全球溯源中心。已与海南洋浦、山东青岛签订全球溯源中心共建框架协议，青岛管委会已启动建设全球溯源中心筹备工作。福建、河南等省已应用全球溯源体系，并提出中心落地后复制推广的意向。

五、建设国家数字经济公共基础设施

（一）充分认识国家数字经济公共基础设施建设的重要意义

以数据作为生产要素的新型生产关系呼之欲出，建立在数据要素之上的新型生产制度加速演进，成为推动构建新发展格局、实现高质量发展的重要力量。国家数字经济公共基础设施作为重要的新质生产力，对生产关系与生产制度促进重塑、突破创新，不断改进提升新型生产关系与生产制度的协同效率、创新效能、经济效益，为信息数据向生产要素转化、数字经济集群化产业发展提供成长架构与连接脉络，畅通生产要素流转。推动国家数字经济基础设施建设，进一步打通数字经济基础设施大动脉，系统优化数据基础设施的国家布局，加速实体经济循环提供场所支撑与渠道支持，推动数字经济高质量发展的重要支撑，是国家深度参与"一带一路"、区域全面经济伙伴关系协定等国际合作的关键内容，也是国家参与推动全球数字经济合作的重要途径与手段。

（二）推广"南沙经验"，助力国家数字经济公共基础设施建设

建设全球溯源中心是南沙区构建新型生产关系、推动数字经济建设的重要切入点，是以数据作为生产要素参与生产、提升数字时代下政府治理能力的先行尝试，已经积累了宝贵的建设经验与完备的理念总结，为国家推动数字经济公共基础设施建设的提供了"南沙经验"。

1.建设一核多元的国家数字经济公共基础设施建设体系

自贸试验区是我国改革开放的试验田，以制度型开放带动全国高水平对外开放。南沙全球溯源中心已经积累了较为成熟的建设经验与标准，模式可复制，经验可推广。努力形成区域数字经济公共基础设施集群，可通过各地自贸区为数字经济基础设施建设作先行示范，引导多地建立区域溯源中心，加快推动溯源中心间的节点协同、数据互通、经验交流，大力推进重要城市数据中心节点建设与协同互鉴，努力探索本区域与跨区域的、基于数据生产要素的新型生产方式、新型生产关系、新型生产制度。以自

贸区数字经济基础设施联盟，激发数字经济活力与创新潜能，为国家数字经济战略的实施提供重要实践支撑。

2.充分确保数字经济公共基础设施建设的公益性和共享性

全球溯源中心是鼓励商事主体、政府机构、第三方机构、消费者等多方主体参与共建的数字公共基础设施。坚持政府主导建设，统一标准，发挥数字经济公共基础设施的社会公益属性与公共服务属性，提升国家数字经济公共基础设施间数据共享能力与开放水平；统筹规划国家数字经济公共基础设施对外数据共享的传输接口设定、标准规则制定、数据等级评定、安全风险防控等工作。同时重视监管部门的参与，特别是海关、市场监管、民政、税务等机构在参与共建，促进社会公平与提升公共服务水平方面的积极影响。

3.不断开拓公共基础设施建设的新应用场景，实现标准互认与规则衔接

一是全面推动将商品信息向数据生产资料及要素的转化，基于南沙全球溯源中心标准进一步探索规范商品信息溯源、确权、标化、转化的实施流程与标准，出台政策，鼓励企业向公共基础设施对接商品信息，持续扩展向数据生产资料及要素转化的商品信息广度，不断丰富数据生产资料及要素的来源，打通信息向数据生产资料及要素转化的全产业链。二是围绕数字经济公共基础设施培育相关数字技术与孵化相应数字企业，持续挖掘向数据生产资料及要素转化的数字技术。三是扩展数字经济公共基础设施

的应用新场景，以点带面引导各行业的市场主体参与，重点引进检验检测、知识产权、公证法律、溯源标识、金融保险等具有全球影响力的服务商资源，打造溯源产业链高地，推动在生产制造、商贸流通、数据交易、消费维权等领域应用，激发数据要素价值，赋能现代化经济体系高质量发展。

4.不断鼓励区域数字经济公共基础设施标准建设，实现标准引领到规则引领

通过打造新时代数字经济公共基础设施，牵引带动产业数字化和数字产业化发展的实践，从多个维度为在地方层面落实国家战略、探索先行路径提供了有力注脚，为数据高质量供给和有效利用提供了具有首创价值的中国方案。推动国家数字经济建设标准体系构建与区域标准互建互认，加快推进数字经济标准的国际沟通与规则衔接，填补数字经济国际标准制定权的新空白，也为探索数字经济国际合作新模式、构建数字贸易领域国际新规则奠定了坚实基础。

中共中央党校（国家行政学院）中国式现代化研究中心黄锟、公共经济研究会朱柯锦，中共广州南沙经开区工委政策研究和创新办公室刘家君、徐于棋、黎秀婷、包小玲

后 记

党的二十大提出要以中国式现代化全面推进中华民族伟大复兴。没有信息化就没有现代化，发展新质生产力，推动信息化是实现中国式现代化的重要驱动力量。当前，新一轮科技革命和产业变革深入发展，数据资源成为新生产要素，信息技术成为新创新高度，信息网络成为新基础设施，数字经济成为新经济引擎，信息化、数字化从根本上改变了传统生产方式和发展模式，有力促进了各类要素在生产、分配、流通、消费各环节有机衔接，实现了对产业链、供应链、价值链的优化升级和融合融通，为转变发展方式、增进人民福祉，为推进中国式现代化提供了强大的发展动能。

党的十八大以来，以习近平同志为核心的党中央高度重视网络强国和数字中国建设。在管理体制上，形成了以中央网信委为最高决策机构，中央网信办履行办事职责，协调各方、统筹管理的互联网管理新体制；成立国家数据局，统筹数字中国、数字经济、数字社会建设，数据基础制度建设，促进数据资源共享利用。在管理机制上，建立了网络安全责任制、网络安全审查机制、网络意识形态工作责任制等新机制，有效调动起各方力量。在战略规划上，以中共中央、国务院名义出台《关于构建数据基础制度更好发挥数据要素作用的意见》《数字中国建设整体布局规划》等文件，为构筑国家竞争新优势作出顶层设计。从2012年至2022年，我国数字经济规模从11万亿元增长到超50.2万亿元，数字经济占国内生产总值比重由21.6%提升至41.5%。蓬勃发展的数字经济成为新的经济增长点，成为推动经济社会高质量发展的重要支撑和关键引擎。

近年来，在中共中央党校出版社的组织下，我们聚焦党员干部和理论工作者比较关心的重大理论和现实问题，陆续写作了"中央党校专家深层次解读新时代标志性、创造性重大思想观点"系列图书。考虑到我国已进入数字经济新时代，数字经济作为新经济形态，已经并还将继续对经济社会产生深远影响。为此，我们组织中共中央党校（国家行政学院）有关专家学者围绕数字经济的演变历程、内涵特征、运行机制、赋能机理等进行解读，以期帮助广大读者朋友更深入、更全面地了解数字经济的理论和实践。本书由中共中央党校（国家行政学院）中国式现代化研究中心主任、马克思主义学院教授张占斌领衔写作前言，中共中央党校（国家行政学院）科研部蒲实、马克思主义学院王海燕、熊杰，信息技术部杜庆昊，研究生院付霞等承担有关章节写作，中共中央党校（国家行政学院）中国式现代化研究中心黄锟、公共经济研究会朱柯锦、中共广州南沙经开区工委政策研究和创新办公室刘家君、徐于棋、黎秀婷、包小玲等承担附录内容的提供。另请中国行政体制改革研究会孙文营、陈涛，腾讯研究院王爱民、闫德利、王星，贵州省委党校（贵州行政学院）经济学教研部邱晶鑫、张鹏洲等参与部分内容的写作探讨。杜庆昊协助作了组织和统稿工作。中共中央党校出版社第五编辑室的任丽娜主任为本书的顺利出版做了很多努力。

  本书在写作过程中参考了很多政策文件和部分学者的观点，收益很多。但限于水平有限，且数字经济发展很快、技术性强，写作过程中常感知识不足。书中不当之处，敬请读者朋友批评指正。

作者

2024年9月